后疫情时代的
全球经济与世界秩序

Global Economy
and World Order
in the Post-COVID-19 Era

赵剑英　主编

中国社会科学出版社

图书在版编目（CIP）数据

后疫情时代的全球经济与世界秩序 / 赵剑英主编. —北京：中国社会科学出版社，2020.8（2021.10 重印）
ISBN 978-7-5203-6984-8

Ⅰ. ①后… Ⅱ. ①赵… Ⅲ. ①日冕形病毒—病毒病—肺炎—突发事件—影响—世界经济—研究②日冕形病毒—病毒病—肺炎—突发事件—影响—国际关系—研究　Ⅳ. ①F11②D81

中国版本图书馆 CIP 数据核字（2020）第 148633 号

出 版 人	赵剑英	
责任编辑	王　茵　白天舒	
责任校对	闫　萃	
责任印制	王　超	
出　　版	中国社会科学出版社	
社　　址	北京鼓楼西大街甲 158 号	
邮　　编	100720	
网　　址	http://www.csspw.cn	
发 行 部	010－84083685	
门 市 部	010－84029450	
经　　销	新华书店及其他书店	
印刷装订	北京君升印刷有限公司	
版　　次	2020 年 8 月第 1 版	
印　　次	2021 年 10 月第 2 次印刷	
开　　本	710×1000　1/16	
印　　张	25.25	
字　　数	269 千字	
定　　价	139.00 元	

凡购买中国社会科学出版社图书，如有质量问题请与本社营销中心联系调换
电话：010－84083683
版权所有　侵权必究

出版前言

仅仅在一年以前，似乎没有人相信，在科学技术日益发达的今天，人类社会将因一次全球性公共卫生事件而发生巨大变化。然而，自2019年年底至今，一种前所未遇的新型冠状病毒（COVID-19）席卷整个中国乃至全世界，迄今已在全球造成上千万人感染，数十万人死亡。在生者为逝者哀恸的今日，我们所面对的是一个似乎比过去二十年充满着更多不确定性的时代；新冠肺炎疫情也必将在某种程度上成为改写或重规人类历史进程的实实在在的"黑天鹅"事件。

新冠肺炎疫情在这短短的半年时间内，已然在很大程度上改变了我们所熟知的这个世界：一方面，它极大地改变了我们的生活方式，并持续地给世界经济带来了巨大的打击：产业链受到严重冲击使全球经济陷入了可能长期衰退的危机，这种危机又显著地投射到金融领域，导致各国股市多次熔断，国际石油价格和黄金价格暴跌，相关国际经济和金融机构不断下调本年度经济预期。另一方面，疫情的持续发展也在很大程度上改变了世界政治的面貌，加剧了前疫情时代的诸多矛盾：民粹主义加剧、保护主义抬头、治理能力缺失的恶果日益显著，中美战略博弈更加激烈，热点地区冲突不减反增；传统安全和非传统安全问题交织，带给全人类远胜以往的严峻考验。总而言之，国际社会对全球治理变革的需求因此次疫情而比以往显得更为迫切，提升国际治理能力水准将成为后疫情时代亟待解决的重大课题。

在这样的时代背景下，有至少两大方面的问题急需中国学界从历史经验和学术视角出发，予以解答和展望。

其一，如何看待后疫情时代的世界。必须回答的是，后疫情时代的世界必然同前疫情时代的诸多潜在矛盾相互关联，这些矛盾之间存在着怎样的联系和区别？它又将在何种程度持续改变我们所熟知的世界？现有的理论和历史的模型是否足以预知后疫情时代的世界面貌和趋向，如何在全球化和信息化的背景之下应对传统安全问题和非传统安全问题？如何弥补新冠肺炎疫情暴露出的国家治理能力和全球治理能力的"赤字"？同时，这些问题的解决程度又同新冠肺炎疫情的未来发展密不可分。必须认识到，尽管因治理能力赤字带来的逆全球化思潮和运动成为未来很长一段时期内难以避免的现象，但应对人类共同危机的努力必将也只能是超脱单一国境范围的全球性的合作。归根到底，如何应对全球化和逆全球化这两种趋向之间的张力，是人类社会在后疫情时代所必须共同解决的难题。

其二，如何看待后疫情时代的中国。所有人都无比期待下述问题的答案：中国将在后疫情时代的世界中扮演何种角色，采取何种态度和策略，以应对这个充满不确定性的时代？毫无疑问的是，在后疫情时代，中国所面临的机遇和挑战将是前所未有的。一方面，中国以共建人类命运共同体的姿态和责任感，积极配合世卫组织的抗疫工作，及时向全世界通告疫情发展情况，并近乎决定性地取得了抗疫斗争的阶段性胜利；在此基础上，中国进一步履行大国担当，宣布为全球共同抗疫提供公共产品，承担应尽的责任，这无疑提升了中国作为负责任大国的国际形象和地位。另一方面，中国同发达国家尤其是美国的双边和多边关系也面临着更为严峻的挑战："中美脱钩论""中国赔偿论""中国病毒论"等论调甚嚣尘上，美国对华战略认知发生重大改变，自2018年以来已然恶化的中美关系雪上加霜；与此同时，疫情所导致的经贸往来的中断将不可避免地导致全球经贸格局的变动和转移，未来中国对外开放的面貌面临着极大的不确定性。2020年4月8日，习近平总书记在中共中央政治局常务委员会会议上强调，要坚持底线思维，做好较长时间应对外部环境变化的思想准备和工作准备。总之，中国以何种姿态和方式应对来自美国等西方国家的挑战和冲突，又如何在未来难以避免的冲突中谋求共建人类命运共同体的合作，必将在很大程度上塑造后疫情时代国际格局的面貌。

为此，2020年4月，正值全球新冠肺炎感染人数呈指数增长之际，中国社会科学出版社开始组织20位国内顶级专家学者，合力编写《后疫情时代的全球经济与世界秩序》一书。本书从宏观经济和国际关系等学科角度，探讨经济全球化的走向、世界经济衰退风险、受疫情冲击的产业链以及后疫情时代的世界秩序、全球治理与大国关系等被广泛关注与争论的核心议题。

本书为我们呈现了中国学术界在面临新冠肺炎疫情之时的问题意识和危机意识。在这一特别的时期，希望本书的出版可以为国内读者呈现中国学界对后疫情时代的世界面貌和格局深入而及时的思考；同时，也期待本书成为中国学界对外交流的平台，为人类共同应对后疫情时代的诸多挑战尽中国学界的一份力量。

在本书付梓之际，我对应约为本书供稿的专家深表谢意，衷心感谢各位领导、专家对中国社会科学出版社工作的大力支持。

赵剑英

2020 年 8 月 20 日

目　录

新冠肺炎疫情背景下的中美关系：

　　风险、选择和路径 …………………………… 傅　莹 / 1

逆全球化：疫情后笼罩世界经济的阴影 …………… 蔡　昉 / 27

后疫情时代的数字经济展望 …………………………… 江小涓 / 46

做好应对新型长期衰退的准备 ………………………… 李　扬 / 64

※　　　※　　　※

美联储"无底线印钞"的逻辑警示 …………………… 余永定 / 85

全球化、疫情与国际经济治理 ………………………… 张蕴岭 / 107

应对疫情严重冲击　加快推进高水平开放 ………… 迟福林 / 128

全球供应链的疫情冲击与中国应对 ………………… 黄群慧 / 146

关于当前世界经济与全球化的几点看法 …………… 刘元春 / 163

疫情改变中国与世界 ………………………………… 姚　洋 / 171

透视肺炎疫情下的全球金融动荡：原因、

　　特征、影响与对策 ………………………… 张　明 / 187

※　　　　※　　　　※

新冠肺炎疫情与百年变局 ………………………… 袁　鹏 / 205
避免中美关系的"自由落体运动" ……………… 郑永年 / 222
疫情后的欧洲与中欧关系面临的问题 …………… 周　弘 / 235
新冠肺炎疫情下的美国内政外交与中美关系 …… 倪　峰 / 253
新冠肺炎疫情冲击下的世界与中日关系 ………… 杨伯江 / 272
疫情后的非洲和中非关系 ………………………… 李新烽 / 294
物质利益与价值观念：全球疫情之下的国际冲突

　　与合作 …………………………………………… 王正毅 / 321
新冠肺炎疫情与全球治理变革 …………………… 孙吉胜 / 344

※　　　　※　　　　※

病毒时刻：无处幸免和苦难之问 ………………… 赵汀阳 / 374

新冠肺炎疫情背景下的中美关系：
风险、选择和路径

傅 莹[*]

2020年2月，笔者和几位中国学者一道参加了在德国举办的第56届慕尼黑安全会议。这届会议报告的主题是"西方的缺失"（Westlessness），从欧洲人的视角看"西方"作为第一次世界大战后最重要的地缘政治中心是否正在衰落。[①] 这是一个有历史纵深的理论性问题，引发了与会人士的热烈讨论，但仍免不了被中美之间的现实矛盾所冲淡。

当时正值中国新冠肺炎疫情最困难之际，与会的美国政要们不但对关于疫情的讨论或者信息没有兴趣，反而抬高对中国批评的调门，纠缠华为5G、中国香港、新疆等问题，强势要求欧洲人站队，试图形成对中国战略竞争的西方统一立场。出席会议的

---

[*] 作者系清华大学兼职教授、战略与安全研究中心主任，中国外交部前副部长。
[①] Munich Security Conference, Munich Security Report 2020, p.6. https://securityconference.org/en/publications/munich-security-report-2020/.

美国人阵容强大，包括众议长佩洛西等 20 多名参众议员，还有国务卿蓬佩奥、国防部部长埃斯珀、常驻联合国代表克拉夫特、前国务卿克里等政要、高官和智库学者。他们显然是协调了美国共和党和民主党的一致立场，把如何应对"中国崛起的威胁"作为与会的主打话题，声称华为产品是"中国情报系统安置在西方内部的特洛伊木马"。他们指责中国奉行"胁迫性的海洋政策"，运用军事和外交力量挑衅他国等，同时宣称"西方没有没落""西方价值观将战胜俄罗斯和中国对'帝国'的渴望"，要求欧洲与美国共同应对"中共不断增强的进攻性"。[①]

这些强硬表态呼应了特朗普上台以来对华政策的调整——把中国视为首要"战略竞争者"。三年来，美国相继挑起贸易战、科技战、舆论战，在军事上深化针对中国的部署，政治上公开攻击中国共产党、质疑中国的政治体制。这一系列挑衅迫使中国做出反应和反制，中美关系出现快速下滑。

观察美国政策的改变，不能不看到冷战后中美两国的国家基本路线呈现两种不同方向的演进。中国判断和把握住了世界"和平发展"的时代主题，顺势而为，坚持改革开放、集中精力发展经济。进入 21 世纪的第二个十年，中国已成长为世界第二大经济体，构建起全球合作网络，同时也开始更多地参与和影响国际事务。美国却沉醉于"历史的终结"和单极秩序，力图按

---

① 傅莹："在慕安会感受西方对华复杂态度"，观察者网，https：//m. guancha. cn/fuying/2020_ 02_ 21_ 537581. shtml？s = wapzwyzzwzbt。

照自己的意愿和模式改造其他国家，发动了多场战争，陷入霸权的自我消耗；加之对经济全球化环境中资本的扩张缺乏有效管理，导致2008年出现金融危机；同时美国对国内矛盾解决得不好，分配不均使得中低阶层生活质量下降，身份认同的矛盾让社会分歧扩大，政治日益极化。近年美国社会进入反思，大多数人认为国家的政策和路线是不成功的。特朗普政府索性放弃自由主义国际政策，大搞保守主义和本国优先，美国的霸权呈现战略收缩的姿态，"灯塔效应"也变得黯淡。

中国与美国的"一进一退"，反映出两国在同一国际体系中的反向演进，其必然带来国际权力调整的张力。美国一方面需要"疗伤"，解决这些年内外政策失误累积起来的问题，另一方面对中国日益警惕，并且试图打压中国。美国的政策和态度的转变给国际形势增加新的不确定性。美国担心中国与其争夺世界主导权，把与中国的竞争视为一场输不起的国家根本利益保卫战。美国鹰派势力意图推动对华关系走向全面对抗，认为唯此方能阻挡中国前进的步伐，这股力量的动员力和影响力都在扩大。美国军方则以西太平洋、东印度洋为重心，升级军事部署、强化同盟网络、推进"印太战略"，利用中国南海、台湾等问题增加对中国的制衡。外界普遍担忧：中美是否会闭着眼睛跳入所谓守成大国的恐惧与新兴大国的崛起必然导致冲突的"修昔底德陷阱"？多边全球合作的架构是否会因此分裂甚至崩塌？

现在看来，2020年年初发生在慕尼黑的一幕似乎预示了，中美关系在这一年里将加快下坠。

慕尼黑安全会议结束后不久，新冠肺炎疫情开始在全球蔓延，2020年4月上旬美国成为世界卫生组织宣布的"全球大流行病"新"震中"。这场新冠肺炎疫情是进入21世纪以来第三次改变世界议程的重大事件。前两次是2001年的"9·11"事件和2008年的国际金融危机，尤其是后者使美国陷入严重困难，当时世界各国鼎力支持，与美国一道共克时艰。然而这一次，美国在全球层面没有释放团结合作的信号，完全没有体现出发挥领导作用的意愿和能力，不仅不出面组织国际防疫，还试图阻碍合作、制造对抗，令世人惊诧。

国际社会最初对中美合作抗疫抱有很高期待。一方面，经过13轮艰难谈判，第一阶段中美经贸协议在2020年年初签署，延宕一年有余的经贸摩擦终于得到缓解，给持续下滑的双边关系踩了刹车。在双方正式签署协议之前，2019年12月20日中美元首通了电话，习近平主席指出，"中美两国在平等和相互尊重基础上达成了第一阶段经贸协议。在当前国际环境极为复杂的背景下，中美达成这样的协议有利于中国，有利于美国，有利于整个世界和平和繁荣"。① 在这样的形势下，人们对中美关系前景的判断和两国合作的预期有所回升。另一方面，面对突如其来的疫情，人们根据中美2001年携手反恐、2003年合作抗击"非典"、2008年同舟共济应对国际金融危机以及2014年共同阻击埃博拉

---

① 《习近平应约同美国总统特朗普通电话》，新华网，2019年12月21日，http://www.xinhuanet.com/2019-12/21/c_1125371565.htm。

病毒的经历，习惯性地认为，这次两国仍有可能将新冠肺炎疫情带来的共同挑战，转化为改善关系、恢复合作的机会。

然而，事情的发展并不如人们所愿。疫情在武汉发生后，美国政府没有表现出关心和开展合作的愿望，而是单方面撤侨、断航，商务部部长罗斯把中国疫情称作"加快工作机会回流的机遇"，言谈之间缺乏基本的同情和人道关怀。美国有一些企业、个人和华人华侨给中国送来了物资援助，但是根据中国官方的信息，没有收到来自美国政府的实质性援助。《华尔街日报》的评论文章《中国是真正的"亚洲病夫"》刺激了中国民众的痛苦记忆，引爆两国的舆论对立，[1] 在美国拒绝道歉的情况下，中国取消美国三名驻华记者的执照，而美国则压缩了中国驻华盛顿记者人数[2]。第一阶段经贸协议带来的中美关系缓和势头很快被冲淡了。

但是此后，美国国内疫情的暴发和失控，导致经济陷入严重衰退，并牵动2020年总统大选选情的变化。特朗普政府为了转嫁防疫不力的责任、保选情，采取"推责中国"的策略，掀起批

---

[1] Walter Russell Mead, "China Is the Real Sick Man of Asia", Feb 3, 2020, https://www.wsj.com/articles/china-is-the-real-sick-man-of-asia-11580773677.

[2] 2020年2月3日，《华尔街日报》发表美国巴德学院教授米德（Walter Russell Mead）撰写的《中国是真正的"亚洲病夫"》评论文章。2月19日，中国外交部发言人耿爽在例行记者会上宣布，对于发表种族歧视言论、恶意抹黑攻击中国的媒体，中国人民不欢迎，鉴此，中方决定从即日起，吊销《华尔街日报》三名驻京记者的记者证。3月2日，美国国务院宣布，新华社、中国国际电视台（CGTN）、《中国日报》、中国国际广播电台和《人民日报》驻美机构的中国籍雇员人数需从160人减少至100人。3月18日，中国外交部官网发消息宣布，中国出台对等措施，包括要求"美国之音"、《纽约时报》《华尔街日报》《华盛顿邮报》《时代周刊》5家美国媒体驻华分社提交申报材料，他们年底前记者证到期的美籍记者限期交还记者证，今后不得在包括中国香港、澳门在内的中国领土上从事记者工作等。6月初，路透社报道，美国计划将包括央视和中新社在内的4家中国媒体列为"外交使团"，要求其向美国国务院登记在美人员和财产。

评中国的舆论浪潮，白宫的表态可以被看作是官方的措辞指导，强调是由于中国政府的延误、不透明、向外输出旅客以及与世界卫生组织勾结，才导致美国和全世界深受疫情之害。[①] 美国国会一些议员闻风而动，煽动对中国的抱怨，挑动针对中国的溯源追责调查，个别州的检察部门试图发起针对中国的索赔诉讼。[②]

中国也不示弱，坚决反击美方不实之词，同时用大量数据和事实呈现中国党和政府采取的负责任措施。国务院新闻办公室2020年6月7日发布《抗击新冠肺炎疫情的中国行动》白皮书，更加全面和系统地介绍了中国人民抗击疫情的历程和做法。

特朗普政府没有因为疫情而放松对中国的打压，美国行政部门颁布针对华为的贸易和出口新规，限制进而准备封锁华为获得美国软件、硬件的产品供应，同时将更多中国企业和机构列入"实体清单"，限制在美上市的中资企业。由此可以看出，美国加大推动与中国的科技、产业"脱钩"力度。

与此同时，美国战略界有舆论指责中国借疫情离间美欧跨大西洋关系、扩张在印太地区的战略影响力，声称中国试图加强对国际组织的掌控，说中国已经"不再掩饰"与美国争夺全球领导力的意图。在中国台湾、香港、新疆等问题上，美国国会动作不断，通过《2019台北法案》等新的干涉中国内政的立法，后

[①] Alex Isenstadt, "GOP memo urges anti-China assault over coronavirus", April 24, 2020, https://www.politico.com/news/2020/04/24/gop-memo-anti-china-coronavirus-207244.

[②] 2020年4月21日，美国密苏里州总检察长施密特在密苏里东区联邦地区法院提起针对中国所谓"索赔"诉讼，紧接着4月22日，密西西比州检察长费奇也同样提起此类诉讼。

续还有一批涉华议案等待审议。美国行政部门违背"一个中国"政策，与进入第二任期的中国台湾蔡英文当局增加了官方接触和实质交往。加之中美航线联系、人员交流等均因疫情而陷入暂停，这些都在事实上加快"人文脱钩"的步伐。

两国关系的急剧恶化对双方民意产生了负面塑造作用，相互愤恨、敌视情绪迅速扩大。美国皮尤研究中心（Pew Research Centre）2020 年 3 月 3 日至 29 日对 1000 名美国民众的调查显示，66% 的被调查者对中国持负面态度，这是自该中心 2005 年开始对这个问题进行调查以来，最为消极的评价，2017 年这方面的比例为 47%。此次调查中，还有 62% 的民众认为中国的实力和影响力是美国面临的一个主要威胁。[①] 美国哈里斯民调中心（Harris Poll）4 月在全美开展调查，90% 的共和党人、67% 的民主党人认为中国应该为疫情扩散负责，66% 的共和党人、38% 的民主党人认为特朗普政府应该对中国采取更加强硬的政策。[②] 中国国内虽然没有民调机构进行此类调查，但从网络空间的大量评论和媒体声调看，民众对美国朝野疑华反华言行十分反感，负面情绪和不信任感也达到了中美建交以来的高点。

5 月 20 日，白宫网站发布《美国对中华人民共和国战略方

[①] Kat Devlin, Laura Silver and Christine Huang, "U. S. Views of China Increasingly Negative Amid Coronavirus Outbreak", April 21, 2020. https://www.pewresearch.org/global/2020/04/21/u-s-views-of-china-increasingly-negative-amid-coronavirus-outbreak/.

[②] Zachary Evans, "Poll: Americans Report Bipartisan Distrust of Chinese Gov't, support for Tariffs", April 8, 2020, https://www.nationalreview.com/news/poll-americans-report-bipartisan--distrust-of-chinese-govt-support-for-tariffs/.

针》报告（以下简称"战略方针"）。① 该报告是根据《2019 财年国防授权法》的要求向国会提交的，并非出台新的对华战略，但其中包含了根据形势变化而更新的政策思考，更加明确地否定美国过去历届政府推行的对华接触政策，更加激昂地渲染中国崛起给美国带来的"威胁"和"挑战"，更加具体地描绘对华竞争的路线，意识形态对立的含义更浓，可以认为，美国对华竞争性新战略朝着成型又迈进了一步。

究其原因，还是美国强硬势力要咬紧与中国的战略竞争，不想让双方在抗疫中的合作需求缓和竞争，进而分散乃至打乱他们的"战略部署"，相反，他们试图借机强化竞争。"战略方针"中提出"有原则的现实主义"（principled realism）概念，② 成为阐述对华战略的关键词。回顾美国对外战略中的现实主义传统，影响最大的是里根时期"以实力求和平"的现实主义思想（"里根主义"）。在当时的冷战形势中，美国处境并不十分有利，里根政府通过大力渲染扩充军备、扩大核威慑，将苏联诱入军备竞赛的陷阱。近些年面对俄罗斯复兴、中国崛起等挑战，美国有学者倡导"进攻性现实主义"③，其基本判断是，国际体系的无政府状态注定了大国竞争的悲剧宿命，主张以进攻的思维和行动提

---

① "United States Strategic Approach to the People's Republic of China", May 20, 2020, https://www.whitehouse.gov/wp-content/uploads/2020/05/U.S.-Strategic-Approach-to-The-Peoples-Republic-of-China-Report-5.20.20.pdf.

② Ibid..

③ 美国芝加哥大学政治学教授约翰·米尔斯海默（John Mearsheimer）被公认为是"进攻性现实主义"的代表性人物。参见 John J. Mearsheimer, *The Tragedy of Great Power Politics*, New York: W. W. Norton, 2001。

防对手、维护权力、捍卫霸权。"有原则的现实主义"更像是"以实力求和平"的"里根主义"和"进攻性现实主义"的杂糅，不排除白宫试图以此为基础，发展出一套新的对华竞争理论，对未来美国政府的对华政策发挥"塑模"作用。

中美关系在螺旋下降的循环中，步入两国建交以来十分困难的阶段。如果把美国对华战略调整的过程比作一个360度的"圆"，那么前半个180度的"圆"在2018年年底就差不多划定了，也即美国朝野、府学各界基本形成必须调整对华战略的共识。但是对于后半个180度的"圆"怎么划，也即究竟应该形成什么样的有效对华新战略，则一度缺乏共识，有主张"聪明竞争"、在加强遏制的同时保持必要接触和合作的呼声，也有主张不惜一战全力打压中国的叫嚣。2019年以来美国政治动员的趋势是，推动构建更加明确的与中国竞争的"全社会"共识，两国在新冠肺炎疫情期间的碰撞明显加快了这个进程，目前的状态恐怕还不是最低谷。

中美矛盾成为国际格局转变中的一对主要矛盾，当前紧张态势主要是由美国主动推动的，集中体现在以下四个博弈场上。

一是制度和价值观之争。新冠肺炎疫情之前，西方思想界已经开始担心，中国作为非西式民主制度国家的成功，带来稀释西方价值观号召力的效应，进一步印证了美西方冷战后试图在政治制度和价值观上统领世界的不成功。在美国战略界看来，中国的崛起不仅是对美国现实利益和国际地位的挑战，更是对美国的制度稳定和价值输出的威胁，这是更具深层意义的挑战。从中方的角度看，美国从来没有放弃颠覆中国共产党领导的社会主义制度的企图，近来美国政府当局的涉华话语更是试图将中国共产党和中国人民割裂和对立起来，公然挑衅中国共产党和政治制度的合法性，因此中方必须坚决与之斗争。

"战略方针"将矛头指向中国治理和执政党，将"价值观挑战"列为中国对美三大挑战之一，[①]突出中国内外政策的意识形态根源，似乎在刻意把中国包装成当年的苏联，其意图无非是将政治和安全因素推到美中关系的优先位置，为胁迫企业和经济界接受"脱钩"提供依据。沿着这个路径走下去，两国将不可避免地陷入零和对抗模式的意识形态之争。

二是舆论战。2020年以来，美国对华较量的重点出现从贸易战转向舆论战的趋势。但这并不意味着美国要放弃其他领域的竞争，贸易战恶化的势头在第一阶段协议签署后基本得到控制，科技战则难以速战速决。在安全领域，美军方目前的主流想法是保持足够威慑，而非主动进攻。在舆论战方面，美方经验丰富，有话语权优势，在国际舆论场上有传统影响力。而中国与美国乃至整个西方世界的信息库和舆论场处于相对隔离状态，关于中国的一手信息对美国和国际社会的通达度一直不够充分。

打舆论战需要设计一个简单清晰、能直击人心的主题词，然后通过多角度推导和多叙事渲染，形成压倒性的舆论潮。从一段时间

---

① "United States Strategic Approach to the People's Republic of China", May 20, 2020, https://www.whitehouse.gov/wp-content/uploads/2020/05/U.S.-Strategic-Approach-to-The-Peoples-Republic-of-China-Report-5.20.20.pdf.

以来美国强硬势力人物的表现和表态，基本可以看出其对华舆论战的轨迹，关键词就是"中国不可信"。其目的就是要颠覆中国改革开放以来确立的成功者和负责任大国的形象，换言之，就是改变中国的"人设"，给中国贴上"不诚实""不守信"的标签，进而破坏中国的外部舆论环境。冷战期间，美国也是不断给苏联贴标签，从道义的角度把对手放到让公众认为无法相容的对立位置上。

三是经济金融安全之争。疫情给美国经济带来重大冲击，根据美国劳工部的统计，2020年4月美国失业率达到了14.7%，5月略有下降，但仍然高达13.3%。① 经济下行导致美国财政状况迅速恶化，在2020财年的前8个月，美国财政开支预计将超过39250亿美元，较2019年同期增长9120亿美元，增速超过30%；其中在疫情高发的4月和5月，联邦政府收入减少了45.8%，而开支增加了93.6%，赤字更是高达11620亿美元。② 预计2020、2021财年，美国联邦政府的财政赤字将分别高达3.7万亿美元和2.1万亿美元。③ 财政恶化导致美国联邦债务快速增加，截至2020年6月10日，其总额已经接近26万亿美元④，也就是说在本财年的前8个月内，联邦债务增加了超过3

---

① "U. S. unemployment rate: seasonally adjusted May 2020", June 5, 2020, https://www.statista.com/statistics/273909/seasonally-adjusted-monthly-unemployment-rate-in-the-us/.
② "Monthly Budget Review for May 2020", June 8, 2020, https://www.cbo.gov/system/files/2020-06/56390-CBO-MBR.pdf.
③ "Monthly Budget Review for April 2020", May 8, 2020, https://www.cbo.gov/publication/56350.
④ 根据美国财政部网站，截至6月10日，其公共债务已经超过25.98万亿美元。https://treasurydirect.gov/govt/reports/pd/pd_debttothepenny.htm。

万亿美元。① 美联储预计2020年美国经济将会萎缩6.5%②，因此，预计到2020财年结束，财政赤字和联邦债务占国内生产总值（GDP）的比重将分别达到18%、140%，这对美国政府来说是极为沉重的负担。

为应对新冠肺炎疫情引发的经济衰退，美国政府推出约3万亿美元的救助计划，美联储也计划一直将联邦基金利率维持在0—0.25%区间不变，直至实现充分就业和物价稳定的目标。③这种无底洞式的经济刺激措施和直升机撒钱措施不仅抬高债务率和赤字率，也会刺激高杠杆投机和流动性泛滥，埋下市场隐患。随着债务的不断膨胀，美国联邦赤字占GDP的比重有可能在未来几年甚至长期保持在10%以上。

在此情况下，美国焦虑感进一步上升，力图借疫情迫使各国反思供应链安全之机，渲染中国将优势产业"武器化"的风险，加快产业链、供应链结构调整中的"去中国化"。美国战略考量中的理想目标是，通过重修规则、重定标准、重立区域贸易集团、改造国际机制、关键技术和产业"脱钩"等做法，借"去全球化"实现"去中国化"。美方亦有舆论主张利用金融霸权压制中国，尽管滥用金融工具会对美国国家信誉和美元信用造成伤

---

① 根据美国财政部网站，截至2019财年年底，美国公共债务为22.7万亿美元。https://treasurydirect.gov/govt/reports/pd/pd_debttothepenny.htm。

② "Federal Reserve Board and Federal Open Market Committee release economic projections from the June 9 – 10 FOMC meeting", June 10, 2020, https://www.federalreserve.gov/newsevents/pressreleases/monetary20200610b.htm。

③ "Federal Reserve issues FOMC statement", June 10, 2020, https://www.federalreserve.gov/newsevents/pressreleases/monetary20200610a.htm。

害，但不能完全排除这个选项。

全球供应链的形成和调整是国际分工不断深化的结果。在中国的许多外资企业把本地市场作为自己的主要经营对象，在没有更大的政治和安全压力的情况下，不大可能在短时间内大规模离开中国。

四是战略安全博弈和海上安全较量。在军事安全领域，美国在战略、战术和操作层面对中国疑虑都有所上升，试图加大施压和制衡。在涉及中国主权和安全的问题上，中国对美国的压力和刺激须予以回击，并且采取适当的反制措施和必要的主动作为。从趋势上看，未来一段时期中美军事关系中的不确定性增加，战略信任的缺失难以弥补。两国军事舰机在海上和空中近距离相遇已非偶然现象，双方发生摩擦的几率增加。新冠肺炎疫情期间，美国海外部署的军事力量面临病毒威胁，不得不减少在全球的行动，但是为了防范中国"借机填补战略真空"，反而增加了在南海、台海、东海针对中国的巡航、侦察频率和挑衅力度。两军态势最大的不确定性还在于，双方未建立起有效的危机管控机制，彼此底线不够明确，互动的规则和"红线"不够清晰。这导致双方需要不断相互试探，增添发生突发事件和不可控结果的风险。两国和两军高层在军事上曾经达成"不冲突、不对抗"的战略共识，[1] 如何切实维护是双方都需要认真考虑的问题。

---

[1] 《中美达成共识，不冲突不对抗》，人民网，2013 年 6 月 10 日，http://world.people.com.cn/n/2013/0610/c364320-21810197.html。

中美之间的战略威慑关系也开始出现一些新变化。美国调整核战略、更新核武库、降低核门槛，以及发展导弹防御体系和高超声速飞行器、酝酿在中国周边部署中导，可能拉大中美之间本就悬殊的核力量对比，这是否会迫使中国考虑适度调整有待观察。此外，中美两国都是人工智能技术推动下的新型武器平台和军事技术的主要探索者，随着网络、太空、极地军事化的动向的发展，在这些领域如何管控竞争亟待提上日程。

许多学者把新冠肺炎疫情视为冷战后世界历史的一道分水岭，认为它给人类带来的冲击不仅是心理上的，也是物质上的。但是目前看，它带来的变化并非颠覆性的，而是在产生催化剂和加速度的效果，全面加快和深化了已经在发生的趋势。例如，经济全球化和区域化更快调整，国际权力进一步分化，大国战略竞争态势更加清晰，等等，一些国家的内部治理矛盾也更加严峻。中美关系的恶化不是孤立发生的，需要放在多角度、多层次的变化中加以审视和度量。

从经济全球化角度看，疫情进一步挑战全球化思维，主要经济体纷纷反思和重审现行全球化模式下产业链对外依赖的风险。有分析认为，在经济全球化的大框架下，有可能会形成以中国（东亚）、美国、欧盟为中心的三大分体系，由此向外发散，离岸外包越来越被近岸外包取代，生产基地尽量靠近终端消费市场，供应链流程变短并更加多元，以便于灵活应对突发波动。三个中心的形成也会促使国际资本相应调整流向，客观上助推中美"脱钩"。从目前各国的政策讨论和拟推出的举措看，有以下动向：第一，攸关美国安全的产品生产，如生物医药、个人卫生防护设备（PPE）和部分尖端制造企业可能会被移出中国，不排除美国立法强令企业回迁；第二，劳动力密集型产业因生产要素成本变化而从中国向外转移的步伐可能加快，美国在耐用消费品上的对华依赖下降；第三，适应中国市场需求的行业巨头会驻守，它们在全球销量下降之际，继续从中国市场的复苏中获益。第四，5G等高科技产业"脱钩"，导致中国被排除在美国及其盟友市场之外，存在形成事实上的两个体系、两种标准的可能性。

从全球治理的角度看，中美仍然拥有应对全球性挑战的广泛共同利益，两国的专业界在传染病防治、应对气候变化等重要领域的功能性合作并未停止。但是，现任美国政府不但缺乏对两国在全球领域合作的政策支持和资源投入，而且力图阻挠中国在国际事务中发挥影响力，把从多边机构中排斥中国作用当作重要的外交目标。特朗普政府架空世界贸易组织，终止与世界卫生组织的合作，在世界知识产权组织、国际货币基金组织、世界银行等机构中阻挠中方人选承担关键领导职务；同时，与多国谈判和签署以"零关税、零壁垒、零补贴"为核心内容的新双边自贸协定，植入排斥中国的"毒丸条款"。美国这一系列做法，对以联合国为中心的国际治理和合作体系的破坏和干扰是比较大的，发展下去难免会影响到全球解决共同挑战的意志和能力。

从国际格局的角度看，冷战后中国对国际格局的描述是"一超多强"，但是这一格局已经因为美国和中国的相对力量变化而发生动摇。2020年年初清华大学战略与安全研究中心举办年度国际形势研讨会时，中外战略界学者对当今世界的力量和权力分配进行了评估。一个比较重要的看法是，美国的霸权难以为继，但是作为超级大国，其实力地位和影响力仍然超群；中国虽然在硬实力和软实力方面都与美国有相当大的差距，但是在经济规模和新经济态势上同排在后面的国家已经拉开了距离，中美加起来约占世界经济总量的40%、全球军费开支的44%。未来这两个相对强大的国家如何确立彼此关系，能否给世界带来稳定预期，抑或相反，是当今国际政治中的最大的课题。

中方学者认为，中国与美国在实力上有比较大的差距，国际社会对"两极世界"也有很不好的历史记忆，但是，两个遥遥领先的大国不可避免地对世界发展拥有更大影响，也因此必须承担更多责任，包括准确判断彼此意图，避免基于误判确定战略。这原本是一个在复杂互动中缓进的过程，然而，2020年新冠肺炎疫情的发生及其后果与美国大选选情的变化交织在一起，与美国国内政治、经济和社会矛盾的激化叠加，使得美国的自信心进一步下降，对中国的恐惧和疑虑更深。这也必然会影响到两国探索新路径的互动方式和节奏，无论向哪个方向发展，都会明显提速，中美界定彼此看法和相处方式的迫切性变得更加突出了。

在中美战略博弈过程中，不能忽略第三方视角。中美关系已经成为影响新的世界格局形成的主线，未来世界能否保持在和平与发展的轨道上？还是会进入大国战略竞争甚至冲突？在很大程度上取决于中美对对方和两国关系的定位，是"敌"还是"非敌"，结果大不相同。而在这个方向的确定中，两国都会受到其他各方政策取向的影响。国际上的其他主要力量，无论是欧洲、日本、澳大利亚等美国的盟友国家，还是印度等发展中国家，目前都采取一定的观望态度，构成某种"第三方力量"。

由于中国对世界经济拥有巨大影响力——全球70%国家和地区都以中国为第一大贸易伙伴，而美国拥有在世界金融和科技等领域的领先优势和对国际事务的传统影响力乃至其同盟体系的聚合力量，仍对世界发挥着主导性作用。第三方力量普遍不希望中美紧张关系严重到导致世界发生大分化的地步，各国也因与中美都有千丝万缕的利益关联，不想在两国之间做选择。但是，如果中美不可逆转地走向了冲突，许多国家在缺乏来自中国的利益和安全保障的情况下，即便不主动选择美国，也很难选择支持中国。疫情期间笔者参加一些中外学术线上会议时就注意到，国际学界在议论"他者的崛起"（the rise of the others），言外之意，如果世界进入领导力缺乏的状况，需要考虑如何构建新的聚合性领导力。[①] 2019年法德曾提出"多边主义联盟"的倡议，意在联合多国应对单边主义挑战，维护其自身利益和全球治理体制。[②]

以上便是中美博弈的全球大背景，这些高度复杂和多元、多层次的因素是流动性的和可以转换的。中美竞争固然已经不可避

---

① Ziv Rubinovitz, "The Rise of the Others: Can the U. S. Stay on Top?", *Great Powers and Geopolitics*, 2015, pp. 31 – 64, https://link.springer.com/chapter/10.1007/978-3-319-16289-8_3#citeas.
② "Germany, France to launch multilateralism alliance", April 3, 2019, https://www.dw.com/en/germany-france-to-launch-multilateralism-alliance/a-48172961.

免，但是与美苏冷战等历史上曾经有过的因大国权力争夺而引发的对立关系不可简单类推。近现代史上曾出现三次比较典型的大国竞争——第一次世界大战前的英德竞争、20世纪30—40年代的美日对抗、20世纪后半叶的美苏冷战，它们有一些相近的特点，例如，都曾经有全球性经济危机的背景，新兴大国表现出亢奋的强国心态，守成大国在强烈的忧患意识和被追赶的恐惧心理驱动下奉行遏制政策。但是中美竞争是在世界经历了比较长时间的和平和经济全球化发展之后，被人为地突出起来的，两国相互之间和各自与世界多国已经存在深度依存的关系，中国自身也实现了综合力量的全面发展。[①] 这些特点和条件在以往的大国恶性竞争中都是不存在的。这就决定了中美竞争将更加复杂和利弊关系难以拆解，虽然竞争面比较广泛，有时甚至十分激烈，但两国在竞争和敌对关系之间仍有空间。中美必须面对的最重要挑战、抑或是最重要的选择是，未来将是继续在同一个全球体系内解决彼此分歧，还是分道扬镳，剥离成为两个相对独立且又彼此连接的体系，各行其是。而后者也意味着全球化的终结和现存国际体系的裂解。

一场世纪博弈的序幕已经拉开，无论中国人是否情愿，都已被裹挟其中。同时，需要看到的是，美国已不具备冷战刚结束时的那种影响国际事务和国际关系的绝对强势地位，也没有充分的

---

① 参见王立新《从历史与比较的视野看大国竞争时代的中美关系》，澎湃新闻网，2019年6月9日，https://www.thepaper.cn/newsDetail_forward_3611847。

理由和足够的号召力掀起一场对华全面战略围堵和意识形态围猎的世界浪潮。中美关系揭开了新的篇章，双方既存在观念、目标、路径上的差异，同时也有着维系现存体系和总体和平合作大势的共同责任，两国人民在世界的稳定和可持续发展等重大问题上，存在广泛的共同利益。

目前中美两国对相互竞争的认识和基本判断存在比较大的差异，甚至可以说双方竞争的目标不在同一维度上：美国坚信中国的意图是从自己手中夺取世界领导地位，两国之争的性质是"老二"与"老大"的地位之争，因此其竞争战略以从各方面有效制约中国为目标；而中国的意图是实现"两个百年"的发展目标和民族复兴，如果说争，争的是自己的发展空间。未来中美是否会陷入零和对抗、抑或实现"竞合"关系，关键要看两国能否客观认知对方的实力与意图，进而找到彼此目标相容的空间。

在 2020 年余下的时间，美国外交举措必然要受到总统选举因素影响。经济衰退、两党极化、种族等社会问题和特朗普本人极富争议等现象，使得美国内持续动荡，政治争斗和民情撕裂的程度高于往届大选。针对"中国威胁"的炒作进一步向"高政治"辩题发展，强硬势力会更加卖力地仇化对华关系，不能排除会利用各种借口发动激烈攻势，中美关系的形势更加严峻。

无论美国大选结果如何，中美关系的未来方向都是下一阶段双方需要认真思考和理智探讨的。看美国对华态度的演变趋势，在如何实施新战略上可以观察到两个方向上的推动力：一股力量以华盛顿右翼为主导，主张对抗和"全面打压"中国，不断挑动争论，包括用"国家安全关切"和"政治分歧"等引领议题，极力减少双方各领域交往和持续推动"脱钩"。另一股相对理性的力量也是存在的，不主张放弃"有限接触"，希望保持务实关系，督促中国修正自己，改变"违规"和"不公平"做法。特朗普政府过激的对华政策措施对美自身的伤害日益显现。因此，虽然这种观点常常被更加高调和尖锐的对抗声音所遮蔽，但是并非没有广泛和沉默的支持者，将来随着美国国内政治局势的变化，其影响可能会有所上升。

对于中国而言，如何应对美国的竞争挑衅，如何准确判断世界潮流，并且能顺势而为，对内确保实现"两个百年"目标的进程不被打断，对外赢得和保障国家发展所需要的和平与合作的环境？如何赢取更多国家对中国政策的了解和理解，在构建人类命运共同体的道路上有效争取和开展国际合作，维护世界和平与发展的大势不受严重干扰？这些都是摆在21世纪历程途中必须面对的大问题。而中国对两国关系发展方向的选择，将很大程度决定对上述问题的回答。

毋庸讳言，美国对华政策和战略的调整带来的挑战是严峻的。在前述两种方向的选择中，前者意味着正面对抗，意图将两国关系拖入恶性竞争、两败俱伤的轨道。若此，中国自身的发展路径很难不受到大的冲击。一旦中美滑向局部乃至全面"脱钩"，美国对华采取极端行为的顾虑则会下降，中国进一步深化改革开放的难度也会增加。后者看似缓和，但是顺着这个方向发展下去，不能排除美方会持续提高要价，所谓"合规"的压力从经贸领域外溢到政治和安全领域，将中国规范为美国治下的新全球体系的一部分。

需要认识到的是，历史人物是否成功，关键取决于他们的思想和行动是否符合历史发展的客观规律。我们看今天的美国对华政策调整，不能低估一些政客出于各种利益的考虑刻意误读、误判中国和由此可能对两国关系带来的伤害，甚至会让两国关系一时偏离正确轨道，但是也不必高估他们改变历史潮流的能力。正如习近平主席讲到的，各国逐渐形成利益共同体、责任共同体、命运共同体。这既是经济规律使然，也符合人类社会发展的历史逻辑。① 习近平主席还指出，我们应该把握时代大势，客观认识世界发展变化，以负责任、合规矩的方式应对新情况新挑战。

鉴此，我们需要对未来中美关系的发展做认真的思考和设计，主动提出自己的选择和方案，既能够切实维护我国根本利益，又能解决美国合理关切，同时也符合世界和平发展的大方向。毕竟，中国的发展已经与世界息息相关，中美两个大国，合则两利，斗则双输。为此，两国领导人曾经达成的构建"稳定、合作和协调的中美关系的共识"应是思考和设计两国关系具体路径的根本指导。

中美关系未来比较好的前景是，经过博弈和理性的利益权

---

① "习近平出席 APEC 工商领导人峰会并发表主旨演讲"，新华网，2018 年 11 月 17 日，http://www.xinhuanet.com/politics/leaders/2018-11/17/c_1123728801.htm。

衡，形成"竞合"关系，即相互进行有限、可控的竞争，同时能保持协调，维系双边关系在具体问题上相对稳定的发展，在多领域和全球事务中开展合作。最终实现这种大国良性竞争新型关系的前景，需要双方认真做出努力。然而，目前美国在官方层面不仅这种意愿比较小，反而在加紧向相反的方向使劲儿，因此对中国来说，朝这个方向努力的难度和阻力是非常大的。在未来美国大选前的几个月，美国对华态度很难有积极的改变，接下来中国的选择和作为将对中美关系能否走向正确方向更具塑造力。

我们需要学会从相对平视的角度处理对美关系，客观和冷静地评估我们所处的世界环境，善用对未来所拥有的前所未有的塑造力，须以足够的自信、定力和韬略同美国这个老道的大国打交道。中美关系的更新和调整，必然要经历一个较长时期的艰难博弈的过程，好的结果是不可能求来的，只能通过艰苦斗争、大胆博弈和主动协调来赢取。

在现阶段的中美博弈中，中方需要更多地从积极的角度发挥引领作用，尽可能多地注入理性和务实的成分。可以考虑主动进取，主动出牌，推动在关键领域开拓坦诚对话，彼此真正倾听，切实解决双方的合理关切，累积经验和条件。中美贸易第一阶段协议就是在这个方向上努力的一个成功案例，虽然双方都没有实现所有的愿望，但是结果惠及彼此，也有利于两国关系的长远。这个协议在执行中难免遇到困难，尤其在当前气氛恶化的环境中，阻力和压力必然增大。但是，放弃带来的风险更大，协议的有效落实才能避免两国关系更快下滑。协议中涉及的许多问题亦是中国改革中需要解决的。

中国坚决维护自身政治制度和发展道路的安全，反对任何干涉国家内政的企图。同时，中国也不以消灭其他制度为目标，更不会重蹈美西方向世界推广自己价值观的窠臼。要实现新时代的大国关系稳定，双方需要通过对话和谈判加深对彼此核心利益、制度尊严、价值体系的理解，按优先顺序梳理各自和共同关切的清单，争取就行为边界形成共识和必要的默契，逐渐培育尊重对方关切和恰当的利益交换的习惯和能力。对一些不可调和的安全利益和分歧，做出必要的管控安排。

中国的海上力量在成长，其意图和目的必然是美国等其他海上传统力量关注和需要应对的新问题。我们需要在西太平洋维系力量存在并建立有效威慑，通过必要的维权行动、积极的沟通磋商、务实的海上合作和专业有效的风险管控，实现保卫国家安全和维护地区和平的责任。为此须使中国的防卫政策和目标更加透明，让各方切实了解中国军事安全的主张和底线。国际战略界也关心中美能否通过谈判构建军事力量和平共存的战略均势。虽然目前缺乏谈判的气氛，但是中美作为亚太两大重要军事力量，双方在战略安全领域建立对话渠道尤显重要。应开辟有效和多层沟通的管道，同时加强危机管控机制建设，避免发生误判。另外，中国虽不参加涉及美俄双边问题的核裁军条约谈判①，但一直是国际军备控制体系重要成员，几乎参加了所有重要机制，在国际

---

① 具体指《中导条约》和《新削减战略武器条约》（New STart）。

上有良好口碑。中国在这方面可以更多地主动作为，例如推动有核国家接受中国提倡的"不首先使用"原则等。

中国人关心和善于的，主要还是要做好自己的事。例如在科技这个新的博弈前沿，需要将美国施加的巨大压力转化为激励自强的动力。可以充分利用当今世界全球科技的开源知识环境，努力提高创新能力，补"短板"以增强在技术、元件上的自给能力，更重要的是增"长板"，提升向世界科技进步提供支撑的能力。唯有更好地维护我国在世界科技和经济体系中的影响力，维系全球体系的健康成长，才能真正打破"脱钩"和分裂世界的企图。宜坚定和及时地采取的"反脱钩"策略，在各个领域都采取坚决维护和增进交往的政策，各部门都多做挂钩的事，不做和少做会进一步导致"脱钩"的事。

我们需要以习近平外交思想为指引，明确中国作为国际秩序和体系维护者和改革、完善者的站位，坚持高扬全球治理、多边主义的旗帜，用中国的"进"应对美国的"退"，用维护和平、促进增长的行动，对冲美国的破坏性举动，维系经济全球化的势头。面对后疫情时期世界发展难题和矛盾增加的局面，尽可能多地开展协商，协助各国解决问题，也就是在国际关系中多做"加法"，多"赋能"，承担合作型大国的责任。做第三方工作要切实以发展彼此互利合作为目的，以促进世界和平发展为大方向，而不需要形成中美争夺第三方的零和局面。

在全球问题上，中美共同关切多于矛盾，而且世界多国都期待，当特朗普政府在这些领域减少投入之际，中国能发挥领导力。目前在气候变化等领域,国内已构建起政府与智库的有效合作机制和政策储备手段,无论是在官方层面,还是在社会层面,都与国际社会保持着比较好的互动,体现了合作的力量。可以此为蓝本,在涉及反恐、防扩散、禁毒、跨国传染病防治乃至人工智能治理、打击跨国犯罪等全球关注的重大课题上,培养官方和智库的有效合作,鼓励拓展国际对话渠道,不断提升向世界提供有效资源、解决实际问题的能力。

在国际传播领域,我们需要增强有效传播的能力,包括鼓励和动员多元化的传播手段和渠道,积极培养人才,改善和增强中国国际形象。我们需要更多地向国际信息库提供关于中国的一手信息和资料,让世界更多地从中国人这里获取而不是从间接渠道得到中国信息。此次美国大选,共和、民主两党都在用中国议题竞选,通过炒作"中国威胁""中国挑战"来拉选票,这对我们是挑战。同时,从传播逻辑的角度看,外部的高度关注也为中方有针对性地传播中国知识和信息提供了窗口,如果能有效和合理利用,可以让更多的美国人乃至国际民众了解到中国的真实情况和中国人的想法。

总之,中国已经从力量偏弱的国家,成长为拥有较强力量和一定国际影响力的大国,进入一个需要在新的实力基础上和更广阔的利益平台上运作内政和外交的时期,对美关系的处理也需要反映和适应这种变化。哈佛大学的格雷厄姆·艾利森教授一直试图论证中美之间是否存在"修昔底德陷阱",最近他在把研究重心转向为避免冲突提供解决之道,发起了一项名为"寻找应对中国挑战的大战略"(Searching for a Grand Strategy to Meet in the China Challenge)的专项研究。[①] 这样的研究在美国并非仅此一家。中国的战略界是否也需要行动起来,研究"应对美国挑战的大战略"呢?笔者认为是有必要的。

[①] Graham Allison, "Contest: Do You Have a Grand Strategy To Meet the China Challenge?", March 2019, https://www.belfercenter.org/publication/contest-do-you-have-grand-strategy-meet-china-challenge.

逆全球化：疫情后笼罩
世界经济的阴影

蔡 昉[*]

一 引言

根据欧盟欧洲疾病预防与控制中心数据，从2019年12月31日起，截至2020年6月30日，全球感染新冠肺炎的人数已经超过1027.3万，其中超过50.5万人死亡，过去14天发生的感染人数为226.9万，占全部感染人数的22.1%，说明疫情仍在发展。作为世界最大经济体和最发达国家的美国，确诊人数已经超过259万，死亡人数超过12.6万，[①] 均居世界各国首位，死亡人数早已远远超过在越南战争中美军的死亡人数（5.8万余人），以及近年来美国历次流感季的死亡人数（其中2017—2018年流

---

[*] 作者系中国社会科学院副院长、学部委员。
[①] 参见欧洲疾病预防与控制中心网站，https://www.ecdc.europa.eu/en/geographical-distribution-2019-ncov-cases。

感季为6.1万人）。并且，过去14天新增人数比例为18.4%，也说明仍处在上升区间。巴西、俄罗斯、印度、南非等新兴经济体以及英国、德国、意大利等发达经济体，也都位居感染人数前茅。

总体来看，新冠肺炎疫情的全球流行病学曲线，没有像中国那样到达峰值之后便迅速下降，形成一个倒V字形轨迹，而是曲折地不断攀登新的数量高峰。正如图1所示，截至2020年6月30日，全球新冠病毒的流行病学曲线丝毫没有显示出平缓下来的趋势。

鉴于我们对新冠肺炎疫情发展的观察和判断，即一方面，疫情发展在国家之间形成"一波未平一波又起"的趋势，另一方面，越来越多的医学专家预期，疫情可能形成第二轮甚至更多轮峰值，还有很大的可能性是人类需要与新冠病毒长期共存，因此，从全球流行病学曲线的形状，我们可以看出越来越明显的倒W字形轨迹，并且与以上判断也是完全吻合的。

疫情全球大流行造成的经济衰退及其复苏，时间和历程都将受到流行病学曲线的制约。相应地，按照目前疫情全球发展的趋势，即便是最为乐观的经济学家，也不再心存侥幸地期待一个V字形的全球经济复苏轨迹，甚至从全球而言，U字形复苏也难以预期。国际货币基金组织（IMF）预测，2020年全球主要经济体和世界经济将经历严重的负增长，世界经济增长率为-3.0%，

图1 全球流行病曲线

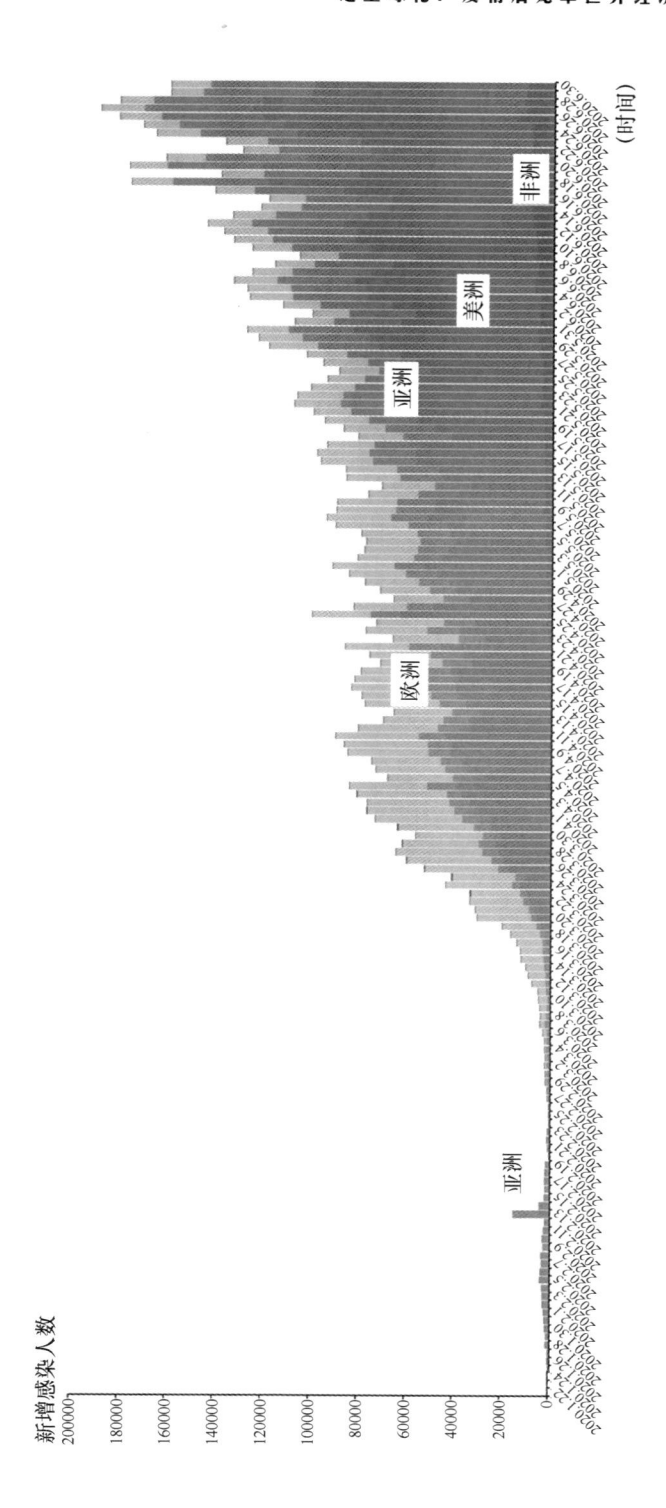

资料来源：https://www.ecdc.europa.eu/en/geographical-distribution-2019-ncov-cases，2020年7月1日浏览。

全球贸易增长率为-11.0%,① 不久后,世界银行就做出更不乐观的预测,世界经济全年将收缩5.2%,除中国将增长1%外,主要经济体皆为负增长②。同时,世界贸易组织对全球货物贸易的预测则是从缩减13%(乐观)到缩减32%(悲观)③。

如果如越来越多的医学专家所认为的那样,全球新冠肺炎疫情很可能不是一次性的,不会一波过后即止,可能在一段时间内甚至长期与人类共存,那么毋庸置疑的是,我们面对的也并不仅仅是全球性的公共卫生危机,各国经济、社会乃至政治所受的冲击不仅是巨大的,也是百年不遇的,而且会持续下去。因此,新冠病毒会对世界经济和全球治理体系产生长期、深远和颠覆性的影响。

毕竟,随着各国纷纷实行的大隔离和保持社交距离等防控措施取得一定成效,一些国家在付出巨大生命代价的条件下或许会产生一定的群体免疫力,而且有不同国家的众多团队研发特效药品和疫苗也可能取得一定程度成功,这次百年一遇的大流行终将完成这一轮波峰。新冠病毒既无情又狡猾,但是,人类也变得越来越聪明。人类较之以往更加聪明的一个表现,便是积累了足够的经验和教训,而且乐于并善于运用这些珍贵的信息,以历史为

---

① International Monetary Fund, *World Economic Outlook, Chapter One: the Great Lockdown*, Washington, D. C.: International Monetary Fund, April 2020, p. ix.
② World Bank, *Global Economic Prospects, June 2020*, World Bank Group, Washington DC, 2020, p. 4.
③ World Trade Organization, *Annual Report 2020*, https://www.wto.org/english/res_e/booksp_e/anrep_e/anrep20_e.pdf, 2020年7月1日浏览。

鉴，以当下为鉴，并由此预见未来。但是，以怎样的立场应对危机，却可以形成大相径庭的政策倾斜，导致截然不同的后果。

一个较为流行的对疫情之后世界的判断，就是新冠肺炎疫情的全球大流行将终结这一轮全球化的进程。即便是不那么激进的观点，也认为疫情至少会改变全球化的演进方向和运作方式。既往的经验和教训表明，全球化固然是一种历史的必然性，但是，经济全球化在产生显而易见的积极效应的同时，也生产出诸多不利的副产品。因此，全球化治理要求形成一系列发挥全球化正外部性，同时消除其负外部性的规则和机制。

改革开放以来的中国，既是经济全球化的获益者，也始终为维护全球化及其赖以存在的多边主义机制而做着自己的努力。面对疫情全球大流行带来的新情况和新趋势，我们有必要准确判断疫情后全球化的走向，认清事物发展的可能选项和给我们带来的挑战，以便确立有效的应对策略及实施手段。

二 民粹主义本质与疫情政治化

在西方国家，对诸如疫情大流行这样的突发事件，政府的应对表现如何，总是会影响政治家的选情乃至最终选票，因此，这类事件从本质上就不可能回避被政治化的命运。一般来说，在许多国家不绝如缕的民粹主义政策倾向，其根源就在于，政治家面对国内种种长期无法解决的棘手问题，在解决这些问题的体制根源方面投鼠忌器，既无心也无力一举斩断绕成一团乱麻的戈迪亚斯之结（Gordian Knot）。因此，他们只剩下以下三条民粹主义道路可走：要么寻找一个外部目标作为替罪羊来转移矛盾，要么做出一纸空文式的民生承诺，要么采取饮鸩止渴的经济刺激政策。

从西方国家的历史看，每逢发生大规模的战争、自然灾害和疾病大流行，都伴随着隐瞒事件发生的原因及严重程度等事实真相、污名有竞争关系的国家或者作为传统替罪羊的族群（如犹太人）、借机打击政治上的竞争对手、把意识形态泛化到各个领域和社会生活的各个方面等做法，由此产生无奇不有的民族主义和民粹主义思潮、无所不用其极的政府举措，以及荒诞不经的社会行为。

以一个世纪以前发生的著名大流感为例。[①] 1918年导致全球5000万人到1亿人死亡的这场大流感，起源地是美国哈斯克尔县（Haskell County, Texas）和邻近的范斯顿军营（Camp Funston, Kansas），并通过军队在国内调动以及到欧洲参战而广泛传播，演变为流行全球的大瘟疫。但是，美国的联邦政府和地方政府无视科学家和医生们的一再警告，罔顾已经普遍发生的严峻事实，以一切为了战争（参加第一次世界大战）为由，封锁和压制关于疫情的真实信息，故意淡化疫情的严重程度，没有做出有助于阻挡疾病传播的必要应对，最终造成美国人民和世界人民生命和健康的极大损失。

---

① ［美］约翰·M. 巴里：《大流感：最致命瘟疫的史诗》，钟扬、赵佳媛、刘念译，上海科技教育出版社2008年版。

当时，美国政府为了转移公众视线和推卸自身责任，采取了种种高压手段控制舆论和无视民情，各种针对国内非主流政治群体、少数族裔以及其他国家的污名化行为也甚嚣尘上。一个最为经典和最具标志性的事实是，为了作战的需要，参战各方都对疫情的报道进行了严格的新闻管制，以至于一个作为中立国因而无须新闻管制，且与大流感起源无关的国家——西班牙为疾病发源地"背锅"，并且从那以后，"西班牙流感"这个疾病的名字被用了一个世纪有余。

在很多国家，采用包括经济政策在内的各种民粹主义政策，不惜以饮鸩止渴的办法来应对那些短期难应对且长期无出路的困难局面，也是具有悠久历史传统的。多恩布什等经济学家最早提出宏观经济民粹主义这个概念，并以拉丁美洲国家为对象进行了经验研究，从中得出的结论是，一些国家经济的失败正是在于应用了这类政策。[1]

实际上，美国这个世界上最发达的经济体，也有深厚的宏观经济民粹主义传统。例如，拉古拉迈·拉詹就曾指出，美国政府试图通过扩大信贷来刺激消费，以便缓解由于收入差距扩大造成的中产阶级和低收入群体的深层次焦虑。[2] 这类政策的后果表现为金融过度发展，导致物质资本和人力资本的错配，直至造成

---

[1] Rudiger W. Dornbusch, Edwards and Sebastian, "Macroeconomic Populism in Latin America", *NBER Working Paper*, No. w2986, May 1989.
[2] [美]拉古拉迈·拉詹：《断层线——全球经济潜在的危机》，中信出版社 2011 年版。

2007 年的美国次贷危机进而引发国际金融危机。然而，尽管金融危机后发生了很多重要的变化，美国国内的收入差距扩大和中产阶级萎缩现象却并没有改变，贫富分化及其导致的社会分裂和政治对立等现象愈演愈烈。

新冠肺炎疫情对美国产生的巨大冲击，迄今已经显示出联邦政府的严重应对不力。2020 年 1 月 23 日，在中国武汉"封城"的时候，美国仅有一个感染病例。世界卫生组织（WHO）也早在 1 月 30 日就宣布新冠肺炎疫情为"国际关注的突发公共卫生事件"，当时在中国境外只有 82 例感染且没有死亡病例。然而，包括美国在内的许多国家没有珍惜这个时间窗口，未能果断实施必要的隔离措施。直到 3 月 13 日美国才宣布进入国家紧急状态，而确诊病例已达到 1600 多起。在信息充分的情况下一再贻误时机，不仅造成巨大的生命和健康损失，也致使经济陷入深度衰退和失业率飙升，民不聊生和民怨沸腾威胁到政治家的选票。

因此，正如完全可以预料到的那样，美国总统特朗普及其团队为了在 2020 年的大选中赢得连任，这时再次急需寻找替罪羊，不遗余力、不择手段地把国内矛盾转移到国外。为此，他们不惜用尽诸种不名誉的手段，包括污名中国的国内抗疫策略和对外抗疫援助、敦促美国企业与中国供应链脱钩、掣肘 WHO 在国际合作抗疫中发挥协调作用、制造各种有关中国以及中国与 WHO 及其他国家合作的阴谋论，以及实施可能产生巨大负面溢出效应的货币政策（赤字货币化）。可见，美国国内政策的民粹主义和国际关系中的民族主义，与把疫情政治化的做法具有相同的动机。

而且，这些意识和行为也都会产生逆全球化的结果。

三 疫情之后的逆全球化表现

早在十余年前开始应对国际金融危机时，许多国家经济的内顾倾向就开始滋长，不断为逆全球化的星星之火浇注燃料，或者说对经济全球化釜底抽薪。从全球贸易增长明显减缓的事实，可以清楚地看到这个趋势（见图2）。从20世纪80年代后期直到2007年，全球出口总额的增长速度都是显著高于世界经济增长速度的。受到金融危机的冲击，2009年全球出口以大得多的幅度跌为负增长（为-11.8%，同期GDP增长率为-1.7%），在

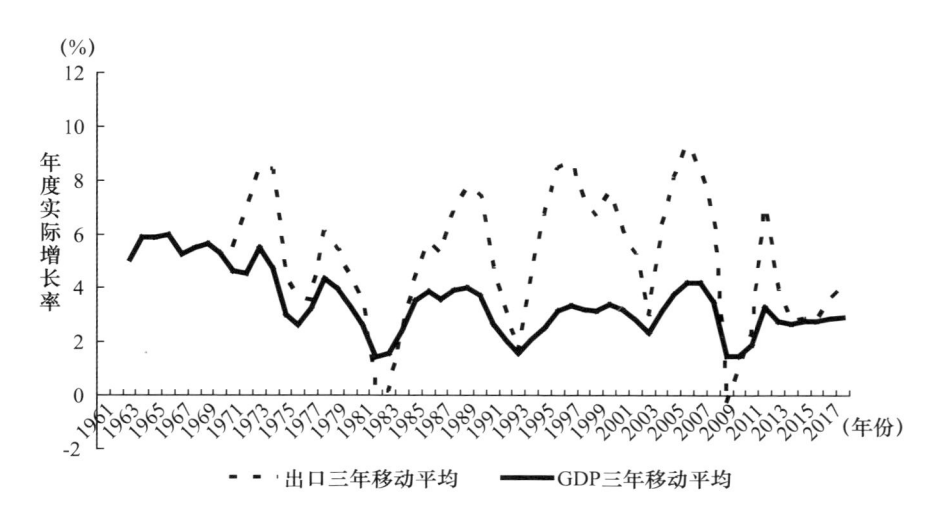

图2 国际贸易和世界经济增长率

注：图中的两条曲线分别为全球贸易和世界经济增长率的三年平滑水平。

资料来源：世界银行数据库，http://data.worldbank.org/。

2010年以同样大得多的幅度回升到正值（为11.8%，同期GDP增长率为4.3%）以后，迄今为止，出口增长率总体而言就未能再高于GDP增长率。

可见，经济全球化的式微，或者说金融危机后呈现出的逆全球化表现，即便没有发生新冠肺炎疫情，也已经是注定的趋势且逐步显现。特别是美国特朗普政府实行一系列单边主义政策，严重威胁到第二次世界大战后建立的多边主义机构和机制，更加剧了这个趋势。然而，从新冠病毒疫情演变为全球大流行之日起，越来越多的现象表明，诸多以往被普遍认同的全球化理念、机制和实践正在受到更为严峻的挑战。

许多学者纷纷对疫情后的世界做出自己的判断和展望。美国《外交政策》杂志约请12位被认为是全球顶级思想家的作者，就"新冠大流行之后世界将是个什么样子"发表意见。总体来说，应约表达观点的作者大都认为，疫情大流行是一个产生了广泛后果因而足以改变世界的事件。一些作者认为疫情之后会出现各国政策更为内顾、国家之间进一步分化、供应链发生断裂乃至脱钩等逆全球化现象。从相对乐观的方面看，很多人或许并不认为这意味着全球化的终结，仍然满怀希望地呼吁各国全面理解事物的发展趋势，做出正确的政策反应，共同努力以挽救全球化。①

---

① John Allen, Nicholas Burns, Laurie Garrett, et al., "How the World Will Look After the Coronavirus Pandemic", *Foreign Affairs*, March 20, 2020, https://foreignpolicy.com/2020/03/20/world-order-after-coronvirus-pandemic/.

其他许多国际主流媒体也发表了大量关于疫情影响世界和全球化发展趋势的文章，一时间众说纷纭、莫衷一是。如果撇开不同作者观点的相异之处，一个共同的认识是，疫情后的世界面貌会发生深刻的变化。这个共识体现在弗里德曼的一个表述中，他认为新冠肺炎疫情的全球大流行，如同耶稣诞生日一样，可以把世界的变化做出新冠前（B.C.）与新冠后（A.C.）这样的划时代区分①。虽然这个说法看似仅具有修辞学的意义，但是，它反映了在学者们的眼里新冠大流行的当下和后续影响之大，同时也为人们讨论问题提供了一个简洁的话语概念。

无论是根据历史经验还是迄今为止出现的种种现象进行判断，疫情之后的世界经济不可避免地被笼罩在更为浓重的逆全球化阴影之中。这种逆全球化雾霾的构成元素和具体表现固然是多种多样的，甚至可谓不胜枚举，不过，如果着眼于它对过去近30年经济全球化最重要支柱的潜在破坏性，我们可以把观察重点放在这样几个方面，即在发展理念上贸易保护主义对自由贸易的挑战，在全球治理上单边主义对多边主义的取代，以及在现实经济层面上全球供应链的被动断裂和主动脱钩。

从新冠肺炎疫情传播的早期，研究者们就常常不约而同地表达一个类似的看法，即新冠病毒在经济社会意义上的传染性，丝

---

① 弗里德曼借用公元前（before Christ，简称 B.C.）与公元后（after Christ，简称 A.C.）的缩写，以 B.C. 和 A.C. 分别代表新冠肺炎疫情发生之前的时代与之后的时代（英文分别为 before corona 和 after corona）。参见 Thomas Friedman, "Our New Historical Divide: B.C. and A.C.: the World Before Corona and the World After", *The New York Times*, March 17, 2020, https://www.nytimes.com/2020/03/17/opinion/coronavirus-trends.html。

毫不亚于公共卫生和医学意义上的传染性。各国媒体也披露了诸多印证这个说法的事例。把这些表现归结起来，不难看到全球化面临的与大流行病相关的崭新考验。

很多国家对于大流行病的反应，在认识上从掉以轻心到过度恐慌，在行动上从贻误时机到急不择路，几乎是在一夜之间发生的。在慌乱应对中，各扫门前雪的心态甚至以邻为壑的自利表现暴露无遗。譬如，在意大利受疫情冲击处于最暗黑的时刻，有血脉之亲的欧盟国家一时竟无一伸出援手。更有甚者，在运输途中拦截他国购买的从医用防护装备到口罩、呼吸机、药品等救命物品的"海盗"行为也时有发生。

类似的，以国家安全为借口，因疫情引起的保护主义意识和实施的保护手段，也不出意料地大行其道。一项调查显示，2020年以来直至5月1日期间，全世界共有22个国家和地区对农产品和食品出口实施了总计31项限制措施，有82个国家和地区对医疗用品和药品出口实施了总计132项控制措施。①

如果说上述表现是由于疫情暴发后国内死亡率迅速攀升，政府出于恐慌而急不择路，可以看作只是偶发性事件或者临时性措施的话，应对疫情冲击的宏观经济政策缺乏联动性和协同性，则是许多全球化制度和机制从设计之初便固有的缺陷。以欧元区为例。如果说，以往对欧元机制的作用以及存在的可持续性的怀

---

① The Global Trade Alert，"The GTA Reports"，May 2020，https://www.globaltradealert.org/reports.

疑，是认为统一货币下的金融制度安排存在缺陷，牺牲了成员国宏观经济政策的相机决策灵活性和主动性，那么，由于新冠肺炎疫情的性质，这次事件则暴露出共同货币区域内协调机制的不健全和运转不力。当诸多国家认识到在危急时刻，盟友、全球化机制和区域机制都靠不住的时候，民族主义、保护主义和单边主义等倾向，就更容易在政策制定和实施中占据上风。

新冠肺炎疫情暴发并严重化之后，一些国家在社会保障体制上的诸多弊端得以暴露，长期存在的贫富差距也表现在抵御病毒侵害能力的差别上面，不同的社会阶层对疫情带来经济冲击的承受力也大相径庭。这些问题由来已久、积重难返，民粹主义政策似乎成为政治家的唯一选项，对一些不明就里的民众也不啻一种安慰剂。疾病大流行本身以及不得不为的严格防控措施，在从供给侧和需求侧阻碍国内经济正常运转的同时，也必然抑制国际贸易和对外投资活动，各国经济的内顾倾向和保护主义倾向愈加明显。像美国这样长期掌控全球治理话语权，而近年来大搞单边主义的国家，也就难免更加变本加厉地向现存的自由贸易理念和多边主义体系开战。

随着疫情在世界范围的蔓延以及各国经济遭受重大打击，许多国家对战略性产业的保护意识和实施措施明显增强。无论是出于对在危机期间国内重要企业被外资收购的担心，还是仅仅以此作为打击他国竞争力的借口，各国纷纷做出旨在遏制跨国投资活动的更严格规定。

例如，欧盟、澳大利亚、印度、意大利、加拿大、德国、西班牙、法国等分别通过制定和修订相关法规等措施，加强了对外国企业在特定行业投资和收购的限制。大多数这类政策法规的出台，不乏浓厚的歧视性质和把中国作为假想敌的意图。并且，以美国为代表，直接针对中国，在关键技术领域扩大对出口、投资和收购的审查范围的措施也纷纷出台。

全球供应链受损也是伴随疫情危机的一个突出现象，并且有着客观和主观两方面的原因。无论是在大隔离期间各种经济活动被动停止以致部分供应链断裂，还是经济在重启的时候受到需求不足的冲击造成供应链受损，以及无论是出于自身供应链安全的考虑，还是出于遏制竞争对手的用意，或者两个因素同时存在，抑或仅仅出于回天乏力的无奈，许多国家主动实施脱钩策略，20世纪90年代以来这一轮经济全球化的最重要成果——全球供应链，或多或少都要遭受到持久性的损害。事实上，仅从这一个方面，就足够提出新冠肺炎疫情之后，经济全球化是前进、停滞还是终结的生与死大问题。

四 逆全球化阴影下的中国应对

作为世界第二大经济体和第一大货物出口国，中国在改革开放过程中实现的前所未有的发展和分享成就，也得益于这一轮经济全球化。与此同时，这一轮经济全球化也推动了史无前例的世界经济趋同和发展中国家的减贫，全世界生活在每天1.9美元（2011年购买力平价）以下的人口比例，从1990年的36%大幅度下降到 2015 年的 10%。正因为如此，中国仍然要坚定不移地推进对外开放，同时利用自身的国际经济地位和治理话语权，在国际舞台上坚决维护自由贸易理念和多边主义体系。

在率先取得防控新冠肺炎疫情传播的不凡成绩之后，中国进入复工复产和推动经济社会生活正常化的阶段。对中国来说，经济复苏面临的最紧迫任务之一，便是修复受疫情本身、防疫措施以及其他国家相应表现等诸多影响因素而受损的产业链，并因应新的全球化格局确保供应链的长期安全。

在遭受新冠肺炎疫情冲击最严重的时刻，中国实施了一系列严格的防控措施，导致众多形式的消费活动停止以及大规模的停工停产，并且在春节之后的一段时间也未能复工复产。在第三产业经历了严重萎缩的同时，制造业活动也经历了从未有过的下降。根据国家统计局数据，非制造业商务活动指数和制造业采购经理指数（PMI），在 2020 年 2 月都下降到历史最低点，分别仅为 29.6% 和 35.7%。制造业 PMI 的单月跌落幅度，甚至超过历史上最大跌幅，即 2008 年 11 月的 38.8%（见图 3）。

随后，从 2020 年 2 月这个极低的基数上，制造业 PMI 于 3 月回升到 52.0%，4 月也继续保持在荣枯线以上（50.8%）。但是，PMI 构成部分中的新出口订单指数却再次大幅跌落，也就是说，在 2 月跌到 28.7% 这个极低点之后，3 月回升到 46.4%，4 月再次回落到 33.5%，5 月为 35.3%，6 月为 42.6%。在一定程度上，这种情形也被许多经济学家和企业界人士预料到了，即在中国抗疫取得成效并加速复工复产之际，境外疫情进入大流行的

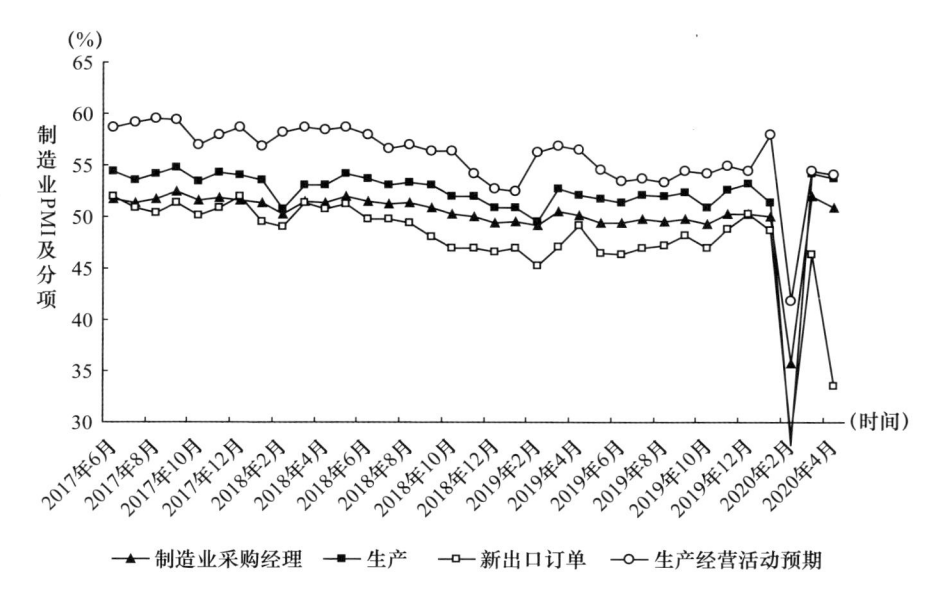

图3 制造业采购经理指数及分项指数

资料来源：国家统计局，http://data.stats.gov.cn/easyquery.htm?cn=A01。

蔓延模式，许多重要的经济体和中国的贸易伙伴进入"大锁闭"模式（Great Lockdown），出口订单被取消的外部冲击如期而至也在意料之中。

诚然，新出口订单指数反映了3月以后新冠肺炎疫情在中国境外发展的现实。特别是主要发达经济体普遍经历确诊病例数的爆涨，因此导致经济活动的大幅度停摆，进而使医疗防护用品和药品等抗疫相关产品之外的进口需求显著萎缩。然而，全球疫情大流行的现实，还会让许多国家对医疗卫生用品的供给安全性进行重估，进而促进供给来源地的多样化以及生产活动地与消费活动地的匹配。此外，美国等国家借疫情污名中国，进而采取恶意脱钩的举措，都会破坏现有的供应链格局，伤害中国制造业的发展①。全球疫情大流行的确为疫情前即出现的逆全球化火上浇油。

可见，修补制造业的供应链、维护和提升中国产业在全球价值链分工中的位置、确保产业链和供应链的安全，是中国坚持对外开放和维护经济全球化行动题中的应有之义和当务之急。对于这一点，我们需要从理念上对产业发展规律有准确的把握，在实践中对面临的近期、中期和长期任务有切实的定位。

首先，从维护制造业供应链入手推动高水平对外开放，与挖掘超大规模市场优势和内需潜力任务并无矛盾。经济全球化并没有终结，中国仍然是并且越来越是一个最大的开放型经济体。在这个基本趋势背景下，全球化的价值链本身就是生产率的源泉，这种分工格局既不会以某些国家的意志为转移，我们自己也不应轻言放弃。即便是以满足国内需求为主的产品和产业，也必然要面对来自外部生产者的竞争，没有也不应该有一个免于竞争压力的保护伞。

中国正处于从中等偏上收入向高收入过渡的阶段，面临着加快从高速增长模式向高质量发展模式转变的艰巨任务。在这个过程中，一个重要的任务目标就是建立现代化经济体系。只有在继

---

① 罗奇把美国等国家推动供应链脱钩的目的归纳为三点，分别是在新冠肺炎疫情问题上归罪和惩罚中国、消除自身在关键设备生产线的潜在脆弱性、把海外生产能力回迁以解决国内空心化问题。参见 Stephen Roach, "Don't Blame Supply Chains", Yale Global Online, May 7, 2020, https://yaleglobal.yale.edu/content/dont-blame-supply-chains。

续积极参与全球分工体系的条件下，中国经济的创新发展才有足够的内在动力，劳动生产率和全要素生产率提高的潜力才能得到挖掘，国家总体竞争力才能与日俱增。

其次，从维护制造业产业链入手推动高水平对外开放，与保障供应链安全、解决核心关键技术"卡脖子"问题的任务并无矛盾。中国制造业具有强大的配套能力，在联合国分类标准中拥有最为齐全的工业类别，制造业增加值总额和出口规模居全球第一位。然而，中国制造业整体而言仍然处于价值链的中低端，以至于在关键核心技术上对发达国家有很强的依赖，并因此而受到越来越严峻的制约。

中国货物贸易对高收入国家曾经具有很强的依赖，在整个20世纪90年代，中国货物进口中大约84%左右来自高收入国家，出口中大约87%左右流向高收入国家。由于中国在2004年前后跨过刘易斯转折点，劳动力短缺现象日益普遍化，劳动力成本提高，导致制造业传统比较优势加速丧失，因而货物以高收入国家为对象的贸易比重显著下降。然而，随着中国制造业升级优化，创新度逐渐提升，近年来对高收入国家出口比重下降的趋势已经减缓，进口比重则已经有所回升。

总的来说，解决"卡脖子"问题，绝不意味着主动脱钩，也不能"将错就错"，而要采取逆流而上的姿态，稳定传统的贸易伙伴关系，加快发展新的贸易伙伴关系。同时要把自主研发核心关键技术的领域选准，才能集中优势资源实现突破。以打破制约并保障产业和供应链安全为前提，牢牢嵌套在全球价值链之中，恰恰是推动更高水平对外开放的要求。

最后，从深化资源重新配置入手，提高制造业的全要素生产率，延续和挖掘动态比较优势，提高产业的国际竞争优势。长期以来，中国制造业的竞争地位主要建立在发挥资源比较优势的基础上。在劳动力充裕的条件下，通过促进劳动力从第一产业向第二产业和第三产业的转移，实现了资源的重新配置，提高了中国经济整体的全要素生产率。在过去十余年中，随着人口红利迅速消失，劳动力成本的提高致使传统比较优势趋于弱化，相应地，制造业增加值占GDP的比重自2006年以来一直处于下降趋势。虽然从理论预期和跨国比较数据看，制造业比重随人均收入提高而下降具有一定的必然性，但是，目前中国制造业比重的下降带有早熟的性质，是在发展潜力尚未挖掘殆尽的情况下发生的。

归根结底，制造业的竞争力在于全要素生产率的不断提高。根据经济和产业发展的规律，在劳动力从农业向非农产业转移空间缩小，因而三个产业之间的资源重新配置对生产率提高贡献率式微的条件下，在第二产业和制造业内部的更小分类部门之间，乃至这些分类部门内的企业之间，仍然存在着进行资源重新配置的巨大空间。生产要素合理配置的过程进入越来越小的分类部门及至进入企业层面，是一个资源重新配置深化的过程，也是未来全要素生产率的重要源泉，应该成为提升供应链质量的突破口。

后疫情时代的数字经济展望

江小涓[*]

一 数字时代的中国经济增长：
相对乐观预期

改革开放以来，中国经济保持高速增长，40多年平均增长速度达到9.7%。不过，从2009年开始，中国经济进入了缓慢下行轨道，增长速度持续下行。这个下行点起始于美国金融危机带来的全球影响，但下行时间之长、趋势之稳定，却超出了这个冲击点带来的影响。从根本上看，下行是由于我们进入了服务业为主的发展阶段，服务业占国内生产总值的比重持续上升。经济理论和国际经验都表明，服务业为主的经济结构，有将经济增长速度拉低的内在力量。这也是许多先行国家走过的道路：服务业

---

[*] 作者系全国人大常委、全国人大社会建设委员会副主任，清华大学公共管理学院教授、院长。

比重超过50%之后，经济增长就开始呈现喇叭口模式：一条曲线是服务业在经济中的比重，呈现上行趋势，比重不断升高；一条线是经济增长速度，呈现下降趋势，速度持续下行。这是世界经济发展史上的一个规律性现象。

之所以有这种规律性存在，是因为服务业是相对低效率的产业，服务业比重升高，经济活动的效率会下降，同样的投入，产出减少，以至于拖累了整个经济的增长速度。为什么服务业是低效率产业？这源于许多服务过程要求生产和消费同时同地，"人对人""点对点"，例如教育、医疗、现场艺术表演、保安等。这个过程中，人力资本是主要的供给要素，所以很难利用高效率的机器设备批量地生产。不像制造业能够用高效的设备、大批量的生产来提高劳动生产力。因而服务业劳动生产率长期保持在一个不变水平，但与此同时，不同产业中有劳动者要求近似的报酬，服务效率低但是工资不能低，与商品相比日趋昂贵。现在，中国经济已经进入到了服务业为主的时代，同先行者相似，呈现出经济增长速度持续下行的阶段性特点。

中国会不会遵循先行者的轨迹进入中低增长阶段？我们有没有办法将增长速度维持在相对较高的水平？总体看，速度下行难以避免，但我们希望能够比其他国家表现得相对更好。这个希望并不是非理性的愿望，而是有实在的依据，即我们是在数字时代进入了服务业为主的时期。

数字经济具有三个显著特点，不仅可以改变传统的低效率问题，还可以创造新的商品服务和商业模式，创造新增长点。

第一,数字技术极大提高了服务业劳动生产率。服务业主要的问题是劳动生产率提不高,拖累了整个经济的增长,如果提高了劳动生产率之后这个问题就不存在了。比如说银行是一个非常费人工的行业,为什么银行对中小企业不愿意提供服务,因为一笔很大的贷款和一笔很小的贷款,人工成本相近。现在互联网银行把数字技术用到贷款服务上,基本上是无人工干涉的一个智能的放贷过程。大概三四百人可以为千万级数量的中小企业提供万亿元级的贷款,其效率是此前阶段完全不能比拟的。再如教育行业,过去百多年来,大中小学的师生比没有变化,即老师的劳动生产率没有提升。但是有 MOOC 以后就有变化了,每位老师触达的学生的人数成倍、成几十倍甚至上百倍增加。清华大学排在前列的幕课,注册学生人数近百万,这与几十人的线下课堂完全不能比。从经济学的道理来讲,数字化服务的高效率源自以下特点。一是规模经济极为显著,这源于许多网络服务的初始成本很高而边际成本很低,特别是可复制的文化类、信息类服务更是如此。一部网上视频是一个观众还是亿个观众,制作成本相同,增加观众的边际成本极低。二是范围经济极为显著。一个巨型平台形成后,可以销售多种产品和服务,并且以品牌优势不断拓展新的产品和服务。对消费者来说,登录一个平台就会应有尽有,对企业来说能最大化地利用平台资产,降低成本提高效率。三是长尾效应极为显著。所谓长尾效应,是指当产品和服务多样化的成本足够低时,那些个性化强、需求不旺、销量很低的产品和服务仍然能够"上架",这些"小众""冷僻"的需求汇聚而成的市场份额可以和那些少数热销产品所占据的市场份额相匹敌甚至更大。互联网企业没有库存，网站维护费用远比传统店面低，平台能够聚焦无数的卖家和买家，能够极大地扩大销售品种，最有效地形成"长尾效应"。例如，一家大型书店通常可摆放10万本书，因此不可能摆放那些很小众和过期已久成为"冷门"的书，但网络书店则完全不受此限制，亚马逊排名10万以后书籍的销售额占到总销售额的1/4以上。如果网上销售的是服务，配送成本为零，更可以把长尾理论发挥到极致。网络视频、音乐下载等都属于这种情况。由于"尾巴"很长，这些单品销量并不大的商品和服务汇聚起来，就会成为巨额销售。这表明在网络时代，多样性、复杂性的增加并不意味着平均成本的增加。

第二，数字技术能快速创造新的产品、服务和商业模式。传统产业中，新产品、新服务开拓市场的时间非常漫长，你得先把产品设计出来，用各种广告让消费者知晓，现场演示，优惠销售，才能抵达数量有限的消费者。数字时代产品和服务创新速度极快，几大平台每天合计上新300万件以上的产品和服务，促进消费者不断尝试新的产品和服务，消费迭代的速度加快。现在，愿意不断尝试新商品新服务、而不是只消费已知品牌商品和服务的消费者占到七成以上。数字化还可以迅速创造出全新的商品和服务类型，激发消费增长，例如在线游戏，这个行业很热。特别是疫情期间大家在家待着，在线游戏的人数超过4亿，这是一个非常大的消费新行业。

第三，数字技术成为配置资源的一种力量。首先它配置存量资源，数字技术可以低成本地将零散资源和片断时间与需求匹配，为经济增长和社会服务做出贡献。其次能配置增量资源，例如金额机构，靠智能数据分析、依从风险控制指标，决定谁能得到资金和其他资源。另外，数字技术还能配置关注力资源。以前企业想要知道消费者想要什么，要做市场调研、开发产品、试用、反馈、推销、优惠，最后抵达客户。现在，直接用大数据来探知个性化的需求，并在此基础上进行个性化推送。现在，消费者发现品牌的优先渠道，从广告、演示和试用，变成了搜索、推送、社交网络等。数字技术匹配的关注力非常精准，推给你的就是你关注的问题、想要知晓的信息。现在，数字平台已经成为广告投放的主要渠道，这就是资源配置的一个方式。

我们国家具备的一些国情和产业特点，特别有利于数字经济发展。首先，我们是一个超大规模国家，消费者有近 14 亿人，数字平台的规模经济特别明显，边际成本基本上为零，增加客户基本上没有什么额外的支出。量大就能支持一个大平台存在，量很大就能支持若干个大平台存在，大就有规模经济，多个并存就能相互竞争，既能达到规模效应，也能达到竞争效应，使得服务迭代非常迅速，为消费者带来福利。大国消费者众多，小众感兴趣的消费就能有可观规模，支持多种新商业模式的发展。有 1% 的关注就是 1400 万，足足可以支持一个新型商业模式的成功。

其次，国内市场大，就能支持数字企业在本土成长，直至具备全球竞争力，到国际市场上竞争和发展。如果一个小国家的企业发起一个数字化平台，一开始就必须是全球性的平台。而我们国内消费者数量就能支持数个平台成长发展,并形成竞争促使企业持续努力提高竞争力。在这次疫情中,国内两家大数字平台腾讯和阿里,为了争夺线上办公客户,拼劲十足,几十天内十数次升级应用。企业的责任感和员工的拼命精神是内因,激烈的市场竞争是外因,两者匹配才能做到如此迅速地迭代升级。这种大规模且激烈竞争的国内市场,可以促使企业即使在国内市场上发展,也能成为具有全球竞争力的企业。中国出海品牌50强是一个著名品牌评价机构评出的中国在海外最强的品牌榜单,前五名的华为、联想、阿里、小米、字节跳动,一开始都是在国内运营,在竞争中成长为非常有竞争力的企业,其后才在海外扩展并进一步提升竞争力。

综上所述,数字技术时代,服务业的性质发生了根本变化,我们有幸在进入服务业为主的发展阶段时,恰好与数字技术发展应用相重合,而且具有多方面的优势发展数字产业。因此,我们在这个阶段有可能打破"服务业时代是低增长时代"这个过往的规律,有可能保持相对较快的增长速度,比先行者展示出更好的增长态势。

二 中国发展数字经济的长期有利条件

关于长期有利条件,我们讲以下四点,第一是党和国家高度重视数字经济的发展,第二是新技术发展提供新的支撑。第三是产业互联网发展提出的要求,第四是制造业、服务业融合发展提出的要求。

第一，党和国家高度重视数字经济发展。最近几年，中央高度重视数字技术创新和数字经济发展。第十九届中央政治局到目前为止，一共有 19 次集体学习，其中 4 次都是直接和数字技术、数字经济相关。一次是实施国家大数据战略，一次是人工智能发展现状和趋势，再有一次是全媒体时代和媒体融合发展，最近的一次是区块链技术发展现状和趋势。从工作部署看，2018 年 12 月中央经济工作会议上，就提出了要加快 5G 的商用步伐，加强人工智能、工业互联网、物联网等新型基础设施建设。我们可以看出中央对数字经济、数字技术、新一代通信技术发展的要求，深思熟虑，及早部署。

第二，新技术发展提供新的支撑。最近两年多，数字经济的发展实际上呈现出减力态势，虽然还在增长，但是增长速度和增长势能都有所减缓。这种状况表现在这几个方面，其一，从市场规模来讲，移动互联网用户数和每位用户平均上网时长出现了停滞，这两个数字最近两年多的增长出现明显减缓，在疫情之前几近停滞。对线上市场来说，上网人数乘以人均上网时长，就是市场总规模，这个市场的约束力很强。实物产品市场扩张受到的主要约束是购买能力，财力足够的消费者可以购买大量产品而无须花时间消费，拥有本身就是享受。富豪们可以同时拥有几十辆豪华车辆，可以拥有世界各地的多套别墅。但数字服务消费是体验式的，消费者必须花费时间亲自参与，消费者同一时间内不可能观看两部电影，听两首歌，不能同时听两位老师授课，因而数字服务受到国民上网总时长的强约束,继续发展需要有单位时间能创造更高价值的新产品新服务出现。其二,从供给侧看,互联网新产品的表现总体上比较贫乏,一个重要原因是在 4G 技术支持之下,互联网能够支持的应用,需求已经比较饱和,新一轮发展需要新的技术来支撑。今后,随着 5G 等新一代互联网技术的发展,我们可以启动更多的数字消费,例如新技术发展支持移动互联网和物联网双轮驱动,很多百亿级、千亿级的消费可望实现商业化。

第三,产业互联网带动"互联网+"的下半场。现在人们认为,面向消费者的数字化平台,是"互联网+"的上半场,下半场则应该是面向生产者的"互联网+"。在新一代通信技术之下,产业互联网的前景是很广阔的。产业互联网需要的通信量和计算量,和我们消费互联网是完全不一样的。无论淘宝、天猫、京东,它有一个数字化平台,对所有的企业、对所有的消费者、对 C 端都是可用的。但是对产业互联网来说,每个平台都是个性化的。打个比方,消费互联网是一马平川,而生产互联网是山头林立。而且,消费互联网连接的主要是信息,而产业互联网连接的是物,是移动和转动的物体,需要的通信能力也是完全不同的。新技术的发展,支持互联网的下半场具备更好的入场条件,容纳更多的入场者。

第四,产业互联网促进服务业和制造业融合发展。这是我们现在的一个痛点,到底应该重点发展服务业还是重点发展制造业(实体经济),来回摇摆,提法多变。这个两分法让我们自己陷入一种困境。实际上，现代经济是一个高度融合的经济，我们现在经常讲服务型制造商和制造型服务商，都是两者融合的企业。数字技术的发展能提供更多更高效的生产性服务，实现服务业和制造业的融合发展。

下面举几个例子，第一个例子是一个生产性服务综合平台，叫猪八戒网，给生产企业提供全生命周期的专业生产性服务，你开办的时候需要做什么？需要创建、需要注册、需要取名、需要品牌设计、需要文案、需要向社会推介。你在企业生产的时候，你需要钱、需要专利、需要商标、需要版权、要交税。企业运转，需要IT系统，需要很多的东西。你企业要形成特色，可能需要装修、需要品牌设计，你开国际会议需要翻译。对于中小企业来说，自己做这么多的服务项目，一定水平低，效率差。因为你雇不起那么多高水平的专业人士。类似猪八戒网的生产平台，可以用专业化的人才提供给企业全生命周期的大大小小各种类型的生产性服务。这个企业在重庆，它有多大规模呢？总注册数是2200万。共享的人才数即服务商有1000多万，雇主企业数1000多万，开店的服务商有120余万家，已经有10万多家个人在平台上，被孵化成公司了。它的业务量，为1000多万个买方、雇主提供了服务，能提供1000多种生产性服务，给300多万户企业设计了品牌，给100多万户企业设计了logo，提供了180多万次营销服务。给企业做IT系统有80多万次，提供知识产权服务有120多万次。

还有一类生产性服务企业，专业化程度细分，单品价值低，发展依靠的是大规模。比如杭州有一个企业，它是做印刷线路板的，给印刷线路板打样，打样环节在企业可能要打几次、十几次，实际上就是做一个样品看一看，一个企业打样是间隔性的，很零散的，单价也不高，但是量很大，时效要求又很高，这个企业就只做这一件事，可以想象它的专业化程度有多高。它把过去需要五天才能完成的样品生产时间缩短到了24个小时。

还有一个企业在宁波叫生意帮，是一个社会化组织生产的企业。利用宁波、江苏产业集群特别密集的特点，就是中小企业构成的产业群。中小企业的特点是生产不均匀，每个企业在不同的订单之间，会有一些闲置设备。生意帮利用这样一个背景来做一种创新的制造业务。生意帮并无实体工厂和设备，接单以后，就询问区域内的这些小企业，谁有我需要的空闲设备？把这些设备组织起来，形成"云工厂"，生产一个专门产品，生产完以后如果无后续订单，云工厂解散，接了新单，需要什么设备，就再次匹配重新组织一个云工厂。这个案例特别有经济学的价值。美国的经济学者科斯教授讲过一个很有意思的道理，他说为什么要有企业？我们社会化来组织生产不是更好吗？企业一旦组织起来，接不到单就会有设备闲置，企业化的生产缺乏弹性，不能接不同的订单做不同的产品，不能按照生产任务多少及时进行产能调整。然而，为什么要有企业存在呢？科斯就提出了一个交易成本的概念，他说社会化组织生产的交易成本太高，我要不断搜索哪有现成的设备，我要知道这个企业的信誉高不高？产品质量如何，上一单做得怎么样？是不是一个可信的企业？我如何能及时将那么多的设备匹配在一起,完成一个生产过程?他说社会化组织资源的交易成本太高,所以我们要有企业,降低交易成本。我们现在设问一下,数字经济时代,搜索成本、信任成本、匹配成本都大大降低之后,也许企业的组织形态会发生重要而普遍的变化。

三 疫情为数字经济发展助力赋能

在上述有利于数字经济发展的长期因素之外,这次疫情又为数字经济发展赋予新的能力,提供新的机遇。

第一,数字技术在防疫抗疫中表现突出。一方面,数字技术在疫情防控中,包括在患者的诊疗、疫情地图、人群追踪和分类管理四个方面都发挥了重要作用。简单看一下,患者诊疗方面,有几个新的应用发展较快。一是智能医疗机器人在医院中的应用,它可以传送很多的物品来减轻医护人员的工作压力,降低交叉感染的可能性。二是智能化的医疗影像分析技术,提高了速度和诊断的准确率,阿里、腾讯、华为这些大的科技平台企业在这方面都做得很好。三是远程医疗,它为专家的远程会诊创造了条件,解决了我们疫区专家资源不均匀和安全性的问题。疫情地图也是新的应用,可视化地显示疫情,实时动态,能看到今天新确诊的病例在哪里,去过哪里,追踪还是非常详细的,也是非常有用的。在人群追踪方面,你乘坐过哪趟交通工具,这趟交通工具上是不是有过确诊和疑似的病例,自己录入进去就可以查询。分类管理方面,比较典型的就是健康码。

另一方面，数字技术在社会运转方面也发挥了非常重要的作用，包括在线教育、餐饮外卖、协同办公和零售电商等方面。例如在线教育，春季学期，大中小学都在进行远程授课，特别是钉钉对中小学的教育发挥了非常大的作用。它支持了各种创新的在线教育模式。外卖和零售电商为保证老百姓的生活发挥了不可替代的作用，推动了无接触购物和配送，相信我们每一位的在线者，对保障日常生活运转的数字化技术的应用都有深刻的印象。再一个就是远程协同办公。复工以后，几个平台企业提供的远程办公视频会议，降低了人群集聚的风险，腾讯会议的用户是成倍、成十倍地增长。

数字企业还在不断地创新之中，今年清明节和五一节，美团和中国景区协会联合会共同发布了防疫标准，符合标准的景区，就会标注为安心玩景区。清明节期间，安心玩景区收获的客流量是非安心玩景区客流量的2.1倍。另外它和饭店协会联合推出了防疫标准，标注了安心住酒店，也是在清明节期间，安心住酒店的间夜量环比，是非安心住酒店的1.6倍。这都是这些大的数字技术企业，根据当前防疫、复工正常生活的需要，不断地创新，不断地开发消费者需要的新产品的结果。除了保证国内民众正常的生活工作之外，这些企业还向全球展示了我国数字企业的优秀和责任感。比如钉钉被联合国推荐给全球的学生和老师进行远程学习，腾讯被联合国用来提供远程会议和交流。

第二，疫情为数字消费开辟了更广阔的市场。由于在疫情防控和生活服务方面的优异表现，数字企业、数字服务被更多的消费者所知晓和接纳，这为此后的发展打下了重要的社会基础。互联网不管提供什么样的服务，它一定要消费者在线，这是一个基本条件。我国互联网活动用户在一年多前达到了11.38亿的高峰，此后略有下降直到疫情之前，人均上网的时长也几乎停滞。然而在疫情之中，数字消费、数字生活得到更广泛应用，原本的线上消费者用更多时间探索更多可能性，也使那些以线下消费为主的消费者，习惯了上网和线上消费。上网人数和单位上网时长双双增加，开辟了更广阔的线上消费空间，也为数字企业提供了更大的市场。

第三，疫情助推了新一代数字技术加快应用。消费互联网是上半场，产业互联网是下半场。巨头们希望进入下半场，但还没见到有如消费互联网那种热闹场面，原因还是在于目前技术支撑不够。疫情之后，"新基建"的概念受到广泛关注，加快推进势在必行。"新基建"集中在这几个方面：5G、人工智能、工业互联网和物联网，最近又加上了数据中心建设。中国信息通信研究院的报告说，2020—2025年，5G商用将直接带动中国10.6万亿人民币的经济总产出，能够创造300万个新的就业岗位。我相信我们有好几个方面的优势。一是我们有应用5G的较强的能力，有巨量的消费者和大规模的产业基础。中国的巨量消费者能支撑多个巨型平台的存在。我们产品迭代是非常迅速的，这是一个非常明显的优势。现在5G超高可靠和超低延时的通信能力可以满足数字服务业更高标准的应用。比如说教学，5G使多个学生可以跟老师直接地点对点交流，这样可以使需要及时互动和动手型的教育可以在互联网做。二是现在可以做远程医疗检查,可以做远程手术,这都需要很好的通信能力的支撑。三是体育方面,现在有了新的形态,这次发展起来了一些智能体育,将来这个模式会大大发展,美国在家智能运动明显冲击了体育俱乐部的业务,例如一台智能单车,一套数字仿真系统,骑行中颠簸的程度、上下坡的感受和真实的道路是没有差别的。如果你觉得一个人骑没意思,可以约朋友一起骑,可以选一条赛道比赛,你骑得快在VR 场景中就是快,非常真实。这就需要很高流量的通信能力才能做到,所以 5G 在这方面的应用前景非常大。

第四,"新基建"将加快支持产业互联网的发展。产业互联网平台要能连接非常多的企业和设备,5G 加快发展才有可能发展大规模的产业互联网。再往后,还能支持智能数据体系、机器学习等。机器学习需要什么呢?它需要巨量数据不断地输入来进行训练。我们国家大,产业规模大,在许多方面可以录入供机器学习的数据,应该都是全球最大的。有了 5G 等新一代通信技术的支撑,我们的优势就能发挥出来。此外,我们有一批好企业,有不断创新和竭尽全力工作的企业文化,不光有能力,还有价值观。在这次疫情中,由于对数字应用的需求扩容和升级非常快,这些企业的许多团队几乎天天在更新版本,天天在加班工作,快速迭代应用,提供更好服务,不断扩展市场。在疫情中,马云公益基金会等联合搭建了一个国际医生交流中心。各个国家和地区的医务工作者能够实时交流最新的疫情防控临床经验,机器翻译支持十一种语言。各国的医务工作者既可以选择和中国医生一对一交流，也可以选择参加医院分享直播课堂，这在国际上受到了广泛的赞誉。

第五，疫情使数字服务进入了原本难以进入的领域。网络学习、网络会议、网络医疗、网络办公等，此前虽然技术条件已经具备，却因各种原因难以广泛推开。现在大家都已经非常适应了，对新应用形态接受程度更高，想象空间更大。疫情结束以后，有些是不会取消的，比如说网络会议，把外国人从美国请来开20分钟会，说10分钟话，以后还有这个必要吗？还是直接远程接入就行了？这样一次非设计的、广泛渗透的互联网应用展示，不是这个情景不可设想，而是很难设想如此广泛地在真实场景中进行测试和应用。在这之中，突破了数字经济发展原有的一些限制。比如互联网医疗，以前是不能做首诊的，基本医保是不支持的。但是2020年4月，国家发展改革委、卫健委、医保局等一起颁布新的政策文件，试点医保支持的互联网医疗的诊制，这是一个巨大的突破，意义重大，网络上以后可以看病，而且医保是可以支付的，这是互联网医疗行业呼喊了多年的诉求，借这个机会突破了障碍。

四　疫情之后政府与企业要各归其位，形成合力促进发展

在疫情这个"非常时期"，政府与企业相互借力，取得了很好效果，在疫情结束回归正常增长状况后，市场和政府要各归其

位，形成合力促进发展。

在新一轮数字经济中，市场机制和市场主体要发挥主导作用，这是我们一个基本观点。数字经济领域的创新性极强、创新速度极快，这种创新迭代速度，这种脑洞大开的想象力，这种多源头创新过程，很难事先做出一种规划、计划，只有活力足够的市场主体来推进，市场机制作用才能加强。由于竞争的不确定性和高失败率，新的市场主体时时有焦虑感、挫败感，希望政府给予支持，社会各方面也讲政府要这样要那样，但现实是，政府做不了这些事，更做不好这些事。回想改革开放初中期，在那些确定性较好的产业中，应该发展什么产品、应该采用什么技术，都是很明确的，国有企业当时的优势也很明显。即使是在这种环境中，政府去规划应该生产什么、生产多少、如何生产、由谁生产、给予什么支持政策等，也没有什么效果，还干预了市场正常发挥作用。在现在这种多样化创新和速变时代，企业一定是创新的主体。现在数字服务创新内容非常丰富，我们有那么多的产品，那么多的服务，那么多的商业模式，政府怎么可能想得出来。而且产品迭代速度很快，还没想好、还没看准就变了，因此，必须依靠企业自主决策与发展。

政府也应该更好地发挥作用。以前政府、产业、企业的"合理"关系大致是：企业自己设计和生产产品、开拓市场，但是有些基础性研发，投入高、周期长、不确定性大、风险高，而且研发有外部性，因此政府应该对研发投入给予支持，包括直接投入和支持专业机构和企业投入。现在，政府的这种职能依然重要，但同时有新的变化。现在那些大企业，如阿里、腾讯、几大移动、几大石油等，企业有研发投入能力，它内部研发和技术开发人员的水平并不比专业机构差，因此产业、企业也就是市场端的研发能力在提升，他们的自主研发水平在提高。但是，以前他们自己做的市场开发和落地应用，现在反而做不了。为什么？因为许多市场的进入许可都在政府手上，比如说互联网医疗，现在互联网发展、数字企业的水平，可以做远程诊断、检查、治疗甚至手术，但是整个医疗体系是以公立医院为主，医保体系是政府管理的，两个体系存在，政府不许可，再有本领的数字企业也进不去、做不成。此时的创新没办法落地，就不可能成为新的商业模式，新的服务增长点。再如，智慧城市建设是地方政府的职能，交通管理、社区管理、环境管理、安全管理等分属不同部门，不能统筹考虑，数字管理的应用就是碎片化和缺乏竞争的。还有，智慧教育也需要政府许可，庞大的公办教育体系得能进去才行。所以数字服务下一步的发展还是需要政府发挥作用，该做的事情还有很多。

概括地讲，在数字技术时代，"市场有效"和"市场失灵"的概念依然有效和重要，但其内涵发生了重要变化。过往多年所认为的"市场失灵"应该由政府发挥主体作用的领域，如教育、医疗、社会管理等，现在数字技术高度发达，网络广泛渗透，社会高度连通，这类服务效率极大提升，已经可以部分商业化运作，并且与政府提供时相比，成本相同甚至更低。这意味着政府与市场的边界发生了变化，这类服务市场有效而且可能更高效。

总的来说，我们相信数字经济一定是下一步新的重要增长点，而且我们希望它能够重要到如此程度，能够突破先行国家展示出来的这个阶段只能中低速增长的"魔咒"，能够让我们的经济在更长一段时期保持相对较快的增长，对此我们有信心。发展数字经济，我们有多方面的突出优势，我们在数字产业中的全球竞争力，将来不会比传统制造业的全球竞争力差。近期看，数字产业对疫情后的复苏，对吸纳就业、消费迭代、经济升级、国际竞争力的提升都有重要作用。数字经济的发展，要强调市场是基础性力量，政府的作用很重要，两者都要依据新的形势和要求，各归其位，产生合力，促进数字经济的长期可持续发展。

做好应对新型长期衰退的准备[*]

李 扬[**]

新冠肺炎疫情大暴发之前,全球经济已呈下行趋势。疫情的冲击将在中长期内影响全球的经济增长动能和发展潜力,因此,全球经济增长前景极不乐观,大概率将进入一种新型长期衰退。当前最重要的任务是控制公共卫生危机,以此为前提,经济政策应致力于防止经济过度衰退。面对疫情,财政政策应当发挥主导性作用,且应做好政府债务的管理。货币政策应较快降低利率,增加信贷供应量。应对本次疫情带来的严峻挑战,我们应以党的十八届三中全会精神为指引,深入推动国内改革;以建设人类命运共同体为旗帜,推进"一带一路"倡议落实。

---

[*] 本文系作者 2020 年 4 月 10 日在《财经》举办的"疫情下的全球经济信心指数发布"线上论坛讲话的整理稿,业经作者审定、修改。

[**] 作者系中国社会科学院原副院长、学部委员,国家金融与发展实验室理事长。

一　引言

笔者倾向于用"新型长期衰退"来概括当前全球经济的状况及发展趋势，其表达了两层意思，一是我们将面临长期衰退，二是这种衰退非常特别，过去没有遇到过，当然也没有应对的经验。在这次疫情大暴发之前，2019年的全球经济和中国经济都已呈下行趋势。不幸的是，屋漏偏逢连夜雨，新冠肺炎疫情汹汹而来，整个经济的运行被推出了正常轨道，下滑到了更低一级的层次上。

应当清楚地看到，疫情对全球经济的冲击全面且巨大。概括起来，主要体现为七个方面的冲击，即：需求冲击、供应冲击、金融冲击、生命损失冲击、劳动力市场冲击、中小企业破产冲击以及全球产业链冲击。这些冲击中的任何一个都不易对付；七个冲击叠加，当然压力巨大。这些冲击将在中长期内影响和消蚀全球经济的增长动能和发展潜力，使得全球经济脱离常轨，滑向一个水平更低的增长轨道。2020年4月9日，国际货币基金组织（IMF）总裁克里斯塔利娜·格奥尔基耶娃（Kristalina Georgieva）在为IMF与世界银行远程春季会议发表揭幕演讲时说："受新冠肺炎疫情影响，2020年全球经济将急剧跌入负增长，全球预计将出现20世纪30年代大萧条以来最糟糕的经济后果。"笔者基本同意她的看法。

二 疫情下的经济形势：研究方法的选择

研究经济形势，第一重要的是选择方法。各种各样的政策结论，都是运用某种方法对经济事实进行解析的结果；方法不同，可能产生完全不同的形势判断和政策结论。那么，面对疫情冲击这一新局面，怎样的分析框架是最适合的呢？笔者认为，疫情经济学可能是最适合的分析方法，更准确地说，在各种分析方法中，疫情经济学可能最具针对性。基于此类方法，分析疫情蔓延下的经济运行，有三个不可忽略的要点。

第一，疫情蔓延下，一切政策发挥作用的前提，是疫情能得到控制。这是一个排他性的前提条件。就是说，如果不能优先应对好控制疫情这场公共卫生危机，如果不能有效对付病毒，切断其传染途径，包括货币政策和财政政策在内的所有政策都将归于无效。

第二，由第一点，自然得到这样的推论：居家隔离成为目前应对新冠肺炎疫情的一项公共卫生措施。这是因为我们所采取的所有措施，或者阻碍了生产要素的流动及其结合，从而加剧了供应端的衰退；或者减少了收入，阻碍了消费，从而在需求端加剧了衰退。这就意味着，在抗疫期间，经济衰退是正常的，是政策有意为之，因而是不可避免的。这样，疫情下经济运行的三项关键因素——医疗救助、人的生命保全以及经济增长——就综合包含在同一个分析框架之下。

第三，疫情中造成的一些产业链的断裂，有些或可事后修补或重续，有些则可能永远不能恢复。如果疫情持续较久，在"制度化"的作用下，不可恢复的断点增多，则疫情结束后的经济运行，将被全面拉至比疫情前更低的增长轨道。

基于以上三点，主要政策结论是：面对疫情，防疫是压倒一切的目标。在这里，不像其他领域，也不像正常时期，基本上不存在政策诸目标之间的权衡，亦不存在与其他经济政策目标的"替代"问题。因此，在保证实现控制疫情这一目标的前提下，经济政策只能在有限的程度上，做到将防疫的时间拖得长一点还是压缩得短一点（这还要受制于疫情自身发展的科学规定），因而，经济政策的用武之地，聚焦于防止经济过度衰退上。在这个意义上，目前各国采取的"刺激计划"，本质上都是"保护计划"。这些计划需要为各类员工、企业、银行以及生产网络提供保护；需要激发人们对于经济终将恢复正常的信心；同时，也需要为那些陷入困境的公民们提供最基本的生活保障。

近来，国内很多地方开始复工，但是复产的情况并不乐观。有人评论说，这种不复产的复工不如不复，而笔者认为，在疫情仍在蔓延、防疫已经常态化的情况下，复工哪怕不复产，也是战胜疫情的一种必要姿态，灯亮着，说明单位还在，说明人还在，大家的希望就还在。这就告诉我们：在疫情蔓延期间，政策的指向并不主要是刺激经济，而是要维持企业生存和人口就业。活下来才有希望，活下来就有希望。因此，尽可能维持企业运转，致力于恢复信心，致力于对贫困人口提供救助，是我们真正要做的事情。这是我们研究当前形势的分析方法。

仔细分析2020年4月9日美联储公布的政策声明，有助于我们理解这种基于疫情的分析方法和由此产生的政策立场。美联储的声明称：当前最优先要解决的问题是公共卫生危机，货币政策的职责是在此经济受限时期，行使全部权力以提供救援和稳定，所采取措施要"强有力、积极主动甚至有攻击性"，确保经济在疫情结束后能够强有力地复苏。显然，其重点在于保持稳定和恢复信心。我们看到，从3月初展开规模空前的一体化救市措施以来，美国财政金融政策的救助触角已经延伸到了经济的每一个角落，救助对象也广泛包括了住户、企业、地方政府和州等一切主体。仔细分析这些举措的导向就会很清楚，维持生存是第一要务；放眼世界各国，莫不如此。这种政策逻辑，值得我们认真分析和借鉴。

三 对策要点：就业优先、生存为要、民生为本

根据前述的分析方法，抗疫时期整体的政策要点可以概括为如下三点，即：就业优先、生存为要、民生为本。这几个要点，是前面讨论的疫情分析方法合乎逻辑的展开。我们看到，围绕这些目标，已经推出的政策不计其数，诸如财政方面的减免降税和各种补贴，社会政策的免租金、发救济，货币金融政策的增加贷款、降低利率等，不一而足。我们认为，所有这些政策都十分重

要,接下来的任务是抓紧落实。在笔者看来,所有这些纾困救急的措施中,支持中小微企业和实施大规模公共工程最为重要。

切实支持中小微企业

中小微企业直接关乎就业,间接地关乎社会稳定,其重要性无论如何强调都不过分。所以我们看到,自疫情开始之时,从中央到地方,几乎每天都有支持中小微企业的措施推出。但是,客观地说,迄今为止,广大中小微企业仍然未获得太多的实惠。这种"好政策不落实"的情况,近年来广泛存在,其中原因,需要认真分析。我们认为,突出的问题有两类。一是制度问题。凡是认真研究过中国小企业问题的学者和官员们都知道,在中国,中小微企业大多是民营企业,对它们的支持在一定程度上还远远不够,首先是因为针对民营经济的"高门槛""玻璃门"等体制机制障碍长期难以破除,且有加剧之势。二是技术问题。中小微企业在发展进程中,信息、技术、信用、管理、人才、市场等都十分缺乏。在这些层面上给予中小微企业支持,可能比提供资金更重要。三是资金支持的形式问题。这是因为大部分中小微企业对投资的需求更大,而对于贷款的需求则排在其次。因此,在广大企业的生存都遇到问题的当下,我们政策的着眼点却主要置于向它们提供贷款、让它们承担额外的债务负担上,岂非文不对题?所以,笔者以为,中国支持中小微企业发展的体制机制,到了认真改革的时候了,而疫情的蔓延,则使得这一问题更加紧迫。

就业优先

在讨论疫情下振兴经济的方略时,大家对"老基建"和"新基建"的兴趣很大。笔者以为,这确实是应对之策的要点。因为在可见的未来,在经济增长的需求面,出口负贡献、国内消费负贡献都将成为长期现象。因此,增加投资,势必成为拉动经济增长的唯一途径。无论我们对投资拉动型经济有多少臧否,这个事实在短期内仍难改变。而且,投资拉动与创新驱动并不矛盾。这是因为,任何创新,无论其技术过程如何千差万别,促使其从技术阶段转向经济过程的第一个环节都是投资。然而,如今依赖投资来拉动经济,必须解决好两大问题,一是投什么?二是钱如何筹?

投资领域的选择,核心原则是要确定增长优先还是就业(民生)优先。长期以来,我们的经济发展和发展计划都是增长优先,所以,投资的主要领域是"铁公基"。2008—2009年应对国际金融危机,走的仍然是这个路子。很长时间以来,主管当局的主导看法是,有增长就有就业,因此,就业目标可以被增长目标覆盖。应当说,在高速工业化过程中,这样处置两者的关系是可以理解的,也有一定合理性,但是,工业化基本完成,服务业在国民经济中的占比不断提高之后,增长和就业的关系就不能相互覆盖了。普遍的情况是:有就业就一定有增长,反过来,有增长却并不一定有就业。实践的反转,终于将"就业优先"写进了中央文件,成为我国经济发展和宏观调控的主导目标。

笔者以为，抗疫期间，更要不折不扣贯彻就业优先原则，重点解决多数企业的生存问题和大多数人的吃饭问题。此次疫情以冷静的事实告诉我们：原来，社会上有那么多的人是挣一文吃一文的，原来，中国的绝大多数人是基本没有财产收入的——对于所有这些人来说，没有就业就可能没有收入，就可能饿肚子，这些人群中，当然也包括广大的城市"月光族"和工薪阶层。面对这种冷酷的事实，开展广义的以"赈灾"为内容的公共工程，无疑应当成为我们安排投资战略的主导性政策取向。

聚焦公共工程

在具体讨论这个问题之前，我们可以一起学习几年前习近平总书记关于产能过剩、国土整治和城市基础设施问题的重要讲话。习总书记讲话的大致意思是说，如果我们致力于像欧洲各国那样将自己的国土整治一番，如果我们致力于全面完善城市基础设施特别是地下基础设施，中国的投资将还会延续几十年。由于国土整治、完善城市基础设施所需的实体材料，主要是钢筋水泥等"过剩"产品，因而，如果我们启动大规模的国土整治和基础设施建设，则中国根本就不存在产能过剩。问题很清楚，这里的关键是投融资体制不相适应的问题，是我们资金筹集、转换、配置、运行的狭隘逻辑，阻隔了在实体经济领域中均已客观存在的供应和需求，使得它们在现实中难以配对，从而一方面生造出大规模的产能过剩局面；另一方面让我们坐看我国广大的城市基础设施和国土面貌长期处于不发达的境地。现在，到了我们认真解决高强度工业化之后大规模城乡一体化过程中的投融资体制改革和建设问题的时候了。

在公共工程建设这个总方向下，有四个领域特别值得关注。一是基建，特别是"新基建"，应当成为投资的重点。这关乎中国未来的发展，关乎中国发展的科技含量，一点松懈不得。二是环绕城乡一体化和乡村振兴战略，大力进行国土整治和城乡基础设施建设。这里的核心，是改变传统的城市化理念，以城乡一体化为发展目标，建立城乡统一的土地市场，推行城乡公共服务均等化。三是在城市里特别是特大和超大型城市里，以公共卫生和防疫为突破口，全面提升和完善城市基础设施。这次疫情，让我们看到了城市发展中大量的不足和短板。例如我们才知道：新加坡人口不足 600 万，却有 889 间发热门诊。这种布局，使得它面对疫情，能够"佛性"地应付裕如。相比而言，上海市 2000 多万人，疫情前却只有 117 间发热门诊，抗疫期间紧急增设了 182 间社区哨点诊室，加起来也仅及新加坡的 1/3。北京人口也超过 2000 万，发热门诊布局比上海还少。须知，人口超千万，密度超一定阈值，客观上可能产生多种我们不了解的公共卫生和公共安全问题，新冠肺炎只是这些风险中的一例。为应对这些我们完全陌生的现代风险，必须按照现代化城市发展的要求，全面提升城市基础设施的数量和质量。四是全面提升城乡教育水平。2019 年世界银行有一个发展报告《工作性质的变革》，集中阐述了科技的发展已经改变了企业形态和就业格局，使得"打零工"成为社会的常态。该报告强烈建议：为了跟上这个变化，各国应集中经济资源，改革现有的教育体制，建立终身学习机制，而发展中国家更应以强烈的紧迫感投资于自己的人民，特别是投资于健康和教育这两类人力资本的基石。毋庸讳言，在这两个领域，我国可以说刚刚起步；投资于此，当有广阔的空间和无穷的获益。

四　财政政策与货币政策

采取更为积极的财政政策和货币政策，并使两大政策体系更为协调配合，方能有效应对疫情的蔓延及其对国民经济产生的不利冲击。

财政政策走上前台

面对疫情，财政政策应当发挥更大的而且常常是主导性的作用，这一点已基本没有疑问；财政支出的细节也有大量文章可做。2020年4月17日中央政治局会议，对今后一段时期的财政政策做出了基本部署："积极的财政政策要更加积极有为，提高赤字率，发行抗疫特别国债，增加地方政府专项债券，提高资金使用效率，真正发挥稳定经济的关键作用。"这段重要表述中所列的要做的事情有四件，三件关乎筹资，即提高赤字率、发行抗疫特别国债、增加地方政府专项债券；一件涉及支出，强调了提高资金使用效率。大家知道，在社会经济发展最需要政府增加支出之时，政府的财政收入却相对下降了。在2019年的全国财政统计中，28个省市自治区的财政收入增长率大部分是下降的。2020年已经公布了2月的数字：28个省市自治区中只有浙江和云南是正增长，其他全是负增长。问题的严重性在于，这种现象恐怕又是一个长期趋势，也就是说，在今后一个相当长的时期中，我们要面对越来越大的财政收支缺口。

面对长期收支缺口，出路也很清楚，就是发债，越来越大规模地发债。中央政治局4月17日会议就列出了赤字债、抗疫债和地方债三大类。这样，从中央到地方，政府债务管理的问题便以前所未有的尖锐形式提到我们面前。笔者作为财金问题的研究者，从来不反对政府举债，而且，长期以来，笔者的看法在国内只能屈居少数。如今，实践的发展使得结论从天而降，作为研究者，笔者的兴趣已经转向债务的管理问题上了。应当看到，举债筹资，在我国尚有大量的基础性工作要做，其中，地方政府举债问题，更亟待有体制性解决。且不说根据宪法法律，我国地方政府不能安排赤字，即便能够安排，它们也承受不了规模如此巨大、增长如此迅速的债务扩张，而一些地方政府的财政管理能力更令人堪忧。应当看到，政府作为融资主体，其融资方式多种多样，赤字债务融资自不必说，非赤字融资也有很大的空间，如今我国地方政府的专项债多数属于后者。大致说来，赤字融资是用来弥补政府的公共消费性支出，而非赤字性的融资则广泛地服务于各种公共投资项目，这些项目可能会产生现金流，并能够积累资产，但是既然是公共设施投资，其商业可持续性便不那么完备。因此，管理此类政府融资活动，对我国财政政策乃至宏观调控政策的总体，都构成严峻的挑战。应当看到，政府用发债方式筹集资金，进行投资，虽然具有极大的"政策性"，但是，在社会主义市场经济的大背景下，它们本质上还须遵循市场原则。笔者以为，正因为如此，所有围绕这些项目展开的投融资活动，大概念上都可归为政策性金融。这就意味着，在抗疫过程中，随着政府投融资活动发挥越来越重要的作用，随着政府债务迅速扩张为金融市场上的第一大券种，财政政策和货币政策协调配合问题，也无可争议地成为关乎宏观调控机制建设和宏观调控效率的关键环节。

货币政策：创造有利的货币金融环境

金融的作用当然不可或缺，可以做的事情也很多。简单概括起来，就总量而言，笔者主张比较快地把利率水平降下来，在这个过程中，应减少利率的种类，强化"一价"机制。就数量而言，货币和信贷的供应当然也要增加。同时，我国金融体系中"价"与"量"的动态长期相互隔离的局面也亟须改变。总之，我们完全没有必要在全球低息和量宽的大"放水"环境下，刻意独自保持某种状态。这既无必要，事实上也做不到；勉强去做，宏观效果并不理想。

应当清楚地认识到，货币政策的效力，多年来已经逐渐弱化。世界范围来看，标志性事件就是1991年时任美联储主席艾伦·格林斯潘（Alan Greenspan）在国会银行委员会就货币政策发表的证词。这一著名的证词，宣告了以"单一规则"为主要内容的传统货币政策范式已经过去,同时宣告了货币政策以调控利率为主的新时代的开始。对于这种转变,很多人比较偏重于分析其从直接调控转向间接调控,从数量调控转向价格调控的一面,强调其调控机制的转变,并不太关注这种转变宣告了货币政策调控效率递减的事实。从目前的情况看,货币政策,无论是其数量还是其价格,都难以做到"精准调控",其主要作用是非常宏观地为实体经济的运行创造一个合适的货币金融条件。近两个月来,美联储连续颁行了很多政策,其利率接近零,货币的投放也没了底线。这样做的目的和作用是什么?笔者以为,其主要目的是在向全社会宣布:为了战胜疫情,为了便利实体经济进行结构性调整,货币当局提供了一个不对实体经济运行造成任何障碍的宽松环境。这种以创造环境为第一要务的政策导向及其背后的宏观调控哲学,值得我们认真琢磨。

在金融政策的结构上,笔者特别强调三点。一是对中小企业提供信贷支持的同时,更应当有效增加形成权益的投资。前面已经讨论过,在生存都是问题的条件下,仅仅发放贷款,广大中小微企业是不愿意接受的。因此,我们应当认真考虑,通过改革,创造向中小微企业提供资本、提供筹措权益资本的机制。在这方面,德国、日本和美国,都有成熟的经验可资借鉴。二是要发展各种各样的政策性金融业务。自从2007、2008年金融危机以来,政策性金融业务就重新获得了各国货币当局的青睐,甚至一些政策性金融机构也重登舞台。据此可以认为,至少在抗疫和经济恢复期间,政策性金融将发挥更为重要的作用。事实上,前面提及的社会基础设施投资,其大部分也只能通过政策性金融机制予以支持。三是改造现有的三线以下城市的中小金融机构,使之成为满足地方经济发展需求、满足中小微企业对投资和债务资金的需求、满足普惠金融发展需求的机构。这当然也意味着,在这些机构的未来发展中,政策性业务将占有相当的比重。在这方面,美国的《社区再投资法》提供了大量有益的体制机制安排,其他发达国家也有成熟经验。提出这一改革方向,还有一个重要原因,那就是几年来,我国中小金融机构已经积累了大量的不良资产,并已达到危及金融稳定的程度。借抗疫之机,将广大中小金融机构引导到与大机构差异化发展的路径上,将为疫情后我国经济金融的发展奠定较好的金融基础。

协调配合最重要

在分别讨论了财政政策和货币政策之后,两大政策体系协调配合问题便呼之欲出了。我们注意到,近年来国内针对这一问题,不时有所讨论,但总体趋势还是要将两套体系分别开来。而且,囿于研究者的立场,综合地从体制机制层面探讨两大政策体系的关联的研究,并不多见。危机到来,一下子将财政政策和货币政策协调配合问题以极具紧迫性的实践问题形式提到我们面前。大家知道,社会科学工作者特别关注对危机的研究。这是因为,社会科学不能像自然科学以受控实验为主要手段,我们之所以关注危机,是因为危机用最极端、最惨烈、最具破坏性的方式,将社会经济运行最深层、最本质的因素和关联性揭示出来。因此,认真剖析危机,便成为社会科学研究的一项不可或缺的功夫。我们看到,在美国,针对20世纪30年代大危机的研究,已经形成了一个庞大的经济学科,该学科甚至被认为是经济学研究体系中的"圣杯"。也正是因为对历史上的危机有持续深入的研究,美联储和美国财政部在2007、2008年金融危机以及此次危机中所采取的对策,才可以做到全面、迅速、果断,正因为"心中有数",应对危机的政策才更有现实针对性。就此而论,我们关于历次经济波动所做的研究是太缺乏了,以至于我们常常"在同一块石头上跌两跤"。

本文不拟更全面、更深入讨论这个宏大的论题,笔者只想说明一点,危机告诉我们,财政与金融是内在地密切联系在一起的,而且,总体来说,是国家财政的需要(代表国家意志)决定了金融的走势。在这个意义上,我们再回头看看最近几年在国际社会上被广泛讨论的"现代货币理论"(MMT)就绝非臆断,它道出了问题的本质,在危机中,人们逐渐认识到它的实践意义和理论价值。在这里,笔者无意对这样一个涉及财政金融最基础理论的题目做什么结论,而是希望指出,为了有效应对疫情,我们必须认真研究财政金融两大政策体系的协调配合问题。其中,关于债务货币化的机制以及整个过程中的风险管理问题,更应当提上议事日程。

债务危机深化

毋庸讳言，应对疫情的各项政策的综合结果，便是将全世界的债务提高到一个新的水平。债台高筑，是 21 世纪以来全球金融乃至全球经济的一个突出现象。这种现象，与全球应对 2008 年债务危机的机制有关。2008 年债务危机以及全球应对机制，出现了很多与以往不同的特征，其中最重要的就是：危机的进程。一方面，在实体经济层面，没有出现典型的经济萧条阶段；另一方面，在金融层面，则是没有伴随发生一个金融"瘦身""缩水"的阶段，相反，债务只增不减，金融持续繁荣，以致于全世界都落入债务膨胀的大泡沫之中。这又是一个值得认真分析的事实。我们看到，2008 年金融危机以来，在各国共同努力下，全球经济下行趋势有所和缓，动荡没有那么剧烈。这是近几十年来各国宏观调控技术日趋娴熟的结果，是危机之后各国携手采取措施共克时艰的结果。但是，我们也清楚地看到，各种调控只能消除或平滑危机之果，未能消除危机之因。因而，有得必有失，经济衰退固然不再表现为实体经济的剧烈波动，但却留下巨额的债务在时时困扰我们。

在这个意义上可以说，债务积累便是救市之代价。2008 年金融危机显然是个债务危机，克服危机的必要条件，便是减债和降杠杆。但是，我们看到的情况是，截至 2019 年年末，全世界的债务总额高达 355 万亿美元，全球 70 亿人，人均高达 3.15 万美元。此次疫情汹汹而来，各国又都祭起了应对 2008 年危机的方式。在短短的两个月内，全世界的货币发行洪水滔天，同时利率重新被压至零及零以下的流动性陷阱之中。

各国当局竞相放水，产生了一系列深远的后果，特别值得关注的有三点。一是金融与经济的关系会越来越疏远，货币政策的效力进一步递减。因为大量投放的货币并不为实体经济服务，而是在为货币和金融运行的自身服务，是自娱自乐。在这种状况下，货币金融政策便只能退而求其次，致力于在为实体经济运行创造合适的宏观环境方面产生作用了。二是经济运行的周期越来越成为纯粹的金融周期，随着金融创新的全面开展并导致经济"金融化"或"类金融化"，经济运行显著受到金融的"繁荣—萧条"周期的影响。巨量的货币和信用源源不断地注入并滞留于金融体系，不仅加大了金融体系对实体经济的偏离程度，还使得金融方面的扭曲往往先于实体经济的扭曲发生。这意味着，在现代金融体系下，危机的发生可直接经由资产价格路径而非传统的一般物价和利率路径。这对于货币政策、金融监管，乃至金融理论均提出了严峻挑战。三是如果债务长期化，那么负利率有可能长期化。我们不妨想一想这样的问题：在债务长期化的情况下，要想使得债务可持续，必要条件是什么？研究显示，必要条件就是使债务利息支出占 GDP 之比持续地低于债务总额占 GDP 之比。要达成这一目标，实施负利率自然就有了必要性。在这个分析中，我们不仅找到了货币财政政策领域的高额债务和数量宽松与负利率的内在一致性，也发现了一系列需要进一步探讨的新问题。

五　警惕金融"去中国化"

在疫情的发展过程中，我们忧虑地看到了"去中国化"的新动态。如果说2018年中美贸易摩擦以来，"去中国化"就在某些大国的主导下或明或暗地展开，那么，疫情的冲击，更使得这个趋势公开化了，集团化了，加速了。

"去全球化"

借疫情全球蔓延之机，污名中国、孤立中国，是舆论上的"去中国化"。而各国相继"封国"，无论其主观意图如何，客观上均产生了切断供应链、产业链和去全球化"去中国化"的效果。如此发展下去，封国若达3个月左右，这个世界可能回到"城堡经济"时代。

国际社会也强烈表达了对去全球化的担忧。在最新一期的《世界经济展望》中，国际货币基金组织将现在发生的事情称为"大封锁"，有些学者希望降低封锁的"阴谋论"色彩，将此称为"大关闭"。即便如此，这一概念也指出了这样的事实：即便政策制定者没有主观事实封锁的动因，防疫的客观要求和集体行动，都将产生关闭各国国境和产业链脱离的结果。于是，全球经济同样会崩溃，而且由于"体制化"过程的存在，在封锁结束后，有些断裂可能永远无法修复，世界经济将在去全球化的轨道上低位运行。

金融领域中的"去中国化"

值得关注的是：在实体经济"去中国化"和去全球化的同时，货币金融领域似乎在展开一个相反的过程，即将中国和人民币排除在外的新的全球货币金融一体化的步伐似乎从未停止，甚至更有加快之势。代表性现象有二。

一是，在新冠肺炎疫情全球加速蔓延的背景下，2020年3月19日，美联储与澳大利亚、巴西、韩国、墨西哥、新加坡、瑞典、丹麦、挪威和新西兰9家中央银行建立了临时的美元流动性互换安排，总计4500亿美元。不止如此，还不到半个月，3月31日，美联储进一步宣布设立海外央行回购工具，在已有的美元互换工具基础上，进一步加码向全球提供美元流动性。可以说，一个以美元为核心，明确排除人民币，联合各主要经济体的新的国际货币金融网络已呈雏形，在这个新网络中，美元借助"美元荒"的蔓延，其国际地位得到进一步巩固和提升。

回溯历史，各国央行间的货币互换协议始于2007年12月。当时，次贷危机的冲击导致全球金融市场的风险溢价迅速拉升，为应对流动性休克所带来的冲击，美联储与澳大利亚、巴西、加拿大、丹麦、英国、日本、韩国、墨西哥、新西兰、挪威、新加坡、瑞典、瑞士的央行和欧洲央行14家中央银行达成货币互换协议，同意在需要的时候，各国央行可以用各自本币进行即期兑换，并约定在未来以固定的汇率水平重新换回各自的本币。显然，2020年3月设立的各国央行货币互换机制，正是2007年同样的基础、相同目的的互换机制的继续和延展。只不过，在此次央行互换安排中，美元的地位进一步突出了。深入分析便可清楚地看到，疫情冲击在国际金融领域产生的综合结果，便是导致全球出现了新的"美元荒"，这使得美国仍然保持了世界救世主的独享地位。仅此一点就说明，此次全球危机，至少在金融领域，相对获益的仍然是美国。

二是，虽然中国之外的多数国家疫情呈上升势头，中国疫情率先得到控制，但人民币的对外价值却略有下降，与此同时，美元却比较坚挺且稳定。这说明，危机期间，货币的避险价值在凸显。我们知道，所谓避险货币，指的是投资者风险偏好下降或者经济前景不明时，对外价值会有所升值的货币。一般认为，低利率、拥有高额海外净资产和高度发达的金融市场，是一国货币成为避险货币的必要条件。对照这三条，美元显然独占鳌头，日元和瑞士法郎紧随其后，其他货币，包括欧元，均不具有避险功能。同样，对照这些条件，人民币也远远不具备避险货币的功能。

总结以上，笔者认为，中国作为最大的发展中国家，作为经济总量世界第二的大国，不可不重视这样的事实：一个将人民币排除在外的新国际货币体系正在形成。2019 年天秤币（Libra）的推出，明确将人民币排除在外，也可视为这个趋势的佐证。

总之，此次疫情，再次向我们提出了大量的严峻挑战。应对这些挑战，是我们今后的主要任务。我们要认真落实 2020 年 4 月 8 日、4 月 17 日中央政治局会议精神，"面对严峻复杂的国际疫情和世界经济形势，我们要坚持底线思维，做好较长时间应对外部环境变化的思想准备和工作准备",以党的十八届三中全会精神为指引,深入推动国内改革;以建设人类命运共同体为旗帜,推进"一带一路"倡议落实。这应当成为我们应对新挑战的两大战略体系。

美联储"无底线印钞"的逻辑与警示[*]

余永定^{**}

2020年3月23日,美联储宣布不但将不受限制地继续购买政府债券、按揭贷款支持债券,而且将购买包括风险最高的投资级别公司债券。这种无底线救市方案,打破了所有的禁忌。美国在持续十年用"直升机撒钞票"之后,又开始用"B-52轰炸机撒钞票"。美联储正在用美元淹没全球。此次美国受新冠肺炎疫情和石油价格暴跌触发的股灾是否会发展为另一次全球金融危机还有待观察,但美国经济陷入衰退已无悬念,进入萧条的可能性也非常大。当美联储开始"无底线"印钞时,作为美国国债最大海外债权国,中国必须密切关注美国金融风暴的演进,并想

---

* 本文系作者2020年4月7日"浦山讲坛"第10期"美国股灾和美联储救市:原因与含义"主旨演讲,主要内容发表于中国金融四十人微信公众号2020年4月9日,收入本文集时作者有所修改。

** 作者系中国社会科学院学部委员、研究员。

清楚如何保护好自身利益。

一　美国次贷危机演进过程的回顾

为了更好地理解此次美国股灾、美联储政策，预判美国金融、经济未来走势，我们首先需要回顾2007—2008年美国次贷危机的演进过程，以及美国政府在应对次贷危机时所采取的一系列政策。

美国的次贷危机可以划分为六个发展阶段：第一阶段，无收入、无工作、无资产的贫困阶层借入大量次级贷款；第二阶段，由于种种原因，这些贷款的违约率急剧上升；第三阶段，由于违约率急剧上升，以次贷为基础的资产（如MBS、CDO等）价格大幅下跌，与此同时，货币市场出现流动性短缺，资产支持商业票据（Asset-Backed Commercial Paper，ABCP）等短期债券的利息率急剧上升；第四阶段，金融机构不得不压缩资产负债表以满足资本充足率要求，于是出现信贷紧缩；第五阶段，金融机构特别是一些系统重要性的金融机构破产，整个金融系统陷入危机，雷曼兄弟的破产是美国次贷危机爆发的标志性事件；第六阶段，美国实体经济陷入衰退。

次贷危机的第三阶段（货币市场流动性短缺阶段）以及第四阶段（信贷紧缩的阶段）与目前美国所发生的股灾有很多相似之处。对比它们之间的异同对我们理解这次美国股灾很有帮助。

首先讨论第三阶段：流动性不足的阶段。

为什么在次贷危机时，MBS、CDO［抵押贷款证券（Mortgage-Backed Secruity）和担保债务凭证（Collateralized Debt Obligation］这些资产价格的暴跌会引起流动性不足呢？因为MBS、CDO等资产是长期资产，它的期限可能是十年、二十年、三十年，购买这些金融资产的行为属于长期投资。但是，想要持有这些长期资产的金融机构需要从货币市场借钱购买。例如，很多金融机构需要发行三个月或时间稍久的ABCP等短期融资工具。举例说明，金融机构想购买100亿的MBS，就要从货币市场上融资100亿，融资期限是三个月或者是六个月。但是MBS资产的期限可能是十年、二十年甚至更长的时间。所以这些金融机构必须不断从货币市场上融资，借新还旧，以便长期持有MBS、CDO。它们正是通过借短投长获得收益（投资收益—融资成本）的。但是一旦MBS、CDO这类债券的价格下跌，在货币市场上为长期投资者提供资金的短期投资者，如ABCP的购买者，因为担心长期投资者可能违约，不再愿意购买ABCP。于是，货币市场突然出现流动性不足。

资产价格下跌，货币市场投资者不愿意购买ABCP等短期融资债券，使得持有长期资产的金融机构不得不想尽一切办法筹资，以解决流动性不足的问题。找不到钱，就只好卖掉所持有的长期资产。

这时候就进入了第四阶段，即信贷紧缩阶段。

一个金融机构想要购买资产进而盈利，必须要借助杠杆，不能仅靠资本金。也就是说，金融投资者必须借别人的钱来进行长期投资，通过增加资产来增加利润。此时就会存在杠杆率的问题。所谓杠杆率，就是资产对资本金之比。在资产价格上涨时期，金融机构的杠杆率通常都非常高。正常时期杠杆率是10倍或20倍，资产价格上涨期间可能高到50倍甚至更多。在次贷危机爆发之前，美国大金融机构的杠杆率都非常高。一旦资产价格下降，按照会计原则使用公允价格（Fair Value）计价，必须重估资产负债表的价格。例如原来账面资产有100亿，重估后只有50亿，所以资产就减少了一半。根据会计准则，资本金也必须等量扣减。假设某金融机构拥有1000单位的资产，50个单位的资本金，这个机构的杠杆率就是20倍。资产价格下跌，计算杠杆率时分子和分母要减同一个数。这就意味着，如果同样减扣30个单位，资产的价格会由1000个单位降到970个单位，资本金由50个单位变成20个单位，这样杠杆率就变成48.5倍了。

在金融危机时，风险非常高，金融机构应该降低杠杆率而不能提高杠杆率，否则没有投资者敢持有这些机构的资产。例如，没有投资者会去购买高杠杆率金融机构发行的短期债券了。这样，金融机构就必须采取措施，把杠杆率降回到投资者所能接受的水平。

降低杠杆率有以下两个途径：（1）增加资本金。比如现在金融机构的资产只有970个单位了，资本金有20个单位，这时候如果能增加28.5个单位的资本金，杠杆率就又降回到20了；（2）压缩金融机构的资产负债表，减少资产。这种途径现实之中采用更多。比如资产价格暴跌，只剩970个单位，这时如果再减少570个单位，变成400个单位，杠杆率就回到了20倍。所以，减少资产是使金融机构的杠杆率保持在使公众投资者放心的水平上的主要做法。减少资产的同时，意味着负债也减少了，卖出资产的钱用来还债，资产和债务同时减少。也就是说，一个金融机构为了稳定杠杆，将减少资产，压缩资产负债表。

对于单个金融机构来说，出售资产以偿还债务、降低杠杆率是一种合理的决策。但是如果所有金融机构都这样来做，就会出现所谓合成推理的错误：资产价格进一步下跌，于是便需要进一步出售资产降低已回升的杠杆率。这样，就出现了一种恶性循环：资产价格下跌——出售资产——资产价格进一步下跌。我的资产是别人的负债。譬如，银行的资产是给企业提供贷款（企业的负债），压缩资产意味着要减少给企业的贷款。企业就得不到贷款（无法负债）了。金融危机一方面会导致金融机构倒闭，另一方面也会引发实体经济的危机。生产企业得不到银行贷款，生产就难于维持，企业就会倒闭。

总之，次贷危机演进的大概过程是：（1）次贷违约；（2）证券化资产（MBS、CDO）价格下跌；（3）货币市场出现流动性短缺；（4）银行、投行、对冲基金等金融机构去杠杆、压缩资产负债表；（5）由于流动性短缺、信用收缩、资金链中断，金融机构倒闭；（6）借贷活动停止，生产企业无法投资和生产，经济增长速度受到影响。同时，资产价格的暴跌通过财富效应传导到居民部门，导致居民也要减少消费，所以投资减少、消费减少。于是，经济增长速度出现负增长，经济陷入衰退。

二 美联储两步走应对次贷危机：稳定金融、刺激经济

美联储为了应对次贷危机，分两步走采取措施：第一步，稳定金融；第二步，刺激经济。同样的，我们现在面临疫情冲击，想要恢复宏观经济也应该分两步走。第一步，稳定整个供应链，稳定恢复生产系统；第二步，刺激经济增长。

当时的美联储和财政部，为了稳定金融分三路出兵：第一路是资产方，第二路是负债方，第三路是资本金。

次贷危机的缘起是资产价格下跌，比如MBS、CDO等价格的下跌。这时，美联储首先要遏制这些资产的价格下跌。投资者不买入，政府就买入。所以QE1中的一个重要内容就是买进有毒资产。同理，当年中国香港救股市，在投资者抛出股票的时候，香港金融管理当局入市买股票，不让股票价格下跌。

总之，美联储应对金融危机时采取的第一步措施就是买入资产。当然也有可能几种措施同时进行，所以也可以说买入资产是美联储应对措施的其中一个方面。

另一个路径是通过公开市场操作注入流动性。短期投资者不愿意再买入ABCP，期满之后也不再重新购买，大型机构无法通过融入短期资金来持有长期资产。这时美联储向货币市场注入流动性，使短期投资者愿意继续购买ABCP这类短缺债券。同时可

以为发售 ABCP 等短期资产债券的金融机构提供资金支持，使它们不再被迫低价出售此类资产。

还有一个路径是补充资本金。例如英国在北岩银行（Northern Rock）面临倒闭时将其国有化；或者政府通过债转股等方式，向金融机构注入资本金。

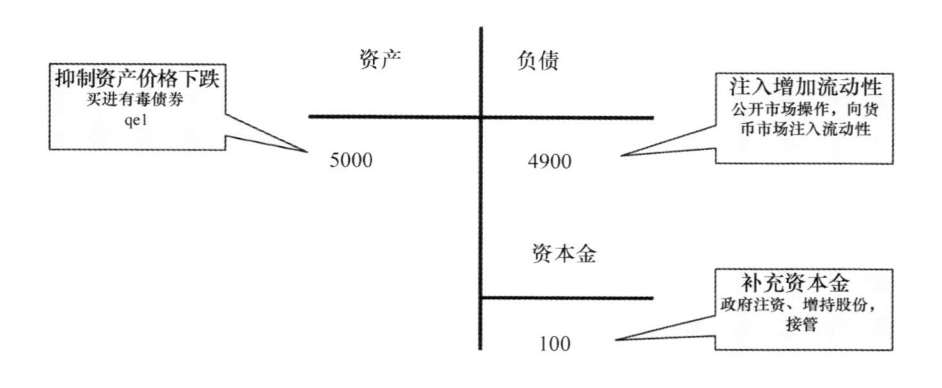

```
抑制资产价格下跌          资产 | 负债          注入增加流动性
买进有毒债券                                   公开市场操作，向货
qe1                                            币市场注入流动性
                         5000 | 4900

                              | 资本金         补充资本金
                              |                政府注资、增持股份，
                              | 100            接管
```

图1　救市三路径

如图1所示，假设资产是5000个单位，负债是4900个单位，资本金是100个单位。一旦金融危机到来，如果没有政府施以援手，金融机构的合理反应通过合成推理的错误，导致这些数字变得越来越小，陷入恶性循环。

若想稳定这些数字，应在资产端使资产价格止跌；在负债端使金融机构免于被迫减少负债；在资本金这一项目上，政府通过增持股份、接管等方式为金融机构补充资本金。美国对两房的接管和英国北岩银行的国有化都是从资本金入手遏制金融危机进一步恶化的具体例证。

在次贷危机发生后，美联储就是通过以上三个途径来稳定整个金融体系的。我们在分析本次美国股灾、试图去理解美国政府政策的时候，可以考察一下美国政府是如何从上述三个方面入手稳定金融市场的。

美国治理金融危机的第二阶段，是在稳定了金融市场之后，开始刺激经济。美国的主要政策是 QE + 降息。QE 操作有四次，QE1、QE2、QE3、QE4，各次目标有所不同。总体而言，美联储推行 QE 的目的主要是抬高资产价格。

美联储既购入有毒资产（主要是 MBS），也购入了大量的长期国债。前者稳定了 MBS 之类资产的价格，后者导致国债价格上升。国债价格上升，意味着国债收益率下降。国债是最安全的资产，一旦外部有风险，投资者都会涌向国债市场，这是美联储不希望看到的。美联储压低国债利率，把投资者、公众投资者推向其他资产市场。资金不会转向声名狼藉的 MBS、CDO，于是大量地转向股市。如此一来，股票价格上升，产生强烈的财富效应：老百姓通过各种各样的基金购买了股票，其资产增值，进而增加消费。另外，股票价格上升，使企业比较容易融到资金。

QE 导致股票价格飙升，后者通过财富效应、托宾 Q 效应，刺激了消费和投资。有效需求的增加很快使美国走出经济危机，并维持了近 10 年的经济增长，对经济增长起到了推动作用。QE 还有其他两个重要目的，一个是制造通货膨胀，另一个是诱导美元贬值。两者都有利于美国经济增长，减少债务负担。但这两个政策目的似乎实现得并不十分理想。

QE 这种通过大规模的公开市场操作来购买国债的行为算不算印钞？在十多年前 QE 政策刚刚推出的时候，美国和中国的学界就曾问：QE 属于一般公开市场操作还是属于印钞？因为 QE 跟平常的公开市场操作不同：第一，QE 的规模巨大；第二，QE 不仅买美国的国库券，还买 MBS、CDO 之类的有毒资产；第三，QE 不但买一般的美国国债，还买长期国债，这些操作都是不平常的。

认为 QE 不属于印钞的理由主要有三个。

（1）是不是印钞要看目的，如果目的在于赤字融资，就属于印钞；如果目的在于刺激经济增长，就不属于印钞。

（2）QE 是临时性的政策，当经济恢复正常增长的时候，美联储会退出 QE，把多买的国债卖掉。现在买入的有毒资产，待其价格回升时也卖出，不但可以把多放出的货币收回，而且可以为财政部盈利。

（3）美国现在面临的主要问题是经济衰退，暂时还不需要担心通货膨胀。

事实上，美国从 2013 年年中开始谈退出 QE，但实际实施情况如何？

如图 2 所示，从 2014 年开始，美联储的资产不再增加。危机爆发前美联储资产有 8000 多亿美元，后来涨到 4 万多亿美元。2016 年以后在缓慢下降，2018 年下降得比较突出。但现在由于新冠肺炎和股灾的冲击，资产变成了 5 万亿美元，QE 的退出变得遥遥无期了。

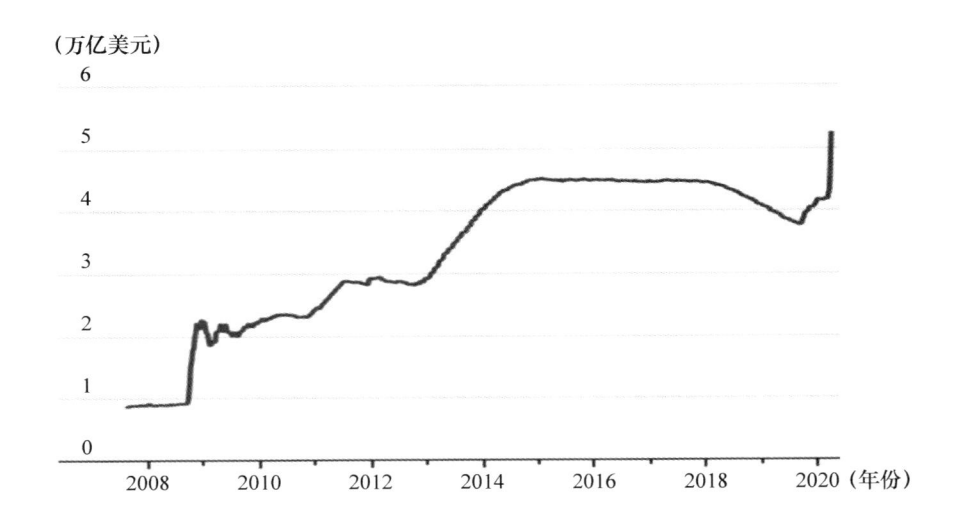

图 2　美联储资产（2008—2020 年）

笔者认为，QE 就是印钞。从美国的角度来看，QE 具有合理性，而且当时也没有其他更好的选择。但什么政策都是有代价的，QE 也不例外。美联储的 QE 等一系列政策，包括美国的财政政策，对美国资本市场的大小和结构产生了很大影响。而次贷危机之后，美国资本市场的变化尤其是结构变化与今天股灾的发生是密不可分的。

三　QE 助推股市泡沫，新一轮金融危机能否避免？

美国的资产结构到底发生了什么变化呢？

第一，各类国债总额接近 20 万亿美元。次贷危机前，美国国债余额并不算高，现在变得很高了，是 GDP 的 100% 多一些。这是美国资本市场最重要的变化。第二，股市在美国资本市场上一直占有最重要的地位。次贷危机前股市的重要性进一步提高。原来就是最重要的，现在更重要了。2019 年年底，股市市值有 30 万亿美元左右，其变动对美国的金融和经济的影响非常大。第三，当前公司债大约有 10 万亿美元，较以前有明显的增长。第四，以前美国资本市场中住房抵押贷款的重要性排在第二位，当前它的重要性有所下降。这是在次贷危机时，美联储实行 QE 这一系列政策之后，美国资本市场所发生的改变。

所以总的情况是：国债的份额增加，股市的重要性增加，长期公司债也有显著增长，住房抵押贷款的相对重要性就下降了。

本次股市暴跌之前，大多数人认为股价的飙升是美国实体经济表现良好的结果，不是泡沫。股灾的发生则再清楚不过地证明美国股市存在严重泡沫。为什么会产生泡沫？毫无疑问，这是 QE 的结果。可以说 QE 的目的本身就是制造股市泡沫，以刺激经济增长。

美联储把资金赶入股市的政策又是通过哪些具体途径实现的呢？似乎主要有两个途径。

其一，因为 QE 所导致的长期低利率，保险金、养老金等长期投资者开始转向股票投资。这些投资者是十分关心投资安全性的。国债风险低、收益率也非常低，但现在国债的收益率实在太低。管理长期投资资金的金融机构需要保证一定收益率，否则无法向投资者交代。虽然股票风险比国债大，但它的回报很高，况且股票的风险现在看起来也不是特别高,所以金融机构对股票的需求增加了,这就推动了股票价格的上涨。

其二,大公司回购自己公司的股票,美国股市上涨同大公司的回购有关。据报道,自2012—2015年,标普500榜单上的公司回购了4.37万亿美元的股票。美国的头10大公司都大量回购了自己公司的股票。股票回购抬高了股票价格,降低了市盈率,增加了分红,但实际利润可能根本没有增长。徐志、张宇在一篇文章中讲到,美国上市公司美股盈利的年复合增长速度达到了11%,而企业的复合利润增速仅为8%,两者之间3%的差距,是回购人为推高的,这也就意味着美国上市公司的盈利中,大约有27%是由回购行为所虚增的股市泡沫。具体数字后续再讨论,但股票市场出现泡沫与回购行为导致的股价虚高的确是密不可分的。

总之,美国股市的上涨,从大环境上来说,是美联储采取了极度扩张性的货币政策(如零利率、QE等)所致;从具体的操作层面来说,是由于长期投资者转向股市以及大公司大量回购股票所致。同实体经济增长脱节的股票价格暴涨,迟早会发生问题。新冠肺炎和石油价格暴跌只不过是压倒骆驼的最后一根稻草。

在许多投行的研究报告中,对于美国股市泡沫和股市暴跌的原因除了有政策层面的分析外,还有大量涉及资产市场参与者与金融机构投资策略的技术层面的分析。次贷危机之后一些金融市场参与者的角色发生了变化。次贷危机的罪魁祸首是投行。金融危机之后，投行变成了金融控股公司，它们的业务领域和投资方式也发生了变化。从投资策略的角度看，次贷危机在很大程度上是次贷过度证券化造成的；在此次美国股灾中，对冲基金和资产管理机构是资本市场上最活跃的角色。在股灾原因分析中讨论最多的投资策略大概是风险平价策略（Risk Parity Strategy）。这种策略是根据不同资产的风险和收益水平决定资产配置。基金管理者都有特定的波动性水平目标，一旦超标，他们就会自动减持。

因为在美国股灾初期，桥水（风险平价策略是桥水创始人雷伊·达里奥在很多年前发明的）等执行风险平价策略的基金抛售了大量的股票和其他资产，一些市场人士指责风险平价策略基金是本次股灾的罪魁祸首。另一些市场人士则指出，风险平价策略是为了降低外部冲击对资产价格的影响，风险平价策略基金是受害者而不是肇事者。

事实如何还可以再讨论，但美国股灾的爆发证明：无论采取何种技术性措施，即便资产组合中资产种类非常不同，相关性很低，一旦大的冲击到来，如新冠肺炎、石油危机，任何分散风险的策略都会失灵。

一些交易员抱怨"沃尔克规则"妨碍了他们在危机时刻得到必要的流动性。次贷危机之后，监管推出沃尔克规则的目的是隔离投行和商业银行业务，限制银行为对冲基金、避险基金提供资金。沃尔克法则提高了金融市场的安全性，本身没有问题，但它确实限制了银行为流动性短缺的金融机构提供流动性。因此，当股票市场泡沫崩溃频频下跌时，沃尔克法则确实加剧了资本市场上的流动性短缺，不利于股市的回稳。但有更好的选择吗？

在2020年2月中旬以来的新冠肺炎疫情和石油价格暴跌，可以看到新冠肺炎是导致美股暴跌的最根本最重要原因。在从2月12号的高点到3月20号，美国各指数均出现暴跌，道琼斯下降了35.1%。这种情况与次贷危机时MBS、CDO等金融资产价格暴跌的情况类似。

一旦资产市场出现问题，很快会导致流动性短缺，货币市场利差开始上升。衡量流动性短缺程度的利差包括各类短期资产利率与OIS（隔夜指数掉期利率）之差，以及3个月期AA金融CP—OIS利差等。在2007年、2008年次贷危机爆发时，货币市场利息率急剧上升。在这次股灾爆发后，各种短缺资产利率与无风险资产利率也突然上升，这些都是流动性短缺基本标志。还可以看到，虽然LIBOR和OIS的利差也明显上升，但与2008年上升幅度相比还有些距离，这可能与美国在金融危机之后采取各种措施有关。股灾爆发后，黄金价格下跌也是流动性短缺的表现，当人们急需美元时，就会选择卖掉黄金。

金融危机爆发后，美元指数上升也是可以预料的。发达国家自20世纪80年代之后，经济金融危机一旦爆发，其本国货币不像发展中国家那样会出现贬值，相反要升值。这是由于国内出现问题时，金融机构和大公司要把海外资金调回，以解决流动性短缺、补充资本金不足等问题。

美国国债是避险天堂，一般情况下，当某种资产出了问题，资金就会逃离相应市场而进入国债市场。国债需求增多，价格会上升、收益率下降。但在这次股灾中，美国国债价格不升反降、收益率不降反上升，这是怎么回事？美国国债收益率的上升说明货币市场上的现金已极度短缺，连国债都要抛售套现了。所以，同 2008 年次贷危机时期相比，此次美国股灾发生后的流动性短缺可能更为严重。

现在大家在谈论股灾，但对金融稳定来说更为巨大的威胁可能来自公司债。米尔顿·弗里德曼（Milton Friedman）曾经说过，无论股市发生了什么事情，只要货币政策不出大问题，就不会出什么大事。但对公司债来说，就很难这样说了。

前面已经提到，由于美联储的 QE 和零利率政策，美国资本市场上公司债的体量急剧增长。不仅如此，美国债券市场中，高收益债的比重非常高。高收益债一般指风险很高的垃圾债。而高收益债中能源板块比例又很高。当沙特阿拉伯和俄罗斯出现问题，能源价格下跌、风险上升时，高收益债的收益率飙升是再自然不过的。

以美国国债利息率作为比较基准，美国不同等级的企业债的利差急剧上升。公司债利差普遍明显上升说明市场不看好美国公司债。可以看到，现在美国公司债利差还没有达到次贷危机期间的程度，但是已经明显在上升。公司债和股市不同，股市在繁荣或萧条时期的价格走势一致性很强。由于不同的期限、品种，公司债价格走势的一致性较差，但这可能恰恰是我们必须高度关注公司债的原因。

由于杠杆率的急速提高，美国公司债本来就面临着很大的压力。新冠肺炎疫情使公司债雪上加霜。一切取决于新冠肺炎疫情形势的发展，如果疫情持续很长一段时间，大批高杠杆公司必然陷于破产。而大量公司债的违约将使金融危机难以避免。在这种情况下，美国乃至全球都将陷于金融和经济的双重危机。

在此次美国股市风暴中，风险资产下降的速度甚至高于次贷危机期间，但在次贷危机期间雷曼兄弟等超大规模金融机构破产的事件到目前为止还没有出现。所以，按照约定俗成的定义，现在还不能说美国已经发生了金融危机。

四 美国应对新冠肺炎疫情冲击的宏观经济政策及其对全球金融的影响

可以说，到目前为止，美联储应对股灾的一系列措施是正确的和及时的。理解了2008年以来美国货币当局采取的一系列反危机措施，我们就能比较好地理解自2020年3月以来美联储所采取的一系列措施，比较好地评估这些措施的后果以及对中国的可能影响。

股灾发生之后，美联储的主要措施包括：3月15日，将贴现窗口利率下调1.5个百分点至0.25%、法定存款准备金率降至0；3月16日，宣布将隔夜利率降至0，恢复数量7000亿美元的量化宽松；3月17日，重启商业票据融资便利机制（CPFF）和一级交易商信贷便利机制（PDCF）；3月18日，启动货币市场共同基金流动性便利（MMLF）；3月19日，美联储宣布为澳大利亚储备银行、巴西央行、韩国央行、墨西哥央行、新加坡金融管理局、瑞典央行分别提供高达 600 亿美元的流动性，为丹麦央行、挪威央行、新西兰储备银行分别提供 300 亿美元的流动性；3 月 20 日，纽约联储宣布进行每日 1 万亿美元的回购操作，时间持续一周；3 月 23 日，美联储宣布史无前例的"无底线"救市方案。

（1）推出定期资产抵押证券贷款工具（TALF），主要是向 ABS 的发行者提供融资，并由资产证券化（ABS）的发行者提供资金给私人或小企业，该项政策在 2008 年曾经使用过；

（2）推出一级市场公司信贷工具（Primary Market Corporate Credit Facility，PMCCF），设立 SPV（特殊目的机构）并从一级市场购买期限在 4 年以下的投资级公司债；

（3）推出二级市场公司信贷工具（Secondary Market Corporate Credit Facility，SMCCF），设立 SPV 并从二级市场购买剩余期限在 5 年以内的投资级公司债，以及投资投资级公司债的 ETF。

此外，特朗普推出刺激计划（提供 1.2 万亿美元财政刺激措施），其中包括向每位美国人提供 1000 美元和 500 美元的支票，总额为 2500 亿美元，3000 亿美元的小企业贷款，2000 亿美元的稳定基金以及延期纳税。

根据 2008 年的经验，我们知道美联储的救市政策是从补充流动性、稳定资产价格、注入资本金这三个方面入手的。这次救市就大方向来说与上次救市并无不同。

首先，在金融机构的负债方，美联储注入大量流动性，以缓和货币市场上的流动性短缺。美联储的政策工具箱中有大量应对流动性短缺的工具。有些工具是原有的，有些是最近新创造出来的。这些工具包括：商业票据资金便利、定期拍卖便利、贴现窗口、资产支持商业票据货币市场互助基金流动性便利。所有政策工具的目的都是解决危机期间流动性不足的问题。

我们已经知道，如果货币市场融资渠道受阻，金融机构就将不得不进一步压缩资产规模从而导致资产价格的进一步下跌。为避免产生这种恶性循环，必须立即给货币市场注入大量流动性。

其次，在金融机构的资产方稳定资产价格。原来是通过买入MBS、CDO等长期资产维持价格，而现在主要是股市的问题，所以具体的操作不太一样。美联储推出了一些新的政策工具以便投资者可以继续持有他们的长期金融资产，如公司债、股票等。美联储表示，在必要的时候也完全有可能大量购买公司债。3月18日本·伯南克（Ben Shalom Bernanke）等人发表文章，提出美联储可以请求国会授权购买有限数量的投资级公司债券。

最后，在股东权益（资本金）方，国有化金融机构是维持金融稳定的一个重要方向。虽然在这个方面还没什么大动作，姆努钦已经表示，美国政府将入股航空公司，作为向这些航空公司提供拨款的条件。

除货币政策外，财政政策也相继出台。特朗普上台前就强调美国要发展基建，借当下的时机，特朗普提出了近2.5万亿的刺激措施。

由于美联储和美国财政部采取的上述一系列措施，金融形势一度发生好转，美股一度回升，波动指数出现了下降，美元开始转弱，黄金开始回升，这些似乎都是美国金融市场趋稳的信号。

不幸的是，美国疫情的恶化又使一切都变得难以预料。最近美国又推出了临时性的回购便利工具（FIMA Repo Facility），凡是在美联储开设有账户的外国中央银行和国际机构，可以使用该工具，质押自己手中的美国国债向美联储换取存款（美元流动性）。

总体而言，美国此次股灾是否会发展为金融危机还很难判断，但美国经济陷入衰退已无悬念，进入萧条的可能性则非常大。今后美国经济的发展方向要由病毒来决定。所有国家现在都面临着空前的挑战，有很多不确定性需要注意并仔细研究。

从资产泡沫、流动性短缺等方面来看，此次股灾实质上与2008年金融危机没有根本性不同。所以，研究2008年的经验对分析现在、预测未来很有帮助。可以看到，美国稳定金融的政策大体与之前的政策相同，均包括增加流动性、稳定资产价格、补充资本金三个方面，仅在具体政策形式上有细微区别。

美联储应对股灾的措施同应对次贷危机的措施完全是一个路数，说到底就是印钞。3月23日，美联储宣布的无底线救市方案，即不顾一切阻止资产价格进一步下跌。这已经打破了所有的禁忌，当美国自身出现问题，它就会为维护金融市场稳定而不择手段。美联储救得了美国金融市场，但却救不了美国经济。一切取决于医学科学是否能够战胜COVID-19。"直升机撒钞票"之后，美国正在用美元来淹没全球，美国今后政策方向很清楚：大幅度增加政府财政赤字，无底线地印钞，"在我之后，哪怕洪水滔天"。当美联储开始"无底线"印钞时，作为美国国债最大海外债权国，中国必须密切关注美国金融风暴的演进，并想清楚如何保护好自身利益。

五 中国应当积极做好经济恢复工作，但不应急于拆掉金融屏障

第一，美联储的政策毫无疑问会产生强烈的溢出效应，关于美国经济萧条将如何冲击中国经济，笔者观点是一贯的，即中国在扩大开放等方面要掌握好度。如果能够把握、控制好跨境资本的流动，我们就可以趋利避害，很多外部冲击是可以被隔绝的。

第二，笔者依然强调汇率问题。汇率需要有灵活性，它也是隔绝外部冲击的一个重要方面。同时，资本市场，特别是国债市场应该进一步提速，衍生金融供给也应该得到进一步发展，以便为我国企业提供各种各样的避险工具，锁定未来风险。一定程度的资本管制、灵活的汇率和资本市场的深化是我们在坚持金融开放的同时，规避来自外部金融冲击的重要保证。

第三，美国无底线印钞虽然在短期内稳定了美国金融体系，但却稀释了美元的价值。尽管在短期内不会造成通货膨胀，但谁能保证美元的长期稳定呢？不仅如此，美国政府还动辄挥舞金融制裁大棒。这种把美元作为政治工具的做法更是损害了美元国际

储备货币的地位。针对这种情况，中国完全应该不失时机地推动人民币国际化，推进旨在摆脱美元霸权的国际结算体系建设。

第四，由于疫情处理严重失误恼羞成怒，以及长期以来的地缘政治考虑，不能排除美国对中国的美元资产采取某种行动的可能性。抛开资源配置问题不谈。美国国库券的安全性也不是没有问题的。谁能保证美国就不会违约呢？1971年尼克松政府单方面宣布停止35美元兑换1盎司黄金的庄严承诺不就是一次严重违约吗？前美国财政部部长劳伦斯·萨默斯（Lawrence Summers）在2002年发明了"金融恐怖平衡"一词。他称，"不论是美国还是持有巨额储备的中国等东亚国家，都不敢打击对方，因为美国需要后者的钱，而后者需要前者的市场"。但是，这种平衡是不对称的。例如，英国著名时政评论家马丁·沃尔夫（Martin Wolf）在2013年12月3日FT上的一篇社评中直截了当地指出，"在发生冲突时，美国完全可以冻结（sequester）中国的外汇资产。虽然双方都会遭受惨重损失，但中国的损失将更为惨重"。事实上，在2008年美国次贷危机爆发后不久，"两房"债券陷于违约的边缘，若不是时任财长亨利·保尔森（Henry M. Paulson, JR.）力排众议，坚持施救，中国的4000亿美元"两房"债券就打水漂了。换一个财长，美国政府还会救援"两房"吗？没人知道。现在许多美国政客在大肆鼓噪没收中国的美国国库券。虽然美国政府未必敢于这么做，但这些危险我们绝对不能掉以轻心。

第五，中国应该继续努力实现中美贸易平衡。中国没有必要继续保持对美贸易的顺差，没有必要继续用真金白银换取"美元借条"。为此，我们应该以最大诚意履行中美贸易协定（如果美国无法供货就另当别论了）。大量进口美国粮食（转基因问题应由科学家解决）、石油和其他产品，这不仅有利于中国的经济安全，也有利于中国的金融安全。

中国经济目前已经从防疫纾困阶段进入全面恢复生产阶段，尽管我们还面临一系列困难和挑战，但只要我们自己进退有据，中国经济的增长前景依然十分光明。

全球化、疫情与国际经济治理

张蕴岭[*]

新冠肺炎疫情在全球蔓延,几乎没有一个国家可以幸免,受感染人数数百万,经济损失难以统计。面对新冠病毒在全球范围内肆虐,各届人士都在寻找原因,除了对病毒本身追踪寻源外,也对由此引发的经济社会影响进行探究。由此,全球化成了众矢之的。全球化把世界连接在一起,于是,病毒也就有了在全球蔓延的方便之途。全球化生成的全球供应链受到疫情冲击,导致链条断裂,使得经济加速下滑。因此,有人认为,新冠肺炎疫情标志着全球化的终结,全球化已经死亡。究竟如何认识全球化,疫情过后全球化如何发展,后疫情时代国际经济治理如何推进?这些都是非常重要的问题,值得深入分析和研究。

---

[*] 作者系中国社会科学院学部委员、山东大学讲席教授、国际问题研究院院长。

一　第二次世界大战后全球化的大发展

要判断疫情后全球化如何发展,还需要首先认识全球化是什么,如何发展的,起什么作用?就经济全球化而言,其真实含义就是世界市场的开放与连接。第二次世界大战后的经济全球化是通过制度化构造的、全球范围内推动市场开放的机制。这个机制主要就是原来的《关税与贸易总协定》(GATT)。第二次世界大战以后,世界经济发展需要一种新的秩序,其中,最重要的是构建开放的世界市场。这一认识是基于第二次世界大战前20世纪30年代经济危机的教训。20世纪30年代发生了严重的经济危机,经济危机到来之后,各国争相采取以邻为壑的保护政策,结果经济的交往阻断,危机进一步加深。

第二次世界大战后,以美欧国家为主导建立了推动市场开放的国际机制——《关税与贸易总协定》(GATT)。美国出于打开欧洲市场的需要,积极推动GATT下的市场开放谈判,后来,越来越多的国家加入这个组织,包括发达起来的日本,也包括大批发展中国家。随着多轮谈判回合取得成功,世界市场的开放度也越来越大。冷战结束以后,GATT升级为世界贸易组织(WTO),中国和一大批国家先后加入,成为全球性的国际贸易治理机制。WTO作为一个多边国际组织,在制定国际贸易、投资和服务规则,以及以法律为基础解决贸易争端方面发挥了核心作用。

当然,世界市场的开放首先得益于各国实施的开放发展政策。本国采取开放发展政策是国际贸易、国际投资发展的一个最基本条件。政府实施的开放政策、以WTO为基础的国际治理体系，加之几乎所有的国家和地区加入到这个体系中，这样，就有了经济全球化的基础，商品、服务、资金、人员等的流动也变得更加自由和便利，由此，世界经济的增长得到了快速的发展。

从经济发展的角度，在市场开放条件下，资源得到更好的配置和利用，同时，由于绝大多数国家都加入了世界多边体系，市场的空间更大了，从而获得了经济发展的规模效应，这样，公司可以在一个更加开放的地区和全球市场环境下从事投资和其他经营，这使得很多公司发展成为跨国公司，一些小的公司也通过这种全球参与，加入到国际分工中，进而促进了国际分工的进一步发展。基于全球化的国际分工大大推动了国际贸易和投资的发展，也拉动了与贸易投资相关的服务业的发展和人员的流动，由此，推动了整个世界经济的发展。特别是，后起发展中国家通过加入多边贸易体系获得进入世界市场的机会，通过接受产业转移和参与国际分工解决发展的瓶颈——资金、技术与管理的短缺，从而可以实现经济较快的发展。

全球化有两面性，在促进世界发展、带来福利的同时，也产生负面影响，而正是负面影响导致反全球化的运动兴起。

其一，产业转移会导致转移地区的"产业空心化"，使一些传统产业地区成为衰落的"铁锈地带"。企业把大量的制造业转移到生产成本更低的发展中国家，由此，生产成本得到了降低，消费者能买到更便宜的商品，但是如果产业输出后没有其他的新兴产业及时弥补，就会导致当地经济衰落，就业减少。以美国为例，伴随着美国的制造业外移，一些原来繁荣的地带萧条，原来依靠这些产业的蓝领和白领出现收入下降，不仅是美国，其他一些发达国家也有这样的问题。

其二，在开放的市场空间，竞争力的差别导致增长的受益不均衡，一则表现在国家之间，那些缺乏吸引力的国家被边缘化，出现了资本和人员大量外流。因此，尽管总体上世界经济得到了快速增长，财富总量大幅度增加，也有相当一批国家和地区被"边缘化"，被排斥在发展进程之外，使得世界的贫富差距变得更大了。20世纪70年代，德国前总理勃兰特就主持写过《增长的极限》研究报告，提出过这个问题，但这个问题没有得到很好的解决，富国和穷国的差距在拉大。

其三，财富积累出现两极化，开放的世界市场空间为拥有资本、技术与管理优势的公司和个人提供了拓展空间，因此，世界的财富越来越向少数公司和少数个人集中。越来越多的公司富可敌国，越来越多个人拥有的财富也大得惊人，出现了财富占有的1%和99%问题，即1%的人拥有大多数财富，而99%的人只拥有很少的财富。①

反全球化最开始是少部分人参与，后来逐渐发展成为了一种

---

① 关于全球化利弊的辩论，参见 Mike Collins, "Pros and cons of globalization", forbes.com/sites/mikecollins/2015/05/06/the-pros-and-cons-of-globalization/#6d9b3174ccce; Murray Weidenbaum, "Weighing the pros and cons of globalization", https://www.wilsoncenter.org/event/weighing-the-pros-and-cons-globalization.

社会运动,在一些国家,就表现为保护主义、民粹主义、极端主义趋势,反全球化的政治人物受到越来越多的选民的支持。在美国大选中,特朗普的胜选代表了一种转变,支持他的很多都是所谓的蓝领票,就是那些传统的制造业州的选票。这些州的传统产业大都转移走了,引发了蓝领工人、中产阶层的不满,因此,他们支持倡导保护主义、民粹主义的特朗普。其实,不只是美国,欧洲的反全球化倾向也有发展,法国、意大利、奥地利等极右翼政党的支持率大幅增加。①

二 对全球化的反思

开放是发展的利器,但是也要有很有效的社会政策来纠正开放带来的问题。在全球化高涨发展的时候,大家关注的主要是推动开放,现在,所谓逆全球化来了,不是要实行保护主义,关起门来发展,而是要对快速发展的全球化进行反思,找出问题。

所谓反思,并不是简单地说全球化是坏的,而是要找到问题的根子,纠正失衡。总的来说,需要注重开放与保护的平衡,如果失衡,就会出问题,使得矛盾积累。开放促进竞争,竞争提高效益和推动产业提升,但是从社会整体,就要考虑均衡,有些领域承受不了全面开放的冲击,需要缓开放,有些起步企业需要给

---

① 参见张蕴岭《反全球化的声音也要听听》,2017年2月14日,http://people.chinareform.org.cn/Z/zhangyunling/Article/201702/t20170214_261364.htm。

予一定的保护，为那些被淘汰的产业和人群提供救助，财富的过度集中需要有效的社会政策，包括税收调节政策，在世界范围，需要有对边缘化国家提供支持的新型发展合作等。

全球化进入了一个需要反思、调整阶段。如果说全球化过去发展得太快了，那么现在到了需要调整的阶段。就世界而言，发展的问题一直是一个大问题，开放条件下发展的不平衡危及世界的发展和安全。WTO多哈回合，即新一轮被称为"发展回合"的多边贸易谈判，体现了发展中国家参与后，要求多边体系改善发展中国家经济的发展环境和条件。比如，在改善发展条件的要求中，很重要一点就是要求发达国家取消对农产品的补贴，发达国家拥有这么高的补贴，生产的农产品非常便宜，发展中国家进口农产品比种植更划算，这就会造成发展中国家的农业发展不起来。但是，保护农业涉及发达国家的核心利益，所以发达国家不同意取消农业补贴。另外，在谈判中，发展中国家还要求渐进地开放市场，不能一下子都实现零关税，否则对国内产业冲击太大，民族工业永远起不来，而发达国家要"一揽子"的深度开放。分歧这么大，导致多哈回合谈不下去，无疾而终。

在特朗普就任之前，美国的政策还是受自由主义信条的主导，要以加快和深化市场开放来获得竞争优势，取消发展中经济的差别待遇和削减其低成本竞争力。比如，美国认为多边谈判太慢，就自己拉朋友圈，搞美国领衔的《服务贸易总协定》，高标准的《跨太平洋伙伴关系协定》（TPP）。特朗普反对自由主义信条，对以前的协定很不满意，上台后宣布终止TPP，重新谈判

《北美自由贸易协定》和其他双边贸易协定。特朗普政府通过双边谈判，使对方做更多的让步，推行对等安排。各国经济发展水平不一样，开放的标准不可能都一样。因此，自由贸易协定下的市场开放应该是渐进、有差别的，特别要加强经济合作。只有这样，才可以让后发展的国家有空间不断改善发展的条件和环境，在全球化的过程中各国才能均衡受益，全球化才能有持续的动力。

在实现经济发展中，市场开放是其中一个因素，但并不是全部，需要改善综合的发展条件，比如基础设施建设、能力建设、产能合作等问题，这些都应该包括到这种新的市场开放综合安排里面。如果只要求发展中国家开放市场，不改善他们的综合发展环境，许多国家难以发展起来，有些还可能更边缘化，导致没有资本愿意流向那里，因此，开放的同时需要改善基础发展条件。在中国和东盟谈判自贸区时，我们就注意到了这个问题，采取了渐进、逐步的开放方式，谈判中也是坚持先商品、服务再到投资的步骤，为欠发达国家设置了更长的过渡期，专门设立了开展经济合作的内容。由东亚16个国家谈判的《区域全面经济伙伴关系协定》（RCEP)[①]，应该构建一个适合16个国家发展，有利于创建东亚经济区发展新动力的一种综合的区域安排新模式，比如，可以把RCEP框架下的互联互通作为开放合作的重点内容，

[①] 2019年，RCEP协定的基本文本完成，印度宣布暂不参加，因此，RCEP只有15个国家。

规划实施的步骤，制定互联互通落实计划。①

特朗普政府推行以邻为壑的保护主义，这肯定会给全球化的发展带来很多麻烦，但这也可能是一个转机，促使各国对以开放为主导的全球化进行反思和调整。东亚要通过创新模式，坚持开放，推进合作，中国要成为维护世界市场开放的中坚力量，要在推动合作中发挥重要的作用。

总结来看，经济发展快是好事，但太快了也不行，发展对外贸易是好事，但过度依赖出口拉动也不行，需要平稳可持续的发展，需要构建内在的可持续动力。从世界经济发展角度看，后起国家实施赶超模式，经济增长速度比较快，但过快也会留下一系列的问题，除了地区差距、行业差距外，还有一个最大的问题，就是接替产业转移造成的污染转移，这些后续环境问题也逐渐暴露出来了。一个国家发展必须要实现综合的平衡。过去，发达国家的发展靠先污染后治理，代价很大。现在整个世界都加入到这个生产过程中，规模这么大，如果还走先污染后治理的道路，那就是一场灾难②。人类活动的总体量增加，造成整体性不平衡，也引发了极端天气的出现，在这种情况下，也需要一个综合的调整。第二次世界大战以后，通过几十年的发展，世界在取得前所未有的

---

① 这方面分析参见中宏国研，《分析 RCEP 与 CPTPP、USMCA 的区别》，http://www.china-cer.com.cn/hongguanjingji/202001161927.html。

② 中国在付出环境恶化的代价之后，认识到走绿色可持续发展的重要性，提出基于科学发展观和新发展理念的绿色可持续发展战略。

财富总量增长的同时，也积累了许多严重的问题，一系列全球问题凸显，其中，生态环境的恶化和与此相关的气候变化最为严重，危及地球生态和人类生存，解决这些问题既需要观念更新，也需要实际的行动。

三　疫情对全球化的影响

新冠肺炎疫情突如其来，并在世界范围蔓延，疫情和为防疫情采取的措施带来非同一般的综合性影响。疫情防控的最重要措施是隔离和封闭。中国对最先暴发疫情的武汉采取封城与隔离措施，随之，在全国范围实行了空前严厉的隔离管制，由此造成经济社会活动断崖式下跌，许多活动近乎停滞。鉴于中国是东亚地区及至世界的供应链中心，中国的断供，立即导致许多地区和全球供应链断裂。与此同时，许多国家为了防止疫情扩延到本国，也不同程度地采取了大幅度减少，甚至阻断与中国的人员、商贸交流。在此情况下，那些依赖供应链生存的企业不得不关闭工厂，那些依赖人际交往，特别是旅游业生存的服务业，也都陷入凋零。

疫情在世界蔓延，导致各国各行其是，采取各种隔离、封闭措施，进一步加剧世界范围的阻断效应。原本，在疫情出现拐点之后，中国抓紧复工复产，希望尽快恢复供应链，但是，世界其他国家的疫情恶化所导致的第二波阻断反过来也影响中国。特别是，疫情蔓延在世界各国的不同步，不但拉长了供应链断裂的时间，而且使得影响进一步扩大，危及更多的行业，包括金融市场。目前还无法预测疫情何时能在世界范围终止，且人们担心可能会有复发，因此，即便疫情减轻，许多防控措施也不敢轻易放开。由此，世界经济难以在短期内得到恢复，悲观的预测认为，世界会陷入严重的经济危机。

疫情的蔓延和由此带来的巨大冲击与破坏，令人们吃惊，原来相互依赖的世界变得如此脆弱，全球化如此不堪一击。在此情况下，原本就对全球化持批评态度的各届人士似乎找到了根据，由此，反全球化的舆论与势力大幅度上升，同时也引起政府、企业、个人对全球化的进一步思考。总的看，对全球化的反思集中在全球化所造成的国家、企业以及个人的安全保障问题上。

如前所述，全球化的调整在2008年金融危机之后加速，这次疫情引发的调整更为深刻，在一些方面带有转变性的特征。首先，无论是政府、企业，还是个人都更加强调经济与社会的安全。在政策层面，政府会更加重视本国基本必需品的安全供给保障能力，减少重要必需品的对外依赖程度，加大产业回归的支持力度，采取措施限制核心产业流出，如核心科技、国计民生关键产业环节，甚至可能会在法律法规层面增强限制力度。同时，对于外资的进入，特别是购买本国涉及核心竞争力与社会公共安全的产业，加大审查力度。像美国、日本等都开始制定更为严格的外资审查与批准法规，限制外资进入核心技术领域，严防外资在本国经济困难的时候，以低价购买本国的公司企业等。看来，以经济安全、社会安全与政治安全为理念的"民族保守主义"将会产生更大的影响力①。

在经营战略层面,企业将更加重视供应链的安全,为此,可能会缩短供应链环节,力求掌控核心环节,为了降低经营成本,可能会大规模使用机器人、职能化技术。同时,将可能会对原来的"零库存即时供应链"体系(主要是零部件)进行修改,适度增加库存,建立双保险供应体系,建立备用供应链合作伙伴机制等。

在社会层面,公民对政府的诉求压力增大,要求限制外来资本、外来人口流入,保证就业机会,提高社会保障力度等的声音更为强烈。保护主义、民粹主义的社会支持度会增强,形成更为有影响力的政治集团。

由此,自由主义信条将终结,全球化理论与舆论转向"有管理的全球化"或"有限制的全球化",也有的称之为"均衡的全球化"。显然,原来的全球化回不去了,全球化进入一个新的再调整与重构期。②

不过,我们应该认识到,全球化已经是全球经济社会运行机体的一个重要组成部分,不可能被简单抛弃。作为一个发展的进

---

① 这种转变可能并不仅发生在发达国家,发展中国家也会更多地考虑引进的安全问题,而对于发展中国家来说,一直存在外资垄断市场的问题,在当前情况下,这方面的关注会增强。

② 黄仁伟提出"有选择的全球化",由于各国的情况不同,只有选择对自己有利的部分参与全球化。参见黄仁伟《从全球化、逆全球化到有选择的全球化》,载王辉耀、苗绿主编《全球化向何处去》,中国社会科学出版社 2019 年版,第 91—95 页。

程，全球化可调、可控、可变，但不可弃，无论是国家、企业，还是社会群体，都不可能全身而退，退缩到封闭性的所谓"部落主义社会"。比如，政府可以支持企业回归，但不可能强制企业回归。在现实中，为数众多的企业是回不去的，特别是那些依赖当地市场与要素资源生存的企业，回去是死路一条。特朗普的经济顾问库罗德曾公开表示，让企业回迁美国，政府承担所有回迁费用，做起来难，一则政府没有这个能力承担，二则即便承担回迁费用，回去的经营呢？因此，真正能响应回迁的企业有限，从根本上说，是否回迁，是企业根据自身需要经营调整的问题。政府可以对企业的国际化经营进行监督和一定的干预，但不可能让他们做到完全与中国"脱钩"。

对于企业来说，依托世界市场可以获得巨大的发展空间，大企业做大网络，中小企业参与网络，退回国内不但失去拓展空间，而且不一定安全，因为国内也会发生问题，在突发事件面前，就是在国内也难保安全，像日本的名古屋大地震、福岛核泄漏，都曾导致供应链中断。突发事故，或者像新冠肺炎疫情这样的大规模传染病蔓延，是难以预料的，由突发事件引起的断供和应急需求，是没有办法作为常态维持的。因此，企业经营布局调整要考虑综合因素，以有利于发展和盈利为基本标准。对于那些以当地市场为基地的企业来说，可能更重视当地经营的综合安全，而不是撤走。

从社会角度观察，公民对生命和生活安全保障的优先意识加强，会对那些实行选举政治的国家的政治组合与政府政策产生更强的影响。面对疫情冲击激起的综合影响，以不同形式表现出来的民粹主义的影响力可能会进一步提升，但是，看来其成为主流意识还是很困难，因为民粹主义导致的问题会更多，社会矛盾会更大。其实，疫情中，公民的反思并不主要是体现在极端意识上，事实上，更为理性的思考应占主流，比如人们对现代化的反思，对现代生活的反思，对政府作用的反思，对个人与社会的反思，等等，都表现出对未来世界的发展、对国家的发展、对个人的发展等更理性的认识。疫情让人们明白，频发的灾难是全球系统失衡的结果，人类必须重建平衡，否则更多的灾难会出现。①

关于后疫情政策、经营战略与公民意识的思考、讨论、辩论与调整将会继续，并且会持续很长的时间，这是一种"后自由主义"的反思与转变。的确，面对施虐全球的新冠病毒疫情，悲情、悲观、极端的情绪往往会占上风，疫情过后，人们会逐步回到正常状态，更为平衡、理性与睿智的意识和行动会逐步回归主流。从以往的历史经验看，每次大灾难都会给人类提供教训，让人类变得更为理性与智慧，是推动进步，而不是倒退，新冠肺炎疫情也不例外。

值得重视的是，对全球化造成影响的不只是疫情，还有借助疫情推波助澜的政治势力。特别是美国针对中国进行的近乎

---

① 由于出现越来越严重的生态环境问题，自20世纪中后期人们就开始对传统工业化的范式的问题进行反思，在一系列会议上发表了报告，例如，联合国召开人类环境会议，环境与发展会议，可持续发展世界首脑会议等。这方面的概述参见潘家华《中国的环境治理与生态建设》，中国社会科学出版社2015年版，第39—41页。

全面遏制战略，封堵了中国在科技、信息、网络与美国以及相关国家的正常联系与合作，限制了学习与交流。一则，鉴于美国在这些领域占据优势，而且世界多数国家都离不开美国的技术、信息、网络；二则，中国作为国际供应链的连接中心与外部有着紧密的联系，美国的政治转变对于全球化的发展产生重要影响，在一些方面，原来的基于普遍开放原则构建的供应链会被中断。①

不过，也应该看到，就全球化发展而言，新的一波浪潮正在发展，这一波可称之为网络全球化，即以信息化、智能化技术的发展为推动力，构建基于全球的空间型网络——物联网，将各个经济社会活动纳入到网络之中，全球供应链会从链条结构向网络化结构发展。我们看到，疫情中得到迅速发展的是网络经济，网络教育、网络会议、网络售购等，它们成为疫情下开展活动、满足人们基本生活供需的主要形式，疫情后它们不会消失，会有更大的发展，将成为新经济的动力源。网络全球化的突出特征是全球性的，是大数据、大框架，超国家和地区构建与运营，支撑网络全球化的货币——数字货币也已经登场，这不是退全球化，而是全球化的新发展、新转变。

---

① 特朗普政府不仅越来越加强对中国的各种封堵措施，还施压和拉拢盟友和相关国家加入，通过扩大所谓"实体清单"，扩大封堵范围，这对基于世界市场的供应链产生严重影响。参见 Peter E. Harrell, "US-China economic relations under the Trump Administration at the 2 years mark", in Gilbert Rozman edited, *Joint US-Korean Academic Studies*, KEI, 2019, Vol. 30, pp. 216 – 217.

四 调整中的国际经济治理

第二次世界大战以后,国际治理得到快速的发展,涉及到国际政治安全、国际经济等诸多领域。国际治理的目标是通过建立组织,制定规约和开展合作,创建国际社会有序环境,解决单个国家不能解决的问题。国际治理已经成为世界不可或缺的重要机制。尽管国家仍然是治理的基础,但国际治理在涉及国家利益和人类共同利益上起着越来越重要的作用。

联合国体系是国际治理的最重要组成部分。联合国的宗旨是制定国家间关系的基本规则,同时,通过把所有国家都纳入到一个国际体系之内,构建基于全球的国际管理机制。联合国框架下的国际组织是国际治理的基础组成部分,涉及世界经济领域的主要是国际货币基金组织(IMF)、世界贸易组织(FATT/WTO)、世界银行、地区性开发银行等,还有涉及具体领域的国际组织,如联合国工发组织、联合国粮农组织、联合国开发计划署等,它们各自承担不同的功能。迄今,世界大多数国家都被纳入这些组织框架,其制定的规则成为被广泛认同的国际规则和行为规范。

国际对话合作机制是国际治理的重要形式。比较重要的是七国集团(G7),其作为发达国家的对话机制,聚焦于经济领域。一则,G7旨在协调发达国家之间的经济政策,二则,其对于世界经济的发展具有导向作用。不过,随着世界经济结构发生巨大的变化,发达国家经济在世界经济中所占的比重降低,特别是在世界经济增长的主要拉动力来自发展中国家群体的情况下，G7 对于世界经济发展导向的作用减弱。2008 年以后，二十国集团（G20）成立。G20 集合了发达国家和经济规模较大的发展中国家，成立之初原本是为了应对金融危机的，已经成为共商世界经济发展大事的协商机制。国际治理无论在治理范围，还是在治理方式上都在不断发展，这种大趋势是与国际政治、国际关系、国际经济，以及社会生活国际化发展相适应的，没一个国家是处在独立的隔离空间。通过不断发展的国际治理，在一定程度上可以说，世界构建了有治理的国际秩序基础。[1]

不过，第二次世界大战后建立的这些国际治理组织和机制最初主要是由美国等发达国家引领构建的，因此，他们无论是在组织构成，还是在实施管理中，都居主导地位。随着发展中国家综合实力的提升和参与度加深，关于改革国际组织治理结构、更好地反映发展中国家利益与诉求的呼声很高。迄今，尽管有一些调整，但是还远不能适应变化的需要。在推动构建第二次世界大战后国际治理体系中，美国作为实力最强的国家，曾起着出思想、出方案、出人才、出资金的关键作用。当然，美国也为此捞到好处，作为霸权国家，其几乎在所有的国际治理中都打上了美国利益和美国主导的烙印。如今，面对全球化

---

[1] 全球治理被认为与全球化的发展密切相关，是全球化扩张、全球问题蔓延和全球深入合作的必然结果。参见蔡拓等《全球治理概论》，北京大学出版社 2016 年版，第 1 页。

发展、力量格局转变和美国国内的诸多问题，美国看似不再愿意承担国际治理的义务和责任，美国要么"退群"，要么强推利己的政策。美国的转变影响极大，不过也应该看到，美国霸权式参与的终结也许是一种必然。国际治理是大趋势，国际治理体系也要发展，面向未来的调整与变革，也许国际不再需要一个大国来主导议程。根据时代的发展，通过协商对话，达成群体共识，推动构建一个有效、公正、包容的新体系不仅是需要的，也是可行的。国际治理的调整与变革不是另起炉灶，而是对现行体系的改善。①

在世界经济发展转型，特别是疫情导致供应链断裂、经济增长大幅度下降的情况下，世界应该加强国际经济合作，加强国际经济治理，以稳定市场秩序，提振经营者和公众的信心，但是，美国实行的"美国优先""退群"、制裁等单边主义行动，使得国际协调与合作变得非常困难。现在世界迫切需要对所面临的诸多挑战进行协商，并达成共识，发挥国际治理的功能，推动世界向和平与发展的方向行进。现在的对话合作平台很多，各国领导人每年有多次聚会，讨论关键地区和全球的问题。疫情总会过去，世界需要靠开放合作来支持经济增长，发展还是第一要务，没发展问题会更多。如果经济继续大幅度下滑，贸易大幅度下降，大家都会受损，美国也不能独善其身。

---

① 庞中英认为，全球化需要再平衡，但如何调整、改变具有不确定性。参见庞中英《全球化的风幡将如何飘浮？》，载王辉耀、苗绿主编《全球化向何处去》，中国社会科学出版社2019年版，第100页。

五　全球化与中国

中国的改革开放为中国参与全球化打开了大门，实现了经济的快速发展，因此，中国是参与全球化的受益者，自然也就是全球化的积极推动者和维护者。中国参与全球化大体可以分为两个阶段，第一个阶段主要是参与，通过参与国际生产分工，利用外资发展出口加工业，实现了经济的快速发展，成为世界最大的贸易出口国、世界与供应链的中心节点。现在中国已经进入第二阶段，由引进和出口为主，转型为引进和走出去并行，出口与进口均衡，未来，中国将进一步成为对外投资和进口最大的国家。而这种转型意味着，中国由接受现行治理规则到参与国际治理规则转变。①

但是，中国作为一个发展中国家，显然无法承担"当头"的角色，但无论从本身发展需要，还是从推动世界经济可持续发展的责任来说，中国都能够在推动世界市场开放，维护全球化大趋势方面发挥重要的作用。在保护主义抬头的情况下，中国应该坚持推动世界市场的开放，自己首先做到不搞贸易保护主义，拒打贸易战，同时在多边层面，充分利用国际影响力，促进世界形成积极变革的共识。

---

① 有学者提出，中国可以基于自身的实践，提出非西方的全球治理理念，为完善和丰富全球治理理念提供中国的贡献。参见蔡拓等《全球治理概论》，北京大学出版社2016年版，第424页。

对于美国的政治对抗，中国不可能躲避，但中国不应也不会与美国发起全面对抗。一则，走和平发展道路是中国的国策，中国不会走大国争霸对抗的老路，尽管中国会对美国的政治打压进行应对，采取必要的措施，但是，中国会以积极的战略，促进国际环境的改善，凝聚和平发展的共识，推动世界走开放合作的道路，这既符合中国的利益，也符合世界绝大多数国家的利益；二则，有所作为，推动基于开放与合作的国际议程与行动。此前，中国推动了"一带一路"建设、设立亚洲基础设施投资银行，这些本质上是推动新型发展合作，与当地国家一起，通过共同的努力改善综合的经济发展环境和条件。作为新型发展合作，"一带一路"实行共商共建共享的原则，旨在大力推动基础设施建设，推动产能合作，建设产业园，让当地产业发展起来。产能合作是一个新事物，不同于发展援助，也不同于市场化的产业转移，是通过合作的方式建设产业链，培育和提升能力，建立产业园区，与当地的发展规划相对接等。[①]

中国是全球化的受益者，有说法称中国是全球化最大的受益者，其实也不为过，只要从中国实施改革开放后所取得成绩来看，就不难理解。因此，尽管参与全球化也导致不少问题，比如环境问题、过度依赖外部市场问题、区域发展失衡问题等，但这些问题不能靠逆全球化来解决，需要通过积极的调整与改革

[①] 参见张蕴岭《"一带一路"：战略或倡议》，载薛力主编《"一带一路"：中外学者的剖析》，中国社会科学出版社2017年版，第23页。

解决。

新冠肺炎疫情下，中国采取严厉的隔离措施，影响非常严重，工厂停工，多数正常的经济社会活动遭遇断崖式阻断。鉴于中国是地区和世界的供应链中心，影响立即传导到外部，使与中国相联系的供应链中断。疫情消减后，中国立即开始采取复工复供的措施，尽力把中断的产业链恢复起来。但是，由于疫情在其他地区扩展，各国采取了隔离措施，导致经济社会活动减速，对外需求骤减，加上交通和其他管制措施，除用于疫情防控的产品外，外部对中国产品订单大幅度削减，或者甚至中断，这使得中国复产、复供的努力受阻，也使中国人深切体会到，全球化的反向影响如此严重，依靠供应链生存的企业如此脆弱。

在疫情严重蔓延的情况下，外部世界对中国的责难增多，特别是对中国作为全球供应链中心节点的作用严重质疑，舆论的导向似乎偏向于对中国的批评。在不少国家，指责中国成为"政治时髦"，把很多自身的问题"甩锅"给中国。一些政治人物、政治势力提出了不少极端的口号，不仅把疫情的扩散归罪于中国，而且把几乎所有的问题都与中国挂钩，要求中断对中国的依赖，要求企业撤离中国，阻止中国向本国投资等。特别是在美国，与中国"脱钩"似乎成为解决其问题的"钥匙"。

鉴于外资、外贸、对外投资在中国经济社会发展中占据非常重要的地位，对此，我们需要冷静地进行分析，做出正确判断。关于撤资，由于中国的经营成本提高，部分外资撤出早在疫情发生之前就有了，而且中国的许多企业也把一些生产转移出去，这是一种正常的调整。东亚地区作为世界供应链中心，区内的供应链是一种动态发展结构，不同国家间的发展差别，使得企业可以在区域空间内进行调整。但是，外资不会完全，或者大部分撤出中国，中国作为最大的区域市场，在许多方面是不可替代的。

其实，部分外资撤离与转移也有助于中国本身进行产业升级，同时也为中国企业的拓展提供空间提供机会，对于许多中间产品生产，中资企业可以填补外资转移后的市场空间。另外，随着中国本身需求市场的扩大，许多以外需为主要依托的生产企业，也可以转为面向国内市场。当然，也应该看到，基于美国政治打压所产生的"断供""脱钩"，在技术含量比较高的领域变化会比较明显，对此，中国需要做好应对。

全球化正在并会继续发生重要的转变，对于这种转变，不只是中国，世界各国都处在变局之中。改革开放后，中国参与全球化是"借船出海"，而在新的全球化发展中，中国自己造了船，在网络全球化的发展中，中国在不少领域走在前面。应该说，中国比其他大多数国家有更多、更好的发展机会，在许多方面，中国将成为新全球化发展的领航者。

应对疫情严重冲击
加快推进高水平开放

迟福林[*]

新冠肺炎疫情在全球的大流行，重创全球经济增长，重创经济全球化，重创现有的国际经贸格局。面对严峻复杂的国际形势，我国推进以规则为重点的制度型开放，加快建立高水平开放型经济新体制，是全面深化改革开放的重大选择，是积极推动经济全球化的实际行动，是推进国家治理体系和治理能力现代化的重大任务。

一 经济全球化面临严峻挑战

疫情严重影响经济全球化走势，并将影响经济全球化的现有格局。在这样的背景下，"挑战性全球化"的特点日益突出，且

---

[*] 作者系中国（海南）改革发展研究院院长、研究员。

挑战前所未有。例如，产业链、供应链的断裂导致对经济全球化的反思；逆全球化的思潮抬头，经济全球化面临着倒退、结构性重组的挑战。

疫情冲击下"挑战性全球化"的特点突出

首先，疫情蔓延助推逆全球化思潮，威胁全球自由贸易进程。近年来，贸易保护主义与单边主义抬头，并威胁全球自由贸易进程。在疫情蔓延的特定背景下，孤立主义、单边主义、民族主义和贸易保护主义更为盛行，有可能使经济全球化进程出现倒退。2020年1—4月，全球新增不利于自由贸易的措施310项，已超过2018年全年数量，达到2019年全年的80%以上。[①]

其次，疫情蔓延严重冲击全球供应链、产业链。当前，国际分工已深入到以产品不同价值增值环节为基础的全球价值链分工，全球价值链参与度已由20世纪90年代的47.6%提高至2018年的56.5%[②]。疫情蔓延对全球供应链、产业链产生系统性冲击，有可能造成全球供应链大范围中断。一方面，在美国、德国两大供应链中心停摆的情况下，航空航天、光学医疗、信息设备等全球供应链上游与高新技术行业受到严重冲击；另一方面，全球疫情有可能持续较长一段时间，疫情影响将逐步扩散至供应链中游和下游，并给全球粮食安全等带来严峻挑战。

---

① 数据来源：全球贸易预警信息网，www.globaltradealert.org。
② 数据来源：UNCTAD-EoraGVC数据库。

最后，疫情蔓延严重影响双边、区域贸易投资自由化和经济一体化进程。总的来看，疫情严重冲击经济全球化，由此使双边、多边的自由贸易安排与区域经济一体化进程受到严重影响。在此背景下，如期完成中欧投资协定谈判并启动中欧自贸区可行性研究、加快中日韩自贸区谈判进程、共同推动《区域全面经济伙伴关系协定》（RCEP）如期签署生效等，都有可能存在新的变数。

疫情蔓延重创全球经济增长，并将导致全球经济陷入衰退

第一，疫情导致2020年全球经济陷入衰退。一方面，疫情重创国际贸易。根据世界贸易组织发布的《全球贸易数据与展望》报告，预计2020年全球商品贸易将下降13%—32%[1]；另一方面，疫情重创全球投资。根据联合国贸发会议最新数据，2020—2021年全球跨国直接投资将大幅下降30%—40%[2]。贸易与投资下降将直接导致2020年全球经济衰退。

第二，疫情蔓延增大全球经济危机的可能性。2008年金融危机以来，全球大部分国家普遍采取以刺激性的财政政策与量化宽松的货币政策替代结构性改革，由此使得全球经济负债率持续上升。根据世界清算银行数据，2019年第三季度所有报告国家非金融部门负债率已上升至221.4%，高于2008年金融危机时

---

[1] 国际货币基金组织：《世界经济展望报告》，2020年4月。
[2] 《全球投资趋势监测报告》，联合国贸发会议，2020年4月。

36.7个百分点①。从近期的情况看，疫情的全球大流行，使全球资本市场信心受到严重冲击，再加上国际油价暴跌重挫全球股市，短期内世界性的经济衰退开始成为现实。为有效缓解疫情对本国经济的冲击，各国政府和央行纷纷采取更大力度的救助、刺激政策，全球债务风险进一步上升，世界金融脆弱性进一步上升。如果疫情持续较长时间，如果世界主要大国应对措施不力，如果全球性的协调行动迟缓，债务风险就有可能演变成全球性的经济危机。应当说，这个危险性正在加大。对此，需要客观判断并保持高度警惕。

第三，疫情后世界经济低速增长成为一个长期趋势。一方面，疫情严重冲击部分行业；另一方面，疫情严重冲击重大国际性项目的推进。更重要的是，疫情蔓延导致全球产业链、供应链回撤，有可能造成全球全要素生产率的长期下降。

疫情蔓延将改变经济全球化既有格局，并将形成新范式

第一，疫情蔓延使大国经贸关系面临更为复杂的变化。近年来，在世界经济增长动能不足、经济实力相对变化等背景下，尤其是美国政府奉行"本国优先"政策的影响下，各国纷纷调整对美政策，美中、美欧、美日、美俄等主要大国关系正在经历重大调整。疫情蔓延背景下，大国经贸关系将面临更为复杂的变化。

第二，疫情后"零关税、零壁垒、零补贴"有可能成为美

---

① 数据来源：BIS数据库。

欧日等发达国家经贸规则变革的趋势。目前美欧日之间已经就零关税贸易开展谈判，欧日之间已经达成共识，美欧、美日零关税谈判正在加快推进。例如，日本与欧盟签署《经济伙伴关系协定》（EPA），2019年2月1日起开始生效，日本将逐步对从欧盟进口的约94%的产品实施零关税，欧盟将逐步对从日本进口的约99%的产品实施零关税；①《全面与进步跨太平洋伙伴关系协定》（CPTPP）等相关成员国也将逐步取消98%的农业和工业产品关税。②在疫情对全球生产网络产生严重冲击的情况下，欧美等发达国家出于经济安全角度考虑，很有可能加速这一趋势，在引领新一轮全球经贸规则、保持自身国际竞争力的同时，将许多发展中国家排除在外。

第三，疫情蔓延将形成全球化新范式。疫情将改变以往基于低成本、零库存导向的全球产业链布局，而更加重视供应链安全与可控。一方面，宏观政策将会更加强调内向发展和自主发展，关键技术与核心环节技术管控力度将会进一步加大；另一方面，全球供应链本地化、区域化、分散化的趋势日益增强。

二 应对疫情对经济全球化的严重冲击的重要举措

疫情蔓延使国际经贸关系面临更为复杂的变化：一是在新冠

---

① 《日欧经济合作协定将从2月1日起生效》，中国经济网，2019年1月3日。
② 《越南正式实施CPTPP》，中华人民共和国商务部网站，2019年1月16日。

肺炎疫情影响下，中美经贸关系面临"二次大考"，有可能出现更为复杂的局面；二是在疫情全球蔓延下中欧经贸关系变数增多、不确定性加大；三是美欧经贸关系也不容乐观。在这个大背景下，要争取以务实举措推动经济全球化新进程。

实现中日韩经贸合作的新突破

（1）推动形成中日韩制造业分工合作新机制。总的来看，中日韩产业互补性强，制造业产业内的分工协作紧密。在疫情全球大流行给中日韩制造业供应链带来严重冲击的背景下，中日韩应以共同维护制造业供应链安全稳定为重点，推动形成三国制造业分工合作新机制。第一，在与抗疫直接相关的医药、医疗设备、其他抗疫物资等制造业领域形成分工合作新机制。携手保障抗疫相关产品和物资的供应，共同维护区域抗疫医药医疗产品和其他抗疫物资供应链的安全稳定。第二，在汽车制造、电子通信、机械设备、工业机器人等制造业领域形成分工合作新机制。提升三国在这些产业领域的贸易投资自由化和便利化水平，携手维护中日韩关键制造业供应链的安全稳定，推动三国制造业向全球价值链的上游发展。第三，在跨境电商、线上零售等领域形成分工合作新机制。支持三国企业共同打造制造业跨境网络销售平台和跨境网络服务平台等，加强三国供应和销售网络安全监管协调机制建设，促进三国制造业产品在彼此市场的流通和消费。第四，在保障制造业供应链畅通的跨境运输、物流、通关、检验检疫、商务人员与技术人员出入境等领域加强协作。促进标准对接，加强监管协同，以此提高三国制造业货物进出口和人员流动的便利性。

（2）建立中日韩制造业供应链安全稳定三方协调、联合评估及风险预警等机制。应对疫情的严重冲击，中日韩要以维护区域产业供应链安全稳定为重要目标，加强三方产业供应链安全信息沟通与协调、联合评估、风险预警等机制建设。一是建立中日韩制造业供应链安全三方信息沟通和协调机制。中日韩政府相关部门或相关行业协会牵头，建立防范中日韩制造业供应链中断的三方信息沟通与协调机制，促进三国制造业供应链上的上下游企业之间、相关企业与政府部门之间的复工复产信息和数据及时分享，建立支持三国企业采取合理防疫措施加快复工复产的协调机制。二是建立中日韩制造业供应链安全三方联合评估机制和风险预警机制。建议中日韩政府相关部门或相关行业协会牵头，对中日韩制造业供应链安全稳定进行定期联合评估，形成供应链安全报告，及时向政府、企业发出供应链中断风险预警，并及时向政府提出防范供应链安全危机的建议报告，为政府出台针对中日韩制造业供应链上的中小企业援助决策提供参考。

（3）根据疫情防控进展及时调整三国间人流物流等管控措施，促进制造业供应链的畅通运行。中日韩应充分利用三国已经建立起来的公共卫生安全合作机制，在联合抗疫的前提下，逐步稳妥畅通经贸合作的信息流、物流、人流，推进投资和贸易自由化便利化。第一，建立三国公共卫生、商务、工业管理部门、海关等共同参与的协调机制。确保三国间抗疫医药医疗产品和其他抗疫物资的出入畅通。同时，降低甚至取消抗疫医药产品、医疗救治设备及相关物资的关税，放松这些产品在三国间流动的边境措施和边境内措施。第二，在严防疫情反扑的前提下，推进三国疫情防控指南相互衔接。及时取消因抗疫需要采取的临时性人流物流限制措施。第三，共同维护和促进三国间货物和服务贸易自由化和便利化。大力发展零接触式运输、存储和物流配送，以此促进三国间制造业供应链的畅通运行。

（4）应对经济全球化新变局，务实推进中日韩自贸区进程，是东亚区域经济一体化进程的重大战略选择。第一，三国要加快在服务贸易及投资、知识产权、可持续发展等领域的谈判。同时，携手推进《区域全面经济伙伴关系协定》（RCEP）在2020年如期签署。以三边、多边自由贸易协定为维护中日韩制造业供应链安全畅通提供制度性机制性保障。第二，务实推进中日韩公共卫生、医疗、健康、养老、环保、科技研发等产业合作。大力发展中日韩数字贸易，加快落实"中日韩＋X"早期收获项目清单，逐一把2019年年底第八次中日韩领导人会议发表的《中日韩合作未来十年展望》中的合作事项变为现实。第三，率先形成中日韩"早期收获"项目清单。在中日韩一揽子、高水平贸易投资协议达成之前，建议把中日韩医疗健康、文化娱乐、数字经济、金融保险等重点现代服务业领域的自由贸易政策列入海南自贸港的"早期收获"项目清单，率先在海南取得突破。

（5）以东北区域经济一体化带动东北亚经贸合作进程。作为我国向北开放的最前沿，东北与东北亚地区的经贸联系十分密切。东北要利用与东北亚地缘和经贸联系更加接近的条件，以东北三省经济一体化对接东北亚经济一体化。第一，加快推进东北区域经济一体化进程。例如，在工业领域，推进东北制造业的跨区域优化重组，形成东北三省的纵向分工，重构以装备制造业为重点的产业链，提升东北制造的核心竞争力；在农业领域，以推动农业跨区域合作拉长东北地区农业产业链，推进东北农业与工业、服务业的融合发展。同时，推动形成区域基础设施一体化新格局。第二，实现东北地区与东北亚供应链、产业链的对接。要利用东北三省经济一体化发展的地域优势和产业条件，加强与东北亚周边国家的产业链、供应链的合作，推进东北产业结构转型升级。第三，采取多种形式推进东北亚区域市场开放进程。本着先易后难、循序渐进的原则，采用包括"早期收获计划"、框架协议、多边投资协定等多种合作形式，共商共建灵活多样的双边、多边、区域性自贸区。

以中欧一体化大市场为目标形成中欧经贸合作新格局

（1）坚定维护多边原则是中欧经贸合作的战略选择。疫情正在深刻改变中欧经贸合作的内外环境与条件。如果疫情再次引发欧元区债务危机，那么欧盟一体化将有可能陷入危机；疫情已给中国扩大开放进程带来严峻挑战，并对中国的经济转型与改革进程产生影响。在这个历史关头，中欧坚定维护多边主义原则，合作应对疫情加剧的经济全球化逆潮，是中欧经贸合作的重大战略选项。

（2）以一体化大市场为目标是中欧务实的战略选择。欧盟总体已经进入后工业化时期，中国正在进入工业化后期，2018年欧盟人均 GDP 接近中国的 4 倍；欧盟整体服务业比重（78.8%）比中国服务业比重（52.2%）高出许多。中欧经济结构的互补性远大于竞争性，中欧间贸易投资需求潜力特别是服务贸易潜力远未释放。未来 10—15 年，中国人口城镇化与产业转型升级蕴含中欧经贸合作的巨大市场空间。自 2010 年以来中国已经是欧盟服务出口增速最快的市场，随着中国服务消费需求的快速释放，以一体化大市场为目标推进形成中欧经贸合作新格局，将极大释放中欧贸易投资需求潜力。这既可以刺激欧盟经济复苏从而为欧盟的稳定发展提供助力，也将释放中国巨大的消费潜力。

（3）加快由投资协定谈判转向自贸协定谈判进程，是中欧深化经贸合作的战略选项。中欧一体化大市场需求潜力的释放，取决于双方接下来自由贸易的制度安排。客观看中欧贸易投资潜力的释放越来越受限于双方缺乏自由贸易的制度安排。立足实现中欧一体化大市场，尽快推动中欧投资协定谈判转向中欧自贸协定谈判，对中国、对欧盟是现实的战略选项。建议中欧努力在2020 年完成投资协定谈判，同时启动中欧自贸区可行性联合研究。这将向全球释放世界两大主要经济体推进自由贸易进程的强有力的信号，将为疫情严重冲击的世界经济注入新的信心和能量。

以RCEP为基础推进亚太经济一体化进程

（1）推进亚太经济一体化对经济全球化具有重大影响。亚太自贸区是全球涵盖人口最多、发展前景最广阔的地区之一。亚太自贸区若建成，将成为全球覆盖面积最广、纳入成员最多、包容性最强、体量最大的区域性多边自贸区，对维护以世贸组织为核心的多边贸易体制、促进全球经济平衡增长、探索形成更加包容普惠的经贸规则都将产生重要影响。例如，如果建成亚太自贸区，2025年将给亚太经合组织（APEC）成员带来2万亿美元的经济收益，超过任何一个现有的区域自贸安排。[①]

（2）在RCEP基础上推动建立亚太自贸区进程。由于发达国家与发展中国家开放水平差异较大，亚太自贸区可以考虑建立一个多层次的自贸协定，不同层次对应不同开放标准，使亚太地区经济发展水平不同的经济体可以在其中选择适合自己的层级加入，并明确过渡期，以加快协商进程。

高标准：除深化货物贸易、服务贸易、投资和知识产权等传统议题之外，在海关监管与贸易便利化、政府采购、透明度与反腐败等新兴议题方面实现与高水平自贸协定大致相同标准的制度安排。

中标准：进一步深化货物贸易、服务贸易、知识产权保护等传统议题，提升货物贸易中零关税商品覆盖率，以区域内规则对

---

① 谈践：《亚太自贸区：梦想照进现实》，光明网，2016年11月10日。

接为重点提升服务贸易自由化便利化水平。

低标准：在区域全面经济伙伴关系协定谈判基础上，实行制造业、服务业及能源、基础设施、旅游、环保等项目下的自由贸易政策，在不要求全面降低关税、全面市场开放基础上，实现在重点领域自由贸易与投资的实质性破题。

（3）推动 RCEP 与 CPTPP 的对接。亚太经济一体化处于二者的"双轨竞争"之下，二者实力规模、成员偏好大体均衡，参与成员、覆盖范围相互交错，存在明显的竞争和胁迫关系。[①]建议在关税缩减、服务贸易标准对接、政府采购、电子商务、金融服务、监管适用、争端解决机制等领域积极借鉴 CPTPP 的部分条款，并力求在 WTO + 条款与 WTO-X 条款方面实现重要探索。

三 建立高水平开放型经济新体制

抓住全球经贸格局重构的新机遇，适应对接全球经贸规则重构新趋势，中国要以制度型开放为重点建设高水平开放型经济新体制，按照公开市场、公平竞争的原则，推动国有企业改革、知识产权保护、产业政策、政府补贴、环保标准等与世界经贸规则的对接。由此，进一步融入世界经济并增强话语权。

---

① 曹广伟：《亚太经济一体化视域下 CPTPP 的生成机理及其后续影响》，《商业研究》2018 年第 12 期。

以制度型开放为重点，建设高水平开放型经济新体制

（1）推动从商品和要素流动型开放向制度型开放转变，争取扩大开放的主动权。按照公开市场、公平竞争的原则，推进国有企业改革、知识产权保护、产业政策、政府补贴、环保标准等与世界经贸规则的对接，使市场经济体系进一步与国际接轨。

（2）应对"三零"国际经贸规则挑战。当前，全球货物贸易朝着零关税规则演进，服务贸易成为全球自由贸易规则重构的重点，数字贸易规则成为全球经贸规则重构的新兴领域。为适应这一趋势，作为新型开放大国，中国应主动把握"三零"等国际经贸规则变化新趋势，在市场准入、技术标准、竞争中性等方面对标高标准贸易规则，以市场化改革营造公平竞争的营商环境，以增强我国在全球新一轮贸易规则制定中的话语权。

（3）统筹推进制度型开放与深化市场化改革。制度型开放的重要内涵是在学习规则和参与规则制定的过程中，更多用市场化和法治化手段推进开放。"十四五"时期中国统筹并大力推进制度型开放和深化市场化改革，以高水平开放带动改革全面深化，将为扩大巨大的内需市场提供持续的推动力。

以服务业为重点，扩大市场开放进程

（1）服务业市场对内外资全面开放。一方面，要推动服务业市场向社会资本全面开放。按照"非禁即准"的要求，凡是法律法规未明令禁止进入的服务业领域，全部向社会资本开放，不再对社会资本设置歧视性障碍，大幅减少前置审批和资质认定项目，实施"准入即准营"；另一方面，要加快推进服务业对外开放进程，大幅缩减外资准入负面清单限制性条目。

（2）扩大金融业对内外开放。一方面，通过放开外资金融业市场准入，提升外资金融机构的资产占比，形成我国金融业市场竞争新格局；另一方面，加快人民币国际化进程，在跨境贸易中扩大人民币结算范围，使人民币国际化进程与我国新型开放大国的地位相适应。

（3）以服务业市场开放拉动服务型消费。我国服务型消费升级进程中蕴藏着巨大潜力。从现实情况看，打破服务型消费供给短缺的状况，重点在于加快服务业市场开放进程，并加快服务业发展的相关政策调整。

（4）提升服务贸易比重。服务贸易成为全球贸易增长的重要引擎。2018年，中国服务贸易占贸易总额的比重仅为14.7%，远低于23.1%的全球平均水平。[①] 中国要以服务业市场全面开放促进服务贸易发展，优化服务贸易结构，在提升服务贸易国际竞争力的同时，使"十四五"服务贸易的比重达到全球平均水平。争取到2025年，服务贸易占外贸总额比重提高至20%以上。

营造法治化、国际化、便利化营商环境

（1）强化竞争政策的基础性地位。要把"市场高水平开放，

[①] 迟福林：《以高水平开放推动形成改革发展新布局》，《经济日报》2019年10月31日。

政府高效率运转"作为政府治理变革的重要目标，以落实竞争中性为原则推动政府职责体系的重构。建立并完善以公开、规范为主要标志的开放型经济体系，推动与国际基本经贸规则的对接。强化竞争政策的基础性地位，完善公平竞争制度，加强市场监管机构对公平竞争政策的监管审查。此外，在以数字技术为重点的新科技革命兴起的背景下，产业政策和产业补贴的正面效应逐步减小。要全面清理妨碍公平竞争的产业政策，在要素获取、准入许可、经营运行、政府采购和招投标等方面，对各类所有制企业平等对待。

（2）统筹强化知识产权保护与产权保护。党的十八届四中全会通过的《中共中央关于全面推进依法治国若干重大问题的决定》提出，"加强市场法律制度建设，编纂《民法典》"。建立产权平等保护的长效机制，依法保护企业家的财产权和创新收益，尽快出台《民营经济促进法》；出台《知识产权法》，实现知识产权保护与国际对接。

（3）大幅降低制度性交易成本。加大减税降费力度，一是由政府出资组建民营经济、中小企业疫情纾困基金，对具有发展前景、符合产业转型方向的企业进行专项援助。二是进一步降低以企业所得税为重点的直接税税率。同时，进一步下调或取消广义税负中的各种费用、土地出让金和社保费用，切实减轻企业税费负担。三是加快推进由间接税为主向直接税为主转变，改革以企业税、流转税、增值税为主的税制。再如，全面实施企业自主登记与简易注销制度，取消企业一般投资项目备案制等。

（4）建设高效率政府。把"市场高水平开放，政府高效率运转"作为政府治理变革的重要目标。例如，全面推广浙江"最多跑一次"的经验，着力推进"一窗办、一网办、简化办、马上办"改革，拓展告知承诺制适用范围，大幅提升政府办事效率。

以制度型开放倒逼改革全面深化

改革是"化危为机"的关键。当前，高水平开放型经济新体制依赖高标准市场经济，制度型开放对建设高质量市场经济发展具有重大影响。由此，形成开放与改革相互促进的新格局。

（1）推进以土地为重点的要素市场化改革。例如，要加快推进土地要素市场化改革。打破城乡土地双轨制与城市一级土地市场政府垄断，建立两种所有制土地"同地同价同权利"的制度，形成公开、公正、公平的统一交易平台和交易规则。在2020年实现城乡统一建设用地市场的同时，进一步赋予农民宅基地使用、出租、转让、处置、抵押、收益等在内的完整的用益物权，探索农村宅基地直接入市，进一步扩大农民土地财产权。要基本完成利率市场化改革。加快推进市场利率与基准利率的"两轨并一轨"，尽快实现银行体系与实体信用环节的贷款利率由市场决定。同时，疏通货币市场和债券市场利率向信贷市场传导的渠道，通过加强公开市场操作打造利率走廊。

（2）加快推进城乡一体化进程。一是疫情的冲击下，我国推进城乡一体化的需求明显加大。由于疫情的全球大流行，各国大量削减进口商品，我国务工农民主要从事的以外贸为主的劳动密集型产业受到严重冲击。由此，我国农民工及农民的整体收入受到严重影响。二是从我国现实情况看，城市群、都市圈发展和城乡一体化等是支撑我国经济增长的重要因素，也是疫情冲击下稳定增长的重大举措。特别是城市群的发展，对于释放消费潜力具有重要作用。三是城市群的发展有利于为服务业发展提供重要空间。推动城市群发展，将为促进居民消费结构升级和服务业发展提供重要推动力。为此要尽快以城市群为主体，推进居住证取代城乡二元户籍制度进程和省际间居住证制度的相互衔接，以充分释放城乡一体化的巨大潜能。

（3）更大力度支持民营经济和中小企业发展。扩大内需的重要前提是保就业。民营经济与中小企业贡献了80%以上的就业岗位。应对疫情冲击缓解就业压力，主要矛盾在稳定发展民营经济、中小企业。近期各级政府出台了减税降费、贴息贷款等举措，但考虑到疫情短期很难结束，这些政策还不够，还需要相关制度安排。为此，要以公开市场、公平竞争为导向营造民营企业更好的发展环境。保障民营企业依法平等使用资源要素、公开公平公正参与竞争是改善民营企业发展环境的基本要求和重大任务，在当前经济下行压力加大背景下更具有现实性、迫切性。此外，为防止民营经济、中小企业大面积倒闭，仍需采取更大力度的政策支持民营经济、中小企业。要把帮助民营经济、中小微企业解困摆在更加突出的位置，形成党政干部联系企业制度，实行上门服务。考虑到疫情的不可抗拒因素，允许企业根据实际情况，按照最低工资标准或最低生活保障标准发放薪酬，与员工共渡难关。另外，由政府财政出资组建民营经济、中小企业疫情纾困基金，对具有发展前景、符合产业转型方向的企业进行专项援助。

（4）以混合所有制为重点全面推进国企改革。第一，要尽快从"管企业"走向"管资本"，形成以"管资本"为主的国有资本管理格局。一是明确国有资产监管机构的职能主要是优化国有资本布局和实现国有资本保值增值；二是加快建立"管资本"主体的权责清单，尽快形成全国统一的国有资本投资、运营公司权责清单；三是进一步理顺财政部、国资委、国有资本投资及运营公司之间的关系。第二，以发展混合所有制为重点鼓励社会资本参与。率先在能源、运输、民航、电信等一般竞争性领域，支持鼓励社会资本控股，注重发挥民营企业家作用，实现国有资本保值增值。同时，同步推进公司治理结构、内部运行机制等配套改革，进一步增强社会资本信心。第三，加快推进国有资本的战略性调整。尽快形成"关系国家安全和国民经济命脉的重要行业和关键领域"的目录与标准，加快形成与之配套的投资清单。新增国有资本投资重点向教育、医疗、养老、环保等民生领域和基础设施领域倾斜，一般不再以独资的方式进入完全竞争领域和市场竞争较充分的领域；加快推进国有资本划拨社保进程，为进一步降低企业缴纳税费比重拓宽空间。

全球供应链的疫情冲击与中国应对

黄群慧[*]

在当今全球价值链分工的国际生产格局下,全球供应链分布是由效率逻辑主导的,具有高效率的基本特征。在这种逻辑主导下的全球供应链布局中,中国制造业供应链占据重要的地位。但是随着新冠肺炎疫情在全球持续蔓延,疫情对全球供应链的冲击表现为大面积交付延迟和订单萎缩,全球供应链中断风险不断加大,疫情短期冲击下产业安全逻辑暂时替代效率逻辑成为主导力量。疫情冲击、中美贸易摩擦、新工业革命等多重因素叠加下,越来越多欧美企业试图通过"多元化供应"和"本地化生产"来改变对中国供应链的依赖,而中国产业发展又亟须实现转型升级和价值链攀升,中国供应链在全球化中的地位面临多重挑战。提高我国供应链的安全性和竞争力,加快针对性的战略调整和政策部署,不仅是应对疫情的需要,也是我国顺应"百年未有之

---

[*] 作者系中国社会科学院经济研究所所长、研究员。

大变局"的战略要求。

一 当今世界供应链分布是效率逻辑主导的全球化结果

当今世界的供应链和产业链是在全球价值链分工主导下形成的，是在现代运输技术和信息技术支撑下资本全球化的产物。从经济学上看，经济全球化是资本全球逐利的结果，由于现代运输技术使运输成本大幅度降低，信息技术发展又极大地降低了知识传播和交流的成本，企业就可以低成本把自己的每个具体的价值创造活动通过全球的资源配置来实现，于是形成了跨越国家的全球价值链分工。经济合作与发展组织（OECD）的研究数据表明，2005年的国际海运费用和乘客国际空运费用只相当于1930年的20%和10%左右，而国际电话费用只相当于1930年的1%左右。

具体而言，发达国家跨国公司需要对自己价值链上的业务功能进行深入分析，判断每项功能在什么地方实现、如何实现（外包还是自己生产）才能最大化企业价值，从而以最有效率的方式在全球内配置自己的资源来实现这些业务功能，这就形成了全球价值链分工。在这种分工下，在全球实现企业价值的物流供应和交易的企业之间分别形成了全球供应链和产业链。因此，当前全球价值链分工以及由此形成的供应链和产业链布局是经过这种长期市场竞争决定的、一种高效的生产方式。虽然由于发达国家跨国公司主导这种全球分工，发达国家一般处于价值链的中高端，而后发国家一般处于价值链的中低端，但所有参与这种全球价值链分工的国家和企业都得到了利益、实现了共赢，前者获得利润和增长，后者获得就业和发展，因此各方都积极接受这种全球价值链分工。这也是为什么基于全球价值链分工的经济全球化（全球化3.0）势不可当的重要原因。

当然，在市场竞争中，供应链、产业链和价值链会由于技术进步而逐步发生良性的变革，例如依靠技术创新，后发国家企业逐步沿着价值链由低端向高端攀升，但这种变革从全球经济增长角度看，一定是基于技术创新基础的，一定是经济效率逐步提升的，否则不可能实现。但是，当国家政府以国家安全等各种理由，通过加征关税、直接限制企业跨国经营行为、以国内法律干涉国际生产活动的时候，必然会提高企业交易成本，企业的价值链不得不被重新设计，必然会迫使企业打破现有的全球供应链和产业链布局，进而扰乱全球经济秩序，破坏市场竞争体系，扭曲全球资源配置，最终导致给全球经济效率造成很大损失。实际上，第二次世界大战结束以来形成的全球价值链分工以及以世界贸易组织、国际货币基金组织、世界银行等为代表的全球经济治理架构对全世界都有益处，属于全球公共产品。在全球价值链分工的经济全球化的今天，打乱全球供应链和产业链布局则会损害全球经济的效率。

二 疫情冲击引发全球供应链中断的风险不断加大

本次疫情已经在全球大流行,世界卫生组织(WHO)已经将其定性为"全球流行病(pandemic)"。在全球化的今天,虽然各国采取社会隔离等防控措施会因疫情流行时间不同而存在时间差,但其措施大同小异,都会因降低社会交往而形成供给冲击。在全球价值链分工的今天,全球流行的疫情会很快对全球产业链和供应链产生破坏,从而形成全球性的供给冲击。

现在应担心的是全球产业链、供应链的中断会不会进而引发逆全球化高潮。[①] 根据疫情扩散以及各国应对疫情政策的变化,从产业链和供应链角度看,疫情形成的供给冲击大致会经历三个阶段。第一波是中国国内疫情暴发后中国经济受到巨大供给冲击,国内产业链和供应链按下暂停键,不仅国内的供应链体系出现放缓甚至阻断,并且很快对全球供应网络形成冲击,出现大量延迟交付和订单萎缩。根据全球最大的商业协作平台Tradeshift交易量支付数据的分析,剔除一般1月到2月春节前后的影响,截取2月16日开始的一周数据,可以看出中国的总体贸易活动下降了56%,中国企业之间的订单下降了60%,而中国企业与

---

① 何帆等:《新冠疫情四重冲击,全球化要倒退?》,《财经》2020年3月18日。

国际公司之间的交易数量下降了 50%。① 总体上看，该阶段疫情对全球供应链的影响表现为中国国内供应链的阻断以及中国对全球供应链的单向影响，这种单向的负面影响主要体现为延迟交付和订单萎缩。第二波是随着疫情蔓延，海外一些国家供应链梗阻与需求回落反过来进一步形成的对我国经济的供给冲击。进入 2020 年 3 月后，先是日本、韩国，进而是意大利、德国、法国和欧洲地区、北美地区都面临巨大的疫情考验和挑战。3 月中旬，已经有多家汽车公司纷纷关闭了在欧洲、北美的生产厂商。虽然中国复工开工率不断提升，但供应链并未全面恢复，此时外部疫情开始严重影响中国供应链，中国供应冲击与其他国家供给冲击开始产生交互性的负面影响。第三波是全球供应链产业链出现全局性的中断而形成对全球经济的供给冲击。

从全球制造网络看，世界制造业可以分为三大网络，以美国、加拿大和墨西哥为核心的北美自由贸易区，以德国、法国、荷兰、意大利为核心的欧盟区，以及以中国、日本和韩国为核心的东亚地区。进入 3 月中旬以后，全球三大制造网络都受到巨大冲击，在全球价值链分工下供给和需求互相叠加冲击，疫情对全球供应链影响的性质和方向正发生根本性的变化，不仅会导致更加严重的货物交付迟滞和订单萎缩，还会使得全球供应链将出现大范围中断，从而形成全球性供给冲击。

---

① 刘裘蒂：《疫情冲击性的全球供应链重组》，《中国新闻周刊》2020 年 3 月 16 日。

三 疫情冲击下中国供应链安全与全球地位受到极大挑战

全球三大制造网络中亚洲制造业产出占到全球的50%以上，2019年亚洲制造业增加值超过了7万亿美元，其中中国在亚洲占比接近60%。一个基本的事实是，虽然美国主导着全球创新体系，但全球制造体系的中心却在中国——中国工业增加值占全球工业增加值比重近1/4，中国在全球中间品市场的份额高达1/3，中国是120多个国家的最大贸易伙伴，以及大约65个国家的第一大进口来源国。因此，中国在全球制造业供应链中具有十分重要的地位。而疫情对中国制造业的冲击，会对全球供应链链条产生巨大的影响。

三大制造网络受到冲击后，从积极应对疫情冲击角度，各国都会从供应链安全角度进行供应链的调整。从安全视角调整供应链强调整个供应链的安全可控，这必然会加剧去全球化的趋势。由于近些年贸易保护主义和新一轮科技和产业革命的影响，全球供应链已经呈现出本地化、区域化、分散化的趋势，而疫情对全球生产网络的巨大冲击，会加重这种趋势，全球供应链布局会面临巨大调整可能，中国在全球供应链的安全与全球地位受到极大挑战。

虽然疫情并未改变各国的成本结构和技术能力，中国自身的要素成本和中美贸易摩擦走向仍然是影响我国供应链分工地位的最主要因素。但疫情的负面影响不仅是由于全球供应链中断风险不断加大而威胁我国供应链安全，还在于疫情大大强化了欧美企业家、研究者和政策制定者对调整目前所谓的"以中国为中心的全球供应链体系"的主张和决心，因而会在"供应链关系"层面对我国供应链的优势地位产生更深层次的影响，而这也正是未来我国战略调整和政策部署最需要关注的问题点。由于中国企业在亚洲、欧洲和北美三大生产体系的广泛、深度参与，各国制造体系的安全性，甚至公共卫生安全（如制药和防护用品）都高度依靠中国供应链。总体上看，目前美欧等国对改变"以中国为中心的全球供应链体系"的主张主要表现在两个方面：一是通过增加中国大陆以外采购来源地或者通过多国投资，来提高其供应链的多元性和柔性；二是通过加强本地和周边国家的生产，提高本地供应的响应能力。因此，可以说，疫情扩散强化了各国调整当前"以中国为中心的全球供应链体系"的预期和紧迫感，"催化"了全球供应链体系的分散化和本地化。

四 化危为机，进一步提升我国供应链安全性和全球地位

中国正在努力提高自己产业链现代化水平，促进价值链向高端攀升。疫情对全球供应链的巨大冲击，这既是挑战，也是中国促进产业链水平现代化、价值链高端化的巨大机遇。面对疫情全球蔓延，现在看中国应该是最先控制疫情的国家，可以获得经济

康复的先机，而在疫情第一阶段大家非常担心的中国产业链大规模外迁的压力应该有所减小，至少是现在无暇顾及。只要中国有效防止全球疫情对中国的影响，中国将迎来供应链修复和调整的战略机会窗口。一方面，全面加快有序复工复产，尽快修复供应链，另一方面，围绕制造业高质量发展，提高我国产业链现代化水平和价值链向高端攀升，在全球供应链中占据更有利的竞争地位。也许我国会重塑"非典"之后供应链在全球地位不降反升的奇迹。

第一，基于疫情对产业链的影响程度和产业自身特性，对我国供应链进行分类管理，有针对性地迅速恢复供应链和推进供应链全球战略调整。

对于化工这类典型流程式生产的产业，其上游炼化环节总体受疫情影响小，春节期间连续生产，只是负荷有变化。但该环节属于重资本行业，发展惯性大，产业链有着较强的黏性，供应链更加紧密，一旦被打散，市场恢复比较困难，所以一定要确保企业不会出现重大资金风险。现在由于石油价格大幅降低，这对于上游炼化行业来说已经出现了重大机遇。该行业的下游精细化工，以中小企业为主，多采取订单制，因全球疫情影响而产生的防疫化学用品需求或有增长，应该抓住这一难得的市场机会。但对于一些橡胶塑料等处于产业链中游的化工原料，我国对日、韩、美、意、德依赖程度较高，随着疫情发展会影响我国产业链条。应注意的是，由于精细化工终端产品的专用性过强，疫情影响会使得需求波动大，为规避因此造成的产业链震荡，可适当提高中间体化工产品的比重,同时要推进供应链的多元化全球布局,以灵活应对精细化工终端产品订单变动造成的风险。总体而言,疫情给大化工行业提供的机会大于冲击,关键是要及时全面复产,抓住机会促进化工行业高质量发展。

对汽车、电子、机械、家电、服装等离散型制造的产业,现在看来疫情影响比较大。在第一阶段,从湖北和武汉的产业集中度看,汽车、新一代电子信息技术以及生物医药会受到较大影响。以汽车为例,湖北汽车行业的供应链影响会最为突出,湖北是中国四大汽车生产基地之一,也是零部件企业汇聚之地,规模以上车企1482家,2018年整车产量220万辆,占全国9%,湖北汽车零部件生产已经占全国比重的13%。第一阶段的中国疫情冲击已经对全球汽车供应链产生巨大影响,2月10日,韩国五大整车企业全部因中方提供的零部件耗尽而暂停其境外生产;2月14日日产汽车公司在日本九州工厂的2条生产线全部停产。随着疫情发展到三大生产网络,到了第二阶段,欧美已经有多家企业宣布停产。随着疫情在海外发酵,其必将对我国汽车和汽车零部件进口形成冲击,传导作用将致使全球汽车供应链受到难于估量的影响,也将走向第三个阶段,使全球供应链中断。总体而言,在第一阶段,我国产业的供应链对全球供应链影响比较大的行业包括纺织服装、家具以及电子、机械和设备等领域。

从疫情输入对我国供应链影响角度分析,第一阶段作为供给方,由于国外需求减少,上述行业还会受到影响,服装、半导体与集成电路、光学与精密仪器、化学品、空调、玩具、家电都会受到影响。作为需求方,机电、化工、光学仪器、运输设备和橡胶塑料等方面对日、韩、美、意、德等国的依赖度较高,较易受到疫情升级的冲击。尤其是光学影像、医疗器械、车辆及零部件、集成电路与半导体等产品,自疫情国进口的高附加值零件、设备面临中断风险,会受到较大冲击,但这也是我国替代创新、自我升级的机会。另外,当前资源品进口受疫情冲击小,价格下行使国内进口链的下游行业成本下行(矿石、能源)。

第二,作为产业基础再造工程的一项重大任务,紧急整合政府、研究机构、企业和行业协会等资源,在采取综合救助措施的同时,进一步加速建立分重点行业、重点地区供应链安全评估与风险预警制度。

在分类指导、分区施策方针指导下,除对疫情严重地区继续全力抓好疫情防控外,其他地区也应分区分级实施差异化防控策略,力争有序组织企业及早复工复产,这是统筹好疫情防控和经济发展的关键。从中央到地方,已经纷纷制定出台了一系列措施帮助企业复工复产,扶持企业渡过难关。一方面,要从全局性、系统性的角度来协同强化落地各地政府对制造业企业的税费减免、利息减免、贷款展期、企业经营成本补贴、物流畅通、通关便利等各类政策措施,另一方面要抓住关键环节、关键企业、关键问题服务企业,保证整个供应链的正常运转。这具体包括帮助企业协调解决招工、原辅材料和产品发货运输、供应链对接等相关困难和问题,推动上下游产业链协同复工,加强区域间产业协同协作机制，保障物流畅通效率。对于中小企业要加大扶持力度，尤其注重保护关键产业链中掌握核心技术"小巨人"企业的稳定运营。首先在卫生防疫方面，要加大对中小企业进行公益支持力度，提高其卫生防疫能力，在保证其安全性前提上，允许及早复工复产；其次要鼓励这些行业和企业进行商业模式创新，尽可能创新拓展其在线化、个性化服务模式；最后要充分发挥公共平台和大型平台企业对中小企业的服务支持作用，降低中小企业经营成本、提高其经营便利。

临时救助企业、尽快修复供应链的综合措施必要且急迫，但还必须从长远考虑建立供应链安全评估和风险预警制度，这可以归为中央在 2019 年提出的产业基础再造工程的一部分。通过供应链评估和风险预警，科学评估疫情对供应链冲击的溢出效应和传导效应，分析评估供应链整体和关键环节对于疫情的抗冲击能力，使得应对疫情冲击有科学的基础。一方面，要根据产业特性分类建立相应的供应链安全评估和风险预警制度，包括区分流程式制造和离散型制造，在离散型制造业中，当前对重点产业如机械、电子、汽车和家电等产业链较长、对出口影响比较大的行业，迅速建立供应链安全评估机制；另一方面，针对重点的产业集聚区域，建立相应的区域供应链安全评估和风险预警制度，例如长三角、珠三角等很多产业集聚的地区需要重点关注。通过该项制度，可以将监测的数据和信息及时反馈给供应链参与者，以及其他利益相关方，便于各参与方及时采取相应的措施，抵御可能的风险，从而帮助产业避免因为供应链中断而导致的风险。

第三，通过完善供应链金融，提高供应链核心企业以及供应链平台的数字化水平，增加我国产业供应链弹性，促进供应链快速恢复和调整。

供应链弹性主要体现在供应链的两个方面，一是抵御中断能力，在发生重大灾害的巨大冲击时能够保证供应链不中断、以最小的损失平稳渡过的能力；二是中断恢复能力，当供应链发生中断时能够快速反应并找到有效恢复路径回到稳定状态的能力。政府推动供应链弹性应该关注供应链金融的支撑以及核心企业数字化水平。

资金问题一直是我国中小企业的关键制约，遇到重大灾难，资金问题更为关键。政府应该从供应链金融的视角帮助企业恢复供应链运营，这是政府在推动产业供应链弹性建设的重要一环。对涉及批发零售、住宿餐饮、物流运输、文化旅游、汽车制造、电子信息、纺织服装等受疫情影响较大的行业建立重点监测机制，对有发展前景但暂时受困的企业和项目，不盲目抽贷、断贷、压贷，延长贷款期限和减费降息。允许受灾债务人的旧贷款通过庭外和解的方式予以豁免，担保人的代偿义务得到豁免，避免相关违约对其征信资质的损害。政府出面协调核心企业、供应链企业及金融企业的关系，推进核心企业进行交易确权，降低金融机构的成本，同时调低对中小企业借贷的利率。

通过各种方式推进产业供应链产业平台，协同上下游伙伴企业，聚集各类生产要素，促进资源高效配置和供需精准匹配，推进供应链全流程数字化、网络化、智能化，更好地服务供应链网络中的企业，同时也是政府提高供应链弹性建设的抓手。供应链中的核心企业往往可以起到供应链平台作用，能够协调供应链中的企业关系，政府要重视培育产业链中核心企业，一方面通过提高这些核心企业的创新能力，打造更强创新力、更高附加值的产业链，另一方面可以提高核心企业的数字化能力，带动整个供应链管理信息化、现代化、系统化水平提高。政府要以数字化建设为目标，推动新一轮基础设施建设，支持企业加强供应链流程数字化管理能力建设，利用数字化技术抵消供应链的不确定性，推动供应链管理的效率变革。

第四，加强联合抗疫，积极参与全球价值链国际合作与治理，支持我国企业加快走出步伐，保障全球供应链节点安全，推进"数字丝绸之路"建设。

一是通过巨大的中国制造产能恢复，加大在防疫物资的全球供应保障，支持世界防疫。二是推动供应链安全领域国际合作，与主要贸易伙伴形成供应链安全联合声明，建立多渠道、多层次供应链安全体系，探索"供应链反恐伙伴计划""供应链自然灾害应对计划"等合作形式，协作处理潜在供应链中断风险。三是与国际海关组织、国际海事组织、万国邮政联盟等国际组织合作，在海事、航运、邮政等领域形成长效合作机制，共建跨区域甚至全球性的富有弹性的供应链。四是鼓励我国企业加快"走出去"步伐，提高我国企业进入海外市场和供应链的能力，减少与其他国家和地区企业的"零和博弈"、恶性竞争，形成高度协同、友好合作的供应链战略伙伴关系。五是支持我国企业加强对核心技术、重要原材料、关键节点资源的掌控，在全球消费市场加快构建营销网络，提升参与和构筑全球供应链的主动权。六是将全球供应链合作与"一带一路"建设有机结合，推进"一带一路"沿线国家加强数字供应链体系建设，构建"数字丝绸之路"，促进沿线国家核心生产要素、区域优势资源、产业链上下游环节的有效合作。

五　从长期看效率导向的经济全球化仍是不可逆转的

综上所述，从现在疫情的演进情况看，全球大流行的疫情会对全球经济政治秩序发生长期重大影响，在很大程度上疫情可能会加快"百年未有之大变局"的演变。实际上在疫情之前，经济全球化已经出现了一些重大的变革趋势，一方面新工业革命弱化了以劳动力成本为核心的传统比较优势对全球化的推动作用，全球化的演进方向和动力机制正在发生深刻变化。另一方面，全球价值链出现了重大结构性调整趋势，中国制造业价值链崛起，同时全球价值链扩张态势正在逐步停滞，基于合作、互惠、协商的多边主义全球治理规则正在受到侵害，多边主义贸易体系正在受到严重挑战，WTO 的效率和权威性受到极大影响。[①] 但是，无

---

① 黄群慧：《百年目标视域下的新中国工业化进程》，《经济研究》2019 年第 10 期。

论是新工业革命趋势，还是美国发动对中国的贸易战，以及新冠肺炎疫情的冲击，从长期看难以逆转经济全球化的趋势，而打压中国在全球供应链的地位和压抑中国在经济全球化中的发展，也是难以实现的。

首先，从工业革命看。当前人类社会迎来以数字化、智能化和网络化为核心特征的新一轮工业革命，促进新技术、新模式、新业态和新产业蓬勃发展，构成了未来全球经济增长的主要引擎。但是，新工业革命也会给人类社会带来一系列挑战。例如人工智能带来的职业转换与失业冲击、社会伦理道德挑战等。这种背景下更要求全球各国深化合作、扩大开放、共同创新，共同迎接新工业革命给人类带来的机遇与挑战。面对新工业革命，开放合作的创新生态无疑具有重要意义。而改革开放以来，中国通过"技术换市场"等方式，已经取得了巨大的进步。与以前历次工业革命发生时中国积贫积弱不同，这次中国已经具备了与世界一道共同迎接新工业革命到来的基础。尤其是在高铁、5G、人工智能、移动支付、核电站等领域，中国占有巨大的市场规模和强大的应用场景，与发达国家技术创新有很好的合作空间。对于中国和美国而言，在航天、气候、医疗、能源、人工智能等领域未来技术合作空间更是巨大。尤其是人工智能创造的新世界已经不远，环境越来越复杂、变化越来越快，人工智能和它所伴随着的系统性变化，将比以往任何时候更加强调合作参与。因此，在新工业革命背景下，更应该加强合作，才有利于人类社会共同迎接新工业革命的到来，有利于世界经济增长新动能的培育。

其次,从美国对中国贸易战看。既然现有的全球价值分工是在发达国家跨国公司主导下逐步形成的、是发达国家跨国资本全球化的产物,这种分工格局当然是发达国家及其跨国资本获利最大。美国对中国发起的贸易战在对中国企业和经济产生不良影响的同时,也必然会给美国公司利益造成巨大损失。对于美国公司而言,企业被迫调整供应链全球布局,其成本就会更加突出,需要考虑物流成本、基础设施、商业合作伙伴选择、配套产业的完善度和成熟度,等等。综合考虑这些因素,在华跨国公司的生产投资,短期内大规模撤出并不现实。同时,中国是唯一能够生产联合国工业目录大类所有产品的国家,已具备完整的现代工业体系,这使得中国具有完备的产业配套体系和与全球价值链深度融合的地位,短期内难以被其他国家替代。对于美国企业而言,摆脱对中国供应链的依赖,成本很高,会导致巨大的利益损失。高盛最近的一份报告指出,如将在中国的 iPhone 生产与组装全部移到美国,iPhone 的生产成本将提高 37%。如果美国通过工序和产品调整以适应生产自动化,提高生产率,5 年后才有望消化部分新增成本,在苹果公司利润不变的情况下,iPhone 售价将上涨 15%。

最后,从新冠肺炎疫情看。这次疫情的蔓延和全球供应链短期中断,可能会使得各国从长远思考如何才能在自力更生的安全导向与全球分工的效率导向之间寻找经济发展平衡。无论是认为疫情将成为压倒经济全球化的最后一根稻草或是钉死经济全球化棺材的又一颗钉子，还是认为以美国为中心的经济全球化将转向以中国为中心的经济全球化，现在都还不能给出肯定的答案。但是可以肯定的是，疫情冲击是一个短期冲击，经济活动的效率原则是长期主导原则，逆全球化的安全导向原则也许会一段时间干扰效率导向原则，经济全球化的秩序作为一种制度供给，可能面临着巨大的创新机遇，全球治理规则可以发生一些变化，但从长期看，很难改变的是效率原则主导的基本地位。[①]

[①] 黄群慧：《新冠肺炎疫情对供给侧的影响与应对：短期与长期视角》，《经济纵横》2020年第5期。

关于当前世界经济与全球化的几点看法

刘元春[*]

这场百年未遇的世界疫情以其高传染性和致命性,在现代交往体系中给世界经济和全球化带来了剧烈影响。

一是全球经济同步深度下滑,特别是在疫情冲击下,出现了与传统经济危机内生性崩塌不一样的经济社会停摆。全球主要经济体在疫情蔓延中出现了先后的停摆,使世界经济下滑的幅度已经大大超过2008、2009年金融危机所带来的冲击。很多团队和专家的预测表明,如果这次疫情持续蔓延或出现二次暴发,世界经济下滑的幅度和持续的时间将超过1929—1933年大危机。

二是世界金融和大宗商品价格出现前所未有的超级波动。具体体现在几个方面:一是2020年3月中旬,美国股市在不到两个星期出现4次熔断;二是各国国债收益率大幅度下滑,甚至个

---

[*] 作者系中国人民大学副校长、教授。

别国家的国债出现负收益；三是全球流动性急剧收缩，导致美元指数突破103；四是石油价格出现崩塌式下滑，5月WTI石油期货出现-34美元/桶。这些参数的变化在历史上从没有出现过，表明疫情带来的恐慌和金融的脆弱性已经突破历史，因此对于未来经济变化的认识需要突破传统的认知框架。

三是为应对疫情的经济冲击，各国同步采取了超级宽松政策。从目前来看，100多个国家采取了十分宽松的货币政策和财政政策，其中全球财政刺激方案已经超过7万亿美元，货币资金注入超过20万亿美元，特别是欧美日等发达国家采取了"0利率"+"无限制QE"+"超级财政刺激"+"直接信贷注入"的超级政策组合。这些政策的力度不仅仅超过罗斯福新政的力度，同时比2008、2009年金融危机的力度还要大，开创了一个新的政策历史。

这三大变化将带来世界经济秩序的深度调整。一是全球化可能会加速逆转；二是中美之间的大国博弈将激化上升到新的高度，甚至会发生一些质变；三是世界经济将在疫后迎来超级大停滞，从而导致世界经济秩序进一步发生重构。

但第一个值得注意的是，虽然疫情带来了一系列前所未有的新变化，但是这些新变化对于世界经济秩序的冲击并不是革命性的拐点变化，疫情只是一个加速器，它使世界经济秩序的裂缝大大加剧了，它压缩了世界经济秩序断裂带的进程。逆全球化、民粹主义、国家主义、民族主义、保护主义以及地缘经济与政治冲突等世界秩序的变化并不是因为疫情才发生的，但却因为疫情而加剧。

从逆全球化来看，全球贸易与全球GDP的比值是在2008年达到26.5%的历史高点。2008年美国金融危机之后该参数持续下滑，到2019年全球贸易占GDP的比值下滑了5.5个百分点，只有21%。也就是说，逆全球化的拐点在2008年，标志性事件是美国次贷危机的爆发。

从全球收入分配两极分化来看，全球收入前1%的人群占总收入的比值在1980年是16.3%，到2008年达到22%的历史高点，从那以后就持续回落，到2019年下降到20.4%。所以很多时候我们认为2008、2009年是拐点性的变化，开启了一个新的历史局面的重要时段。

从民粹主义来看，发达国家的民粹主义指数在20世纪80、90年代都是非常低的，2007年也比较低，只有7%，但是这个参数在2013、2014年开始上升，到2018年达到了34%的高点。与1931、1932年的水平差不多，1933年的民粹主义指数为40%。因此我们可以看到各国民粹主义的形成也是在2008年之后的这样一个时段里。

还有孤立主义，美国"退群"是2017年就开始的，2017—2019年，局部统计美国"退群"的国际组织数量达到13个，现在还有人讲，下一步可能是区域主义取代全球化。但区域主义兴起是什么时候开始的？我们从区域贸易协定签订的个数来看，2019年签订的区域贸易协定是498个，比2005年翻了一倍。区域贸易协定签订最多的时候是2018、2019年。

逆全球化、民粹主义、民族主义、区域化以及大国之间的冲突等趋势性的变化在 2008 年出现了历史性的拐点。疫情本身在本质上是一个加速器，而不是一个革命性的作用力，因为世界经济的分工格局、世界经济的利益格局，以及它所决定的制度体系、规则体系和组织体系，并不是一朝一夕就出现了强劲的断裂层。

第二个值得注意的是，疫情虽然是个加速器，但这个加速器却会带来很多值得我们关注的超级问题。

世界经济在 2008 年开启了长期停滞，在疫情冲击下这种长期停滞的状态不仅会延续，还会进一步恶化。世界经济的增长速度、各个国家的增长速度可能会进一步下滑。目前大家都在讨论世界经济到底是 V 形反转、W 形调整还是 L 形调整。主流共识是，简单的 V 形反弹难度很大，因为世界经济所面临的各种传统结构性问题和趋势性问题并没有解决，而疫情不仅恶化了这些旧伤，同时还增添了大量新的伤害。

全球经济在 2008 年之后出现长期停滞的状态根源于以下几个原因：第一个是人口老龄化；第二个是技术进步对经济推动的作用下降；第三个是全球收入两极分化，导致全球需求下滑；第四个是各个国家为了救助危机所带来的高债务问题；第五个是在各国收入分配两极分化的作用下，各个国家的民粹主义开始泛滥，保护主义开始崛起；第六个是在保护主义和孤立主义的作用下地缘政治冲突加剧；第七个是在全球化收益下滑和全球化成本持续上扬的双重作用下逆全球化全面抬头，一些产业链和价值链开始受到冲击。

这些问题在近几年得到了有效解决吗？答案是，不仅没有解决，反而更加恶化！

一是人口老龄化在未来两年将持续加速。1990年全球65岁以上的人口只有6%，2017年达到8%，2025年会达到10%，2032年会达到12%，也就是说2020—2025年世界人口老龄化将出现加速，特别是像中国、美国还有欧洲一些国家的参数将上扬得更严重。

二是疫情冲击下各国债务率将加速上扬。2019年全球债务率320%，为了救助本次疫情，目前全球各个政府在进行大幅度的举债，估计美国2020年的财政赤字可能会超过10%，全球财政赤字率可能也会上扬6—7个点，再加上我们企业的债务、居民的债务，2020年全球的债务率可能会超过330%。

三是全球化指数将加速萎缩。2020年全球GDP增速预计下滑3%，而贸易增速在常态预测中将下滑12%，我们的全球贸易与GDP的比值2020年会加速下滑7—8个百分点。也就是说逆全球化必将是加速的，民粹主义和保护主义必将由于疫情和全球化指数加速萎缩而进一步上扬，各种冲突将全面加剧。

因此，疫情之后全球经济必定会出现一个较长时间的低迷期，而且低迷的程度比上一轮还要严重。

这个问题马上就会引发出第二个问题。在全球经济运行中，当收益下滑、利益分配空间越来越小的时候，由分配所带来的冲突必然会进一步加剧。从基本逻辑就会看到，增长的下降，实际上就预示着来自国际分工的全球化红利是大幅度缩减的，但与此同时全球分工协调的成本是持续上扬的，因此我们所看到的分工体系会在利益空间压缩下出现一些大幅度的变化，这种变化就是我们大家所讨论的"脱钩"，去全球化、"去中国化"，这些问题就会开始出现。

当然在这里面我们所看到的景象可能是比较复杂的，而不能用一种单一的趋势来进行表达。

（1）全球价值链、产业链出现一些重构。重构的第一个表现就是价值链的长度会缩短，特别是各个国家因为经济安全要重新定位它的经济收益和全球布局，从而使它的价值链和产业链进行回收，所以产业链要进行重构。第二个重构表现为很多国家启动了"中国＋"的战略模式和产业链的战略，并不是简单地"去中国化"，而是要建立相应的备胎，使全球垂直单一的价值链变成多元的、具有弹性的价值链。比如说日本要在中国进行布局，同时会在南亚进行布局，也会在拉美和非洲进行布局，使它的供应链多元化。第三个很重要的就是在这种硬脱钩的情况下，建立相应的平行体系，当然这里面我们会看到很多人很悲观，但是我们认为目前来讲其具有强烈的不确定性，这种不确定性来源于什么？来源于市场的力量、资本的力量与政治的力量、国家的力量之间的权衡，这种权衡很多人认为资本的力量会占上风，当然我们认为从历史的角度来看并不一定，很多时候可能一些政治的力量会在偶然因素触发下占领上风，因为未来这种高度不确定性的情况是非常多的。

（2）大国之间的经济对比将出现一个加速调整。在总量变化的作用下，各个板块、区域、价格之间关系也会发生进一步的变化。我们会看到亚洲板块将在未来几年里快速崛起，2005年亚洲板块占世界经济比重25.9%，2018年达到36.4%的高点，同期欧洲从33.9%下降到25.2%，下降了8.7个百分点，北美从29.9%下降到26.7%，下降了3.2个百分点，这个下降的部分都被亚洲所吸取。整个疫情期间，东亚治理模式占据了全面的优势，整个东亚率先摆脱疫情带来的停摆效应。2020年发达经济体的增长速度预计-6.1%，新兴经济体速度1.0%，中国和印度的增长速度分别是1.2%和1.9%，而美国和欧元区增长速度是-5.9%和-7.5%。这意味着什么？一是亚洲板块经济增长速度占世界经济的份额，在未来两年提升的速度将进一步加强，可能会从当前的36%提升到未来两年的40%。二是中国与美国GDP的比值会快速突破70%。2016年中国GDP占美国的60%，我们突破这10个百分点只用了4年时间，而过去基本上要用10多年，疫情加速了中美差距的缩小。美国目前预测GDP增速是-5.9%，中国GDP增速正常会到3%—4%，增速相差8个百分点左右。如果未来这种格局持续的话，中美之间的博弈可能在3—5年发生质变。因此疫情后的后续变化十分关键，如何快速走出疫情，如何在未来几年窗口期使经济重返快速增长轨迹，就变得异常重要。未来3年实际上是中美大国经济博弈的一个关键期，中国经济如果没有一个持续的回升，持续超越美国的话，即使我们在一些软实力、巧实力、锐实力上面用工很多用力很猛，也还是难以对冲这种硬实力的变化。按照我们团队的预测，美国持续在"2"时代，中国持续在"6"时代，到2025年中国将在中美博弈之中迎来一个突破瓶颈的新时期。因此疫情对两个国家的经济运行模式、对两个国家的经济运行效率到底会有什么样的影响？可能是我们思考的两个重点，也是我们在外交上要回归的一个重点。

（3）意识形态的斗争将步入一个高涨的时期。未来世界是奉行自由主义还是国家主义，泛泛地争论意义并不是很大，不能用国家主义和威权主义来描述中国的政治经济体系，当然用简单的自由主义来描述美国目前的政治形态和未来的经济管控模式也不太准确。传统分化的两类模式很可能在疫情冲击下向中间模式靠拢，例如在重构WTO过程中，到底是以更加自由、更加开放为基调，还是用干预主义、集体主义为一种基调进行构建，可能还存在着一定的变数。

（4）在收益空间急剧回缩、分工体系做出调整的过程里，大国博弈的模式会发生一些关键的变化，我们认为今后几年实际上是大国博弈在经济层面最为关键的窗口期，所以中国必须在这个窗口期上对相关的一些趋势、相关的一些格局和一些规则性的调整把握透，唯有如此我们才可能把我们内部的战略布局做好。

疫情改变中国与世界[*]

姚 洋[**]

新冠肺炎疫情在全球范围内多点扩散，正在深刻改变着国际经济金融形势。可以说，国际金融市场的恐慌情绪和下跌速度超过了2008年"次贷危机"。但疫情不会也不应扭转全球化趋势，未来全球产业链的调整不会导致"脱钩"或"去中国化"后果，中国在全球产业链中的位置反而有可能进一步加强。由于受到疫情冲击，美国经济已陷入衰退，这轮衰退的持续时间虽然可能比不上20世纪30年代的大萧条，但衰退的深度已远超大萧条。并且，美国出台的种种救市措施，虽能在短期内起到提振经济的效果，但长期看只会加大发生新的、更大的金融危机的概率，我们必须有所准备。

疫情之下，中国面临的最大挑战是西方将对中国的制度和价

---

[*] 本文部分内容刊于《财经》2020年3月30日，《文化纵横》2020年4月24日，收入本书时有所修改。

[**] 作者系北京大学国家发展研究院院长，北京大学博雅特聘教授，2015年度长江学者。

值发起根本性的攻击,一场意识形态的"新型冷战"很可能到来。为应对这一重大挑战,中国必须结合时代、接续传统,加快重建自己的话语体系,对中国体制的优势、不足和运转逻辑,做出充分且有效的解释。

一 疫情全球扩散,多数国家陷入"两难"

2020年3月以来疫情在全球扩散,达到了全球流行级别。一些国家借鉴中国经验,采取"封城"的措施,其中做得最彻底的是意大利。还有一些国家停止大型活动,比如美国标志性的NBA、橄榄球等赛事停摆,迪士尼、拉斯维加斯赌场停业,电影院等娱乐场所关闭。受到疫情扩散的影响,美国股市在3月中旬的8个交易内接连发生4次熔断,主要股票指数自2020年年初以来跌幅达到约30%。与此同时,欧洲股市下跌了约35%,日、韩股市下跌约25%,印度、越南、巴西等新兴市场国家股市下跌幅度也在30%左右;以石油为代表的大宗商品价格也出现了大幅下跌;全球3月采购经理指数(PMI)等指数纷纷创纪录新低,国际时局变得复杂而脆弱。

在过去的两个月里,多数国家处于"两难"境地:如果置疫情于不顾,股市和经济会一直处于震荡不安的状态;如果采取行动,则经济要停摆。之所以股市连续熔断、油价闪崩,其实都是因为疫情情况不明朗,有很多不确定性。美国总统特朗普一开始想采取冷处理,告诉大家没有疫情,只不过是一场流感而已，现在看来是遮掩失败了。而像意大利采取"封国""封城"措施，这样又导致经济停顿下来。不管采用哪种措施，全球经济恐怕都有陷入衰退的可能性。为什么股市连续熔断最终有可能会引发危机？因为美国的股市和经济实体联系紧密，直接和间接渠道都会传导到实体经济。与此同时，股市下跌，影响市场对未来的预期，大家的投资意愿下降，消费也会下降。这种"多米诺骨牌效应"导致金融部门可能产生连锁反应，爆发类似2008的国际金融危机。美联储的无限量QE（量化宽松，Quantitative Easing）暂时稳住了美国股市，但这种做法不可持续，因为它虽然在短期内稳住了股市，但在长期却增加了美国金融体系的风险。

目前，疫情平稳一些之后，美国总统特朗普便急着要复工，其他一些国家也在跟进，但防疫专家却持谨慎意见，这都是上述两难选择的表现。

二 中国产业链是否会因全球疫情受到二次冲击？

中国在疫情初期，制造企业停产，造成产业链断供和内部断链。后来国外疫情持续恶化，全球消费下降，连带着中国的进出口下降。美国、韩国和欧洲等国家是中国重要的中间产品进口地，这些国家的疫情恶化可能会对中国产业链造成再次的冲击。针对以上问题，一方面我们要加快推进国内产业链整体复工复产，另一方面需要加强对国外疫情对中国产业链冲击的评估，进一步强化产业链整体复工的思路，发掘产业链配套完善的优势，加大对重点产业环节复工复产的支持力度。

中国国内经济在2月、3月受到重创。受新冠肺炎疫情叠加减税降费翘尾、经济下行压力等因素影响，2020年1—2月累计，全国一般公共预算收入及其中的税收收入均为负增长。2月制造业PMI只有35.7%。这是笔者研究经济学以来看到的最低数据，哪怕只是和1月相比，也减少14.3个百分点，下降非常严重。一般来说，这一指数超过50%，说明经济是景气的，反之不景气。由于疫情的人际传播，服务业受损更大，2月服务业的商务活动指数只有30%，较1月回落23%，比制造业更差。

一系列经济活动大幅减少，也导致物价、制造业价格等指数下降。2月的制造业价格指数比1月下降7.5%，降幅非常大；服务业价格指数下降更是高达15%。这两项数据均表明，国内经济在2月受到重创。3月的数据情况也不太好。这些都说明国内经济形势不容乐观。或许是因为现在的互联网传播力强大，老百姓对疫情的重视程度远超当年的非典（SARS）。记得当年SARS的时候，北大停课了，但是我们照常上班，现在大家都不上班，待在家里，人心惶惶。这对中国的供需影响是"双杀"。中国经济原本便有所减速，疫情后经济减速更为严重。

当然，我们也应该看到，此次疫情催化了一批促进未来经济增长的新兴产业。比如加快了远程教育、远程诊断、在线办公等新型终端应用的发展；虽然疫情导致员工不能复工，但却激发了企业实现自动化、智能化转型的内在动机；新型基础设施建设受到重视；现在网络会议、网络直播使用者越来越多。笔者最近参加几个网络会议，组织方不用出会费，大家不用出去跑，减少交通污染，会开了，讨论也蛮热烈。网络直播行业肯定要大发展。

在我国的进出口方面，2020年前两个月的进出口数据双双下降。其中，按人民币计价的出口下降15%，按美元计价的出口下降17%，进口下降11%。3月略有回升，但第一季度出口以人民币计价仍然下降11%。在全球疫情恢复前，海外需求受到影响，势必导致中国出口萎缩。今年的出口肯定不好，这是没有办法的。今年我估计出口负增长是大概率事件。近期国内纺织企业出口订单已经明显下滑，甚至部分订单被取消或延期交货。同时，出口企业还得面对人民币升值的问题，主要是因为中国的经常项目没有恶化，以后可能还要改善，因为出口下降，进口的价值也在下降。特别油价下降之后，进口的价值下降会更多。1、2月进口的下降比出口下降要少一些，但是估计今后几个月，进口的下降会上升。

另外，如果中国的股市不出现大问题的话，那外资会流入中国。中美利差也有所扩大，增加了人民币资产在全球的配置价值和吸引力。在这种情况下，人民币可能要升值，所以外贸企业要面临升值的压力。

三 后疫情时代，中国经济和世界经济的走向

中国国内方面，形势有点出乎意料。随着国内新冠肺炎疫情已经得到了控制，城市基本上全放开了，按理说老百姓的生活应该回归正常，但是老百姓还是不愿意出去消费。行为一旦改变之后，想恢复到以前的状态，还需要很长的时间。2020年第一季度我们的社会商品零售总额下降了19%，是各项指标里下降最多的，这使得中国经济没有出现V形反转。可能最好的结果是U形反转；最可怕的是出现L形的走势，希望不要出现这种情况。

现在看来短期内完全消灭疫情是不可能的，在这种情况下，笔者认为政府要做出一个判断：接下来疫情防控要进入一个常规化管理的阶段。笔者建议现在可以把疫情管理划归给卫生防疫部门，其他部门应该回归正轨，而不是依然像前一段时间那样的战争状态，政府各个部门都在防疫。

至于国外会不会也像中国这样，疫情结束之后，老百姓不愿意去消费，这很难说；有可能他们的老百姓比中国老百姓更加愿意冒险一些，一旦疫情解除，大家欢天喜地又恢复正常，这种可能性也是存在的。

但是应当特别注意的是美国经济。其实在疫情暴发之前，美国经济已经有了金融危机的迹象。近年来美国已经走入了一条靠印钞维持经济增长的死胡同里头，其中最关键的是技术进

步速度已经放慢，但是美国又想要更快的增长速度，怎么办？只好发货币，发那么多货币，又没有通货膨胀，钱到哪去了呢？全到金融部门去了，所以金融部门累积了很多的风险。有些人经常将中国的 M2 和美国的 M2 相比，这种比较是错误的。我们应该拿全口径的货币（比如说 M3、M4）来比，美国的 M3、M4 比中国大多了，美国整个金融资产加起来是超过 5 百万亿美元，它的 GDP 才 20 万亿美元，所以美国经济的风险也比中国大多了。这次疫情一来，美联储就开始执行无限制的量化宽松，虽然救了股市，但是对经济毫无作用，只会继续加大美国金融危机的概率。

所以笔者认为在疫情结束之后，美国经济有可能短期内能恢复过来，但是长期而言，它发生金融危机的概率反倒是上升了，而不是下降。当然什么时候累积到要爆发的程度，这是未知的。之后美国可能会形成这样一种恶性循环：只要股市跌到一定程度（比如 2 万点），美联储就会干预，把它托住，这样也能延续一段时间；但从长期来说，这显然是饮鸩止渴，是以牺牲未来的代价照顾眼前的利益。所以谈到中国和美国之间长期的经济竞争，笔者对中国经济非常有信心，因为我们已经积攒了能量，而且中国政府又积极地强调创新、强调制造业，因此我们不会发生困扰其他国家的产业空心化问题，这是中国的竞争优势之所在。

世界由于疫情而陷入经济大萧条不太可能。如果我们按照 1929 年的大萧条来看，它持续的时间非常长，即便按照短的算，也延续了 4 年,但实际上它的延续时间远远长于 4 年。如果没有第二次世界大战,当时资本主义世界是无法走出大萧条的。这次美国的经济衰退虽然不会延续那么长时间,但以单月数据来看,衰退的深度已经超过了大萧条。而且,如前文所述,笔者认为美国不断的救市措施,会引发比 2008 年金融危机更大的一次崩盘。

此前国际货币基金组织(IMF)曾预测 2020 年世界经济增速会下降 3.0%,笔者认为 IMF 的预测过于乐观了,中国经济第一季度下降了 6.8%,第二季度恐怕还是负增长,第三、四季度能不能转正,要看我们的消费能不能上去,还有我们的新基建能不能见效,这样算下来,中国经济在全年来说能够正增长也很不容易了。欧美国家今年经济负增长可能会在 -5% 以上;其他国家本来占比就很小,而且极有可能也是负增长。所以全球算下来,恐怕今年世界经济增速会下降 5% 左右。

四 经济民族主义对中国极其不利

受疫情影响,中国的产业供应链短期内肯定是断裂的;但是长期而言,影响不会很大。这是因为全球已经形成了产业分工,要想改变这种分工,成本是非常大的;而且这次疫情危机是全球性的,把产业放到任何一个国家其实都不保险。所以笔者认为不会有大的变化,但是不能说没有小的变化和调整。在这个调整过程中,中国未必会受损,因为中国是第一个走出疫情的国家,中国的制造业是最早恢复的，我们制造业复工率几乎100%了。而这时候很多国家还没有复工，全球供应链仍处于断裂状态，因此这种情况会倒逼中国去补足以往的产业短板。有些人说产业链要大规模转移了，要"去中国化"了，这种说法是没有根据的。笔者反倒认为经历了这一次疫情，中国在世界产业链上的位置反而会加强。

当前国内关于危机应对有两种观点。一种观点认为这次疫情提醒我们，中国应该打造闭合的、内部循环的产业链，以后走一条以自己为主、自力更生的道路。这种思路某种程度上就是所谓的"经济民族主义"。另一种观点则认为全球化不可逆，不可能"去中国化"、逆全球化，所以应该继续推进全球化。第一种思路首先我们做不到，其次也没有必要。在中低端领域，我们已经形成闭环，在中国想生产什么都能生产。但在高端领域，我们又做不到这一点。比如芯片，在芯片设计方面，中国的寒武纪、华为的芯片设计是世界一流的，但是制造我们不行。在芯片制造方面中国面临着两个问题：一是我们没有光刻机；二是我们要想达到发达国家的成品率，也是非常难的，需要一个长期积累的过程。而且除了办不到，也没必要。尽管美国对我们有一些供应限制，但是也没有完全限制住，哪怕是对芯片的限制，到今天还是一直在延期。这说明美国要下决心断供中国也是很难的，因为中国是一个巨大的芯片市场，放弃中国市场美国自己也受损。所以从必要性的角度来说也成问题。

此外，如果我们走经济民族主义这条路，刚好就给别的国家一个口实，只会刺激别的国家也实行经济民族主义。西方对中国的技术领先优势越来越担忧，除美国之外，欧洲一些国家也在采取行动，限制中国获取技术，但它们之间还没有协调起来。如果我国大张旗鼓地搞闭环，自力更生，这些国家会产生惧怕心理，反倒可能联合起来。所以，长远来看，我们自己搞经济民族主义是极其不利的。

五　提振消费，恢复中国经济

目前学界对于如何恢复中国经济，在整体思路上是比较一致的，就是要出台更积极的财政政策和货币政策，刺激经济增长，在这点上大家都没有分歧。但是具体思路还是有一些不同看法。当前，主流的态度是，仍然坚持以供给侧结构性改革为主导，兼顾需求；与此同时要重点推动产业结构升级，包括新基建，都是关于新兴技术、新兴产业的基础设施。

第一种思路解决的是长期的问题，但现在最重要的是想办法迅速走出眼前的困境，因为整个经济衰退得如此严重。凯恩斯早就告诉我们了，长期来看我们都死掉了。救急才是最重要的，那么多老百姓失业，那么多中小企业倒闭，这才是最大的问题。现在要做的是把经济先救起来，再谈其他问题。

而救急的办法，无外乎三个。第一，增发货币刺激需求。但是现在发货币只是发给企业，然而需求下降得非常厉害，很多企业根本没有订单，也就没有动力去银行贷款。现在货币政策只能稳住我们的信心，特别是稳住股市的信心，它的作用实际上是有限的。

第二个思路就是基建，这是我们惯用的方法。基建可以提高需求。但是这一次又有特殊性，因为在这次疫情危机中受损最严重的是中小企业和普通老百姓，新基建救不了他们——新基建吸纳就业的能力是很低的。要想靠新基建挽救中小企业和老百姓的经济状况，只能靠所谓的涓滴效应，也就是等从事基建的大企业都喝饱了之后，慢慢涓滴到中小企业，但这总需要一两年的时间。总之，新基建对于提振经济有一定作用，但是不能直接落到那些需要救助的人和企业手上。

所以笔者现在极力主张第三种办法，也就是要以提振消费为主。要直接提振消费，是靠直接发现金还是发消费券呢？两个都要做。对那些失业的低收入阶层就应该直接发钱，这是救助性的；但同时也可以向中产阶级发消费券，鼓励大家上街去消费。大家去消费了，中小企业的经济状况也会改善，于是就会产生乘数效应，发一块钱的消费券，说不定最后花出去五块钱，这样就可以快速地把消费带动起来。

另外在产业结构的调整和升级方面，这一轮疫情已经帮助我们实现了这种调整，那些低效率的企业都死掉了。过去一到经济下行，都说要调整结构，其实照笔者看，你不去调，经济也会自动调。在经济下行的时候，物价都在往下走，那些低效的企业都支持不住了，就得关门。经济运行有自己的规律，它就像人发烧感冒，会把整个人都换一遍，按中医的说法，把精气换一遍。经济下行也是一样的，会使整个经济重新换一遍血，该淘汰的淘汰。这次疫情也会起到类似的效果，那些低效的企业会遭到淘汰，留下来的都是比较高效的企业。

六　疫情后的"新型冷战"

从某种程度上来说，现在其实已经形成了"新型冷战"的局面。之所以会形成这种局面，笔者认为有两个原因。

其一是西方政客"甩锅"的需要。这次疫情确实先在武汉暴发，一开始我们的应对有一些耽误，但是现在回过头来看，初期的应对迟缓几乎是所有国家都经历了的。至少在2020年1月23日之后，西方国家是知道这个病毒能够人传人的，但是有大概一个半月的时间，他们都没有采取任何措施，甚至当意大利疫情已经十分严重的时候，其他国家还是不采取措施，直到3月中旬疫情大暴发。而我们国家一旦采取行动之后，就迅速控制了疫情，然后第一个走出了疫情。在西方社会，有理性的人都同意中国对疫情的控制是非常得力的。但是现在西方的一些政客看到自己国家的疫情这么严重，就开始谴责中国，说中国没有事先告诉他们。这么说是很不合理的。1月23日之后，西方国家都应在国内采取措施。美国既然已停飞中国，那为什么在其国内不采取任何的防范措施呢？

其实西方一些国家政府官员，从他们自身的角度来考虑肯定是希望采用一些不那么极端的方式控制住疫情。封城的代价和社会影响太大了，很难去下这样的一个决心。

其二，进一步看，现在西方想将疫情中的问题变成一个制度问题。他们说，中国前期的行动缓慢是为了掩盖疫情，这是中国的制度决定的，而中期中国能做到这么严厉的防控措施，也是因为中国是一个"非民主"的社会，所以有这样的权力和能力去做这件事情。疫情过后，西方对中国的政治体制恐怕会有一个重新的定位，西方世界很可能会联合起来对中国的制度发起一个根本性的挑战。对中国来说这是最大的挑战。他们不会去讨论中国在抗疫方面发挥了多少作用，为国外提供了多少援助，只会抓住体制问题，然后联合起来，以此作为攻击中国和向中国追责的抓手。西方几个大国的政客都提到了这一点，这大概是之后我们需要去应对的一个重大挑战。

这种时候，笔者认为中国的学者——特别是一些中坚学者——应该挺身而出，在理论上说明中国政治体制的哲学基础和优势。我们应该积极地说明中国体制的运转逻辑，突破威权政府 VS. 民主政府的对立二分法，从政府能力层面就事论事地分析中国的政治体制。

中美在意识形态、地缘政治和科技三方面已形成竞争，因此说"新型冷战"已经形成并不为过。但中美间的"新型冷战"不同于美苏冷战，两国在经贸、国际秩序、反恐和发展援助等方面仍有广阔合作空间,这是两者有所区别的关键之处。

中美关系已经是一种竞争关系,我们的态度应该是在竞争的过程中求合作。美国已经把中国定位为一个竞争对手。中国过去不太承认我们两个国家是竞争对手,但笔者认为,中国现在是可以承认中美已经处于一个竞争的态势,中美之间在意识形态、地缘政治和科技这三个方面的竞争已经形成了,我们必须面对这一事实。

但是,我们也应当告诉美国人,中美之间虽然在这些方面有竞争,但是两国仍有合作的空间,比如在经贸领域和国际秩序领域。笔者一直认为第二轮中美贸易谈判是一个绝佳的机会。世界贸易组织(WTO)机制停摆后,美国却愿意与中国谈判,而两国谈判出来的规则,事实上会成为WTO下一步改革的模板,这样中国其实是参与了国际规则的制定。所以,笔者认为我们不应该把中美"贸易战"仅仅看作是美国在打压我们,而是应该采取更加主动的态度,与美国开展谈判和合作,这样中国就慢慢进入了一个规则制定的领域。

七 回归传统,建构中国话语体系并走向世界

虽然笔者认为有很大的可能性会形成意识形态的"新型冷战",但是到今天为止,仍然有挽回的余地。我们可以采取短期和长期两种策略。

在短期，我们应该对武汉疫情做一个全面的报告，说清楚疫情暴发之初，我们做了什么，为什么最初会有所耽误。我们应该说清楚，那段时间我们确实有犹豫，但是中国从未刻意隐瞒疫情，在 2020 年 1 月 3 日就向世界主要国家通告了疫情信息，并且也采取了一些措施，但是最后我们不得不封城，并且下这个决心很不容易。首先要先将这个过程说清楚，然后承认早期的延误，这相当于撤掉了西方的"梯子"，如果西方再不接受，就说不过去了。

接下来我们需要说明在武汉抗疫过程中，中国做出了哪些成绩。比如，一个很大的成绩就是将近 4 万的援鄂医护人员，没有一个人感染，这是个奇迹；中国在防疫过程中展现出了超强的协调能力和动员能力；以及最近我们也在修正统计数据，因为在疫情初期比较混乱，统计上难免有误差。总之中国应尽快发表一份报告或白皮书，对于可能会借这次疫情形成的"新型冷战"，主动争取挽回的余地。前一段时间一些自媒体上非常激烈的民族主义情绪表达，是要不得的。这是短期的应对措施。

长期的应对措施就是要建构中国自己的话语体系。要想重新建立一个话语体系，就要对过去的话语体系有所扬弃。但理论要转型是非常困难的，所以要我们要先将理论理顺，这是最根本性的问题。

笔者主张从中国优秀传统文化中，特别是从儒家文化中汲取建构话语体系的智慧。不同国家、民族的思想文化本无高低优劣之分，中国的儒家思想和西方的自由主义相较，也是如此。中国现在的体制无疑有着深厚的历史和文化渊源。我想，从传统文化特别是儒家文化的角度对其进行溯源，是符合历史发展的逻辑的。

透视肺炎疫情下的全球金融动荡：
原因、特征、影响与对策

张　明[*]

新冠肺炎疫情下全球金融动荡的主要表现是以股票与原油为代表的风险资产价格大跌，以美国国债、黄金、美元指数为代表的避险资产价格在波动中上行。全球金融动荡的触发因素是肺炎疫情全球扩展与原油价格大幅下跌，深层次原因则包括美国企业大规模举债回购股票、机构投资者加杠杆投资于被动投资型产品、对冲基金的交易策略放大了金融市场脆弱性等。本轮全球金融动荡可能尚未结束，美国股市下跌难言见底，美国企业债市场、南欧主权债市场、部分新兴市场国家均为潜在的风险点。本次全球金融动荡与2008年次贷危机既有相似之处，也有不同之处。本次全球金融动荡在治理难度与对全球经济的冲击方面，要比2008年国际金融危机更严重。全球金融动荡将会导致中国经

---

[*] 作者系中国社会科学院世界经济与政治研究所国际投资研究室主任、研究员。

济面临短期资本外流加剧、出口行业外需萎缩、国际环境更加复杂等冲击,但也会增强中国经济的全球影响与人民币资产的吸引力。中国政府应审慎应对金融动荡可能造成的短期冲击、保持中国经济平稳增长、加快国内结构性改革。

一 全球金融动荡的表现

从 2020 年 2 月下旬起至今,全球金融市场出现了新一轮动荡。这轮金融动荡的突出表现,是以股票与原油为代表的风险资产价格大幅下跌,而以发达国家国债、黄金、美元指数为代表的避险资产价格在波动中上涨。

截至 2020 年 4 月底,与 2019 年年底相比,美国道琼斯工业平均指数、日本日经 225 指数、德国 DAX 指数、英国富时 100 指数与法国 CAC40 指数分别下跌了 14.7%、14.6%、18.0%、21.8% 和 23.5%。尤其值得一提的是,美国股市在 2020 年 3 月 9 日、3 月 12 日、3 月 16 日与 3 月 18 日均发生了熔断。美股在连续八个交易日内四次熔断,这是有史以来从未发生过的现象。截至 2020 年 4 月底,与 2019 年年底相比,布伦特(Brent)原油期货价格与 WTI 原油期货价格分别下跌了 59.9% 与 69.1%。

2019 年年底至 2020 年 4 月底,美国 10 年期国债收益率由 1.92% 下降至 0.64%,下降了 128 个基点;英国 LBMA 黄金价格由每盎司 1515 美元上升至 1703 美元,上涨了 12.4%;美元指数由 96.4 上升至 99.0,上涨了 2.7%。

值得注意的是，在 2020 年 3 月 9 日至 18 日期间，全球金融市场出现了非常罕见的风险资产（股票与原油）与避险资产（美国国债与黄金）价格同时显著下跌的局面。这意味着市场上出现了流动性危机。为了换回流动性，投资者不惜代价抛售各种资产。随着美联储在 3 月中旬采取一连串创新型流动性供给政策，流动性危机最终缓和，避险资产价格重新开始上升，而风险资产价格也由单边快速下跌转为双向盘整态势。

二 全球金融动荡的触发因素与深层次原因

笔者认为，本轮全球金融动荡之所以爆发，从触发因素来看，是新冠肺炎疫情的全球扩散以及全球原油价格的暴跌。然而美国股市之所以下跌如此剧烈，更深层次的原因，则是在美国股市长期繁荣时期逐渐积累的系统性风险。

2019 年年底至 2020 年 4 月底，布伦特原油期货价格与 WTI 原油期货价格分别下跌了 59.9% 与 69.1%。仅在 3 月 9 日当天，布伦特原油与 WTI 原油期货价格的跌幅就高达 24.1% 与 24.6%。导致全球原油价格下跌的直接原因，是以沙特阿拉伯为代表的欧佩克（OPEC）国家与俄罗斯在新一轮原油减产协议方面未能达成一致，进而沙特阿拉伯抢先开足马力增产所致。油价大幅下跌虽然有助于石油进口国降低成本，但是却会对全球金融市场产生如下三种负面冲击：第一，全球能源板块的股票价格应声下跌；第二，美国页岩油气生产企业发行的高收益债券（即垃圾债券）

的息差显著上升、市场价格大幅下跌，从而导致投资者开始抛售此类高收益债券，进而引发美国信用债市场动荡；第三，中东地区的投资者可能因为油价大跌而不得不从全球市场撤回石油美元资金，这会引发全球金融市场的新一轮抛售压力。换言之，2020年3月初以来的全球原油价格暴跌，是全球金融市场动荡的触发因素之二。

自2009—2019年，美国股市连续上涨了11年，其间仅在2018年经历过一次显著调整，但调整后依然不断创出新高。美国股市持续上涨的背后，受到一系列结构性因素的支撑，而这些结构性因素，恰恰构成了当前美股价格暴跌的深层次原因。

美股暴跌的深层次原因之一，是美国上市公司普遍通过发债方式进行大规模股票回购。在过去10年内，很多美国上市公司都在持续回购股票。回购股票的目的，是通过降低市场上流通的股票数量来人为提高股票的每股收益率，这将会提高股票对投资者的吸引力、进一步推动股价上升，股价上升又会提升上市公司自持股票的市场价值、进一步提高每股收益率。美国公司既通过自有资金（税后利润）来回购股票，也会通过发行公司债来回购股票。根据彭博（Bloomberg）的数据，仅在2018、2019两年，美国标普500上市公司的股票回购金额就分别达到8067亿美元与6065亿美元。大规模股票回购将会引发两个问题：第一，这会虚增上市公司每股盈利。例如，根据中泰证券的估算，过去15年美国上市公司每股盈利年复合增速达到11%，而企业复合利润增速仅为8%，两者之间3%的差距就是回购行为人为推高的增长，这意味着美国上市公司盈利大约有27%左右是由回购行为虚增的；① 第二，上市公司普遍通过发行大规模公司债为回购股票融资，这会导致企业负债率持续上升。例如，截至2019年年底，美国非金融企业占 GDP 比重达到75%，已经超过了2008年次贷危机爆发前的72%。②

美股暴跌的深层次原因之二，是大量原本风险偏好较低的长期机构投资者显著上调了权益资产占比，并大量投资于以交易型开放指数基金（Exchange Traded Funds，ETF）为代表的被动投资产品。在长期低利率环境下，以养老基金、保险公司为代表的原本风险偏好较低的长期机构投资者面临资产端传统投资（以固定收益类产品为主）收益率下滑、负债端未来固定支出的现值上升等压力，从而显著增加了对权益资产的投资。这些投资又大量投资于以 ETF 为代表的被动投资产品。截至2019年年底，美国被动投资基金资产规模达到4.3万亿美元，占到美国股票基金资产管理规模的51%，也即已经超过了主动管理型基金的规模。尽管 ETF 目前占到股市市值的比重约为10%，但由于 ETF 交易更加频繁，高峰时期 ETF 的交易量能够达到市场交易量一半的水平。③ 被动投资急剧发展的背后也埋下了风险隐患：大量 ETF 的持仓结构与交易策略非常类似。例如，很多 ETF 在资产

---

① 徐驰、张文宇：《美国资产负债表的"三重坍塌"如何演绎——本轮危机与1929年大萧条比较》，《中泰证券研究报告》2020年3月19日。
② 同上。
③ 王涵：《本轮美国金融危机的起因、现状与展望》，《兴业证券研究报告》2020年3月20日。

组合上重仓苹果、微软、谷歌、亚马逊、脸书等蓝筹科技股。又如，很多ETF管理人使用了具有"追涨杀跌"特征的动量交易策略驱动的量化交易系统。这就意味着，一旦在特定冲击下美国股市跌破技术上的关键点位，就很容易引发量化交易系统的自动平仓与踩踏，造成市场进一步下跌。[1] 由于投资者在同一时间内大量卖出相似的蓝筹股，这就会加剧股市指数的下跌。

美股暴跌的深层次原因之三，是大量对冲基金实施的新型交易策略加剧了股市的脆弱性。美国股市上的被动投资集中于ETF，而主动投资集中于对冲基金。以桥水公司为代表的美国知名对冲基金近年来实施的一系列新型交易策略，容易在市场动荡时期放大市场波动。例如，风险平价交易策略（Risk Parity）的核心是增持波动率下降的资产、减持波动率上升的资产，通过大类资产价格走势的负相关性来获取收益。由于过去多年来美国股市与企业债市场均处于牛市，实施这类策略的基金一方面大规模持有股票，另一方面通过加杠杆的方式大量购买企业债以维持股票与债券的风险敞口相当。而一旦爆发大规模负面冲击（例如当前的疫情叠加油价下跌），由于股市与债市的波动性都在加大，实施风险平价交易策略的基金不得不同时大规模抛售股票与企业债，这自然会进一步加剧股票与企业债的价格下跌，从而引发基金的新一轮抛售。[2]

---

[1] 徐驰、张文宇：《美国资产负债表的"三重坍塌"如何演绎——本轮危机与1929年大萧条比较》，《中泰证券研究报告》2020年3月19日。

[2] 张明：《美国股市下跌为何如此猛烈》，《财经》2020年3月13日。

将上述触发因素与深层次原因结合在一起，我们就能对本轮金融动荡有个系统清晰的理解：首先，疫情扩散导致投资者避险情绪上升，引发投资者第一轮抛售风险资产的行为；其次，全球原油价格下降导致美国高收益债券违约率上升与市场价值下跌；再次，股票与债券价格同时下跌引发实施风险平价交易策略的对冲基金同时抛售股票与债券，这会进一步加剧股票与债券的价格下跌；复次，股票价格一旦跌破特定点位，将会导致ETF基金大规模的自动平仓与踩踏，进而使得平仓行为与股价下跌形成自我强化的恶性循环；最后，债券市场风险溢价上升，使得美国上市公司通过发债进行股票回购的行为难以为继。与此同时，由于市场股票价格显著下跌（甚至低于上市公司的持仓成本），上市公司进行股票回购的动力也不复存在。而一旦股票回购停止，上市公司的每股盈利就会显著下滑，这会进一步恶化美国股市的基本面，并带来新的下跌。

三　全球金融动荡可能尚未结束

随着以美联储为代表的发达国家央行在2020年3月采取了极其扩张的货币政策进行救市，全球金融市场动荡在2020年4月明显缓和。例如，在2020年4月，美国道琼斯工业平均指数、日本日经225指数、德国DAX指数、英国富时100指数与法国CAC40指数分别上涨了11.1%、6.7%、9.3%、4.0%与4.0%。那么，由肺炎疫情引发的全球金融动荡是否已经结束了呢？投资者是否可以开始安枕无忧,甚至重新增持风险资产了呢?笔者认为,形势还没有那么乐观。

从引发金融动荡的肺炎疫情来看,目前疫情仅在中国、日本、韩国、新加坡等国家得到了较好的控制。而在美国、意大利、西班牙、德国、法国、俄罗斯等国家,疫情仍在快速扩散,目前还未到达疫情峰值。更令人担忧的是,疫情可能进一步扩散到印度以及非洲国家等公共卫生条件较差的新兴市场与发展中国家。

从肺炎疫情对经济增长的冲击来看,2020年全球经济负增长已成定局。根据国际货币基金组织(IMF)2020年4月世界经济展望的最新预测,全球经济增速将由2019年的2.9%下跌至2020年的-3.0%。2020年美国、欧元区、日本、德国、法国、英国的经济增速将分别下跌至-5.9%、-7.5%、-5.2%、-7.0%、-7.2%和-6.5%。中国和印度的经济增速也将分别下跌至1.2%与1.9%。本次新冠肺炎疫情不但将会加剧全球经济的长期性停滞格局,甚至有导致部分经济体经济持续衰退的风险。此外,本次疫情也对全球贸易、直接投资与全球价值链造成了严重负面影响。

经过大幅下跌之后,目前以美国为代表的发达国家股票市场的估值水平较下跌之前已经显著改善,泡沫化程度明显降低,再考虑到发达国家央行实施的极其宽松的货币政策,股市进一步大幅下跌的概率似乎并不高。不过,在2000年美国互联网泡沫破灭之后,美国股市的熊市持续了两年半时间。在2008年美国次贷危机爆发之后，美国股市的熊市持续了一年半时间。而目前本轮美股下跌持续时间还不到三个月。以史为鉴，再考虑到美国国内肺炎疫情仍在蔓延、美国经济在2020年第二季度将会遭遇深幅衰退等因素，笔者认为，本轮美股动荡尚未结束，股市的熊市可能才刚刚开始。

除此之外，从全球范围来看，目前似乎还存在如下三条风险的断层线（Faulty Lines），未来可能成为全球金融动荡的下一站。

潜在风险之一，是美国的企业债市场存在泡沫。从美国的四部门杠杆率来看，从2008年次贷危机爆发至今，家庭部门与金融机构部门杠杆率显著下降，而政府部门与企业部门杠杆率显著上升。美国企业部门债务在2019年年底超过10万亿美元，占GDP比重达到了75%的峰值。近年来美国垃圾债券市场发展迅猛，规模约为两万亿美元，其中能源类企业发行的债券规模约为15%。而在美国可投资级别企业债中，BBB级债券的规模由2008年的15%左右上升至2019年的55%左右，这意味着可投资级别企业债的平均质量在过去10年间显著下降。而一旦BBB级企业债的信用等级被调降一级（也即降为垃圾级），债券收益率将会上升大约3个百分点，这意味着BBB级债券未来的违约风险很大。最近一段时间以来，原油价格暴跌以及疫情冲击已经导致美国垃圾债券与BBB级债券的收益率显著上升，未来是否会引爆债券违约浪潮还是未知数。需要指出的是，股票价格大跌的负面影响要显著低于大规模债券违约，因为投资者能够较好地接受股票投资的损失,而信用违约可能会蔓延、传染与升级。

潜在风险之二,是南欧国家主权债的风险被显著低估。众所周知,意大利与西班牙是本次新冠肺炎疫情的重灾区。意大利与西班牙的经济增长本就疲弱,新冠肺炎疫情造成的冲击可谓雪上加霜。截至2018年年底,意大利、西班牙与希腊主权债务占本国名义GDP比重分别为135%、98%与181%。截至2020年4月底,西班牙10年期国债收益率还不到1%,意大利10年期国债收益率还不到2%,希腊10年期国债收益率还不到2.5%。而在2012年欧债危机期间,希腊10年期国债收益率最高接近35%,意大利与西班牙10年期国债收益率也均达到过7%—8%。换言之,投资者目前可能低估了南欧国家主权债的风险。在上一次欧债危机爆发后,南欧国家是靠核心国家(德国与法国)的帮助最终渡过了危机。而这一次,德国与法国等核心国家同样遭受了疫情的严重冲击。因此南欧国家一旦爆发主权债危机,来自核心国家的救援可能更加难以指望。

潜在风险之三,是部分经济基本面本就脆弱的新兴市场国家在大规模短期资本外流冲击下可能爆发危机。数据显示,当前新兴市场国家遭遇的短期资本外流规模已经超过了2008年次贷危机爆发时期与2013年美联储宣布退出量宽时期。持续大幅的短期资本外流,将会导致新兴市场国家面临本币汇率贬值、资产价格下跌、债务违约率上升等风险,而部分经济基本面较为脆弱的国家则可能爆发金融危机。目前综合来看,阿根廷、土耳其、马来西亚、南非、俄罗斯、巴西等新兴市场国家爆发金融危机的风险较高。2020年4月17日，阿根廷政府针对662亿美元的债务提出重组方案，这意味着阿根廷即将爆发有史以来第9次主权债违约。

四 本次全球金融动荡与2008年国际金融危机的异同

本次全球金融动荡的剧烈程度，与2008年国际金融危机比较相似。笔者认为，本次金融动荡与2008年国际金融危机相比，既有相同之处，也有迥异之处。[①]

相同之处之一在于，两次危机爆发的原因，都与长期资产价格泡沫之下，机构投资者通过加杠杆大量投资于风险资产的行为有关。2008年美国次贷危机爆发的原因，是在美国房地产市场长期繁荣的背景下，大量机构投资者通过加杠杆投资于以美国次级住房抵押贷款为基础资产的房地产金融产品，例如住房抵押贷款支持证券（MBS）、担保债务权证（CDO）等。而随着美联储加息导致购房者还本付息压力上升，美国次级住房抵押贷款违约率加剧，从而引爆了次贷危机。本次全球金融动荡的原因，是在美国股市长期繁荣的背景下，大量机构投资者通过加杠杆投资于美国股市。新冠肺炎疫情的暴发与全球原油价格的下跌导致投资

---

① 张明：《当前全球金融动荡对中国影响几何》，《人民论坛》2020年第10期。

者集体抛售股票，从而导致股市多次熔断。

相同之处之二在于，在危机爆发后，市场上都出现了机构投资者抛售风险资产而引发的流动性短缺，进而迫使中央银行通过创新方式向市场提供流动性。在2008年美国次贷危机爆发后，投资者集体抛售风险资产的行为导致了流动性短缺与信贷紧缩，尤其是美国的短期批发融资市场基本上停摆。为了避免金融危机的升级以及向实体经济传导，美联储被迫采取了降息、多轮量化宽松，以及多种向金融机构提供流动性的创新机制。在本次全球金融动荡爆发后，流动性短缺再度出现。美联储在很短时间内两次累计降息150个基点、重启7000亿美元量化宽松政策、推出了商业票据融资机制等新型流动性提供模式。

不同之处之一在于，2008年美国次贷危机的中枢机构是贝尔斯登、雷曼兄弟这样的卖方机构，而本次全球金融动荡的中枢机构则是桥水之类的买方机构。在2008年次贷危机中，贝尔斯登与雷曼兄弟的倒闭成为标志性事件。它们均为华尔街顶级投资银行，由于加杠杆投资于有毒资产而遭遇巨大亏损。由于它们都是美国短期批发融资市场与衍生品市场的重要做市商，因此它们的倒闭使得美国短期批发融资市场与衍生品市场基本上停摆，导致危机迅速放大。而在本次全球金融动荡中，目前处于风口浪尖的是桥水这样的对冲基金。这些对冲基金因为大量押注于美国股市与企业债市场而亏损惨重。不过，买方机构的角色较为单纯，在金融市场上扮演的枢纽性角色要远弱于投行等卖方机构。这就意味着，即使未来诸如桥水之类的对冲基金倒闭，其对整个金融市场的传染性要显著低于2018年雷曼兄弟倒闭所造成的冲击。

不同之处之二在于，2008年美国次贷危机起源于金融市场内部调整，而本轮全球金融动荡起源于新冠肺炎疫情造成的实体经济冲击。2008年美国次贷危机的爆发，由美联储加息造成购房者违约率上升，进而导致房地产金融产品违约所致。因此，该次危机的起源在于房地产市场。而本次全球金融市场动荡的直接触发因素是新冠病毒肺炎疫情的全球扩散与全球原油价格暴跌，也即源自实体经济的冲击。这也意味着"解铃还须系铃人"，在新冠肺炎疫情的全球扩散得到抑制之前，仅靠发达国家央行的宽松货币政策，很难让金融市场真正稳定下来。换言之，本次全球金融动荡的治理难度，要高于2008年美国次贷危机。

不同之处之三在于，2008年美国次贷危机爆发之前全球经济处于高增长状态，而本次全球金融动荡爆发之前全球经济增长已经较为低迷。在2003—2007年这五年，全球经济平均增速高达5.1%，且2005—2007年全球经济增速处于不断上升态势中。而在2015—2019年这五年，全球经济平均增速仅为3.4%，且2017—2019年全球经济增速处于不断下降态势中。在2008年美国次贷危机爆发前，经济全球化正在高歌猛进。而在本轮全球金融动荡爆发前，全球范围内民粹主义、保守主义、单边主义正在上行，全球经贸摩擦显著升级。可以说，当前的国际形势，与1929—1933年大萧条爆发前期非常相似。这也意味着，本轮全球金融动荡对全球经济的负面影响可能更大。全球经济在2020年陷入衰退的可能性很高，而衰退究竟会持续多久，目前还面临较大的不确定性。

五 全球金融动荡对中国的潜在影响

本轮全球金融动荡对中国的潜在负面影响之一,是短期资本外流加剧,进而导致国内资产价格下行、人民币汇率面临短期贬值压力。一旦外国机构投资者在美国股市遭遇显著亏损,他们就会从新兴市场国家撤回资金,调回至本国以满足流动性需求。这就意味着,短期内,包括中国在内的新兴市场国家将会遭遇较大规模的短期资本外流。事实上,自2020年2月底以来,中国就出现了北上资金的持续大规模撤回。虽然北上资金在中国股市的总体市值占比有限,但由于北上资金集中投资于中国茅台、中国平安、格力电器等蓝筹股,因此其持续外撤导致这些蓝筹股股价显著下跌,进而导致A股指数明显下挫。此外,短期资本外流加剧也会带来人民币贬值压力。近期,随着美元指数一度攀升至103左右,人民币兑美元汇率也跌破了7.1,达到2008年以来人民币兑美元汇率新低。

本轮全球金融动荡对中国的潜在负面影响之二,是全球经济增速下降将会导致中国出口行业面临外需快速萎缩,从而给中国出口行业造成显著不利冲击。在2019年,受中美经贸摩擦加剧影响,中国出口表现本就不太好,出口月度同比增速均值由2018年的11.2%下降至2019年的0.4%。在2020年第一季度,受新冠肺炎疫情冲击,中国出口行业已经面临开工严重不足的冲击。从 2020 年第二季度起，随着新冠肺炎疫情全球扩散冲击全球经济，中国出口行业很可能将会面临订单增速显著下降的冲击，且这一冲击可能持续较长时间。2020 年净出口对中国经济增长的贡献很可能为负。如果出口行业受到严重不利冲击，这除了会影响经济增长外，也会影响出口行业的就业，加大中国政府维持就业市场稳定的难度。

本轮全球金融动荡对中国的潜在负面影响之三，是未来中国面临的国际经贸摩擦与地缘政治冲突恐将上升。近期，随着新冠肺炎疫情在全球范围内加速扩散，国际社会上已经出现一股妖魔化中国的浪潮，特朗普更是把新冠肺炎命名为"中国病毒"。这反映了部分国家政府通过将中国妖魔化来缓解本国民众对本国政府应对肺炎疫情不力的愤怒情绪的策略。在肺炎疫情这一全球共同威胁面前，主要大国本来应该携起手来，联合应对疫情及其造成的不利影响。然而在民粹主义、孤立主义、单边主义抬头的今天，我们也要为可能加剧的国际经贸摩擦与地缘政治冲突做好准备。肺炎疫情短期内将会如何影响中美经贸摩擦，目前还存在不确定性。但是这不会改变中美经贸摩擦的"持久战"本质。

"祸兮福所倚"。本次新冠肺炎疫情对中国经济的潜在影响也并非全为负面。首先，在未来一段时间内，中国经济占全球经济的相对比重，以及中国经济增长对全球经济增长的贡献，很可能会显著上升。以史为鉴，正是在 2008 年国际金融危机爆发之后，中国经济总量超过日本，成为全球第二大经济体。由于中国政府应对本次疫情的措施强力得当，中国国内疫情已经得到初步控制。因此，从 2020 年第二季度起，中国经济将会触底反弹。而相比之下，由于国际疫情尚未得到控制，从 2020 年第二季度起，全球经济增速将会加速下行。一上一下，将会导致中国经济的国际地位继续上升。其次，等到全球金融市场基本平息之后，人民币资产的吸引力将会凸显，中国可能出现较大规模的短期资本流入，并推动人民币汇率升值。当前中国 10 年期国债收益率约为 2.6%—2.7%，而美、英 10 年期国债收益率仅为 0.6%—0.7% 上下，欧元区、日本 10 年期国债收益率更是处于零利率边缘。在正常情况下，如此之大的利差将会吸引大量投资基金流入中国。这就意味着，随着全球金融市场的恐慌情绪逐渐消退，人民币资产对外国投资者的吸引力将会重新上升。北上资金将会再度持续流入，而人民币兑美元汇率有望重新升值。

六　政策建议

政策建议之一，是中国政府应该审慎防范全球金融市场动荡加剧对中国金融市场造成的短期冲击。一旦全球金融动荡加剧导致中国出现国内资本与外国资本的同时大规模流出，中国政府应该适度收紧对短期资本外流的管理，避免资本大量外流加剧国内资产价格下跌与人民币汇率贬值。对人民币兑美元汇率在市场供求作用下的适度贬值，中国政府不必进行干预。但如果全球金融动荡加剧导致人民币汇率短期内出现大幅超调，中国政府应该入市稳定汇率。

政策建议之二，是中国政府应该通过逆周期宏观经济政策来维持中国经济平稳增长，既要避免经济增速过快下行，也要避免再次出现"大水漫灌"现象。中国经济在2020年第一季度的同比增速为-6.8%，2020年全年的中国经济增速可能达到2%—3%，显著低于2019年的6.1%。一方面，我们要看到在疫情的负面冲击下，中国经济增速向下调整具有必然性与合理性；另一方面，我们也要注意防范经济增速大幅下行可能造成的就业压力与系统性金融风险。这就意味着，中国政府应该实施宽松的财政政策与货币政策来稳定经济增速。但与此同时，我们也要注意避免宏观政策"大水漫灌"在中长期内对经济增长效率与金融风险造成的负面影响。把握好宏观政策宽松的"度"至关重要。2020年4月17日召开的中央政治局会议首次提出"六保"，即保居民就业、保基本民生、保市场主体、保粮食能源安全、保产业链供应链稳定、保基层运转。"六保"取代"六稳"成为2020年中国政府的政策焦点，凸显了中国政府在特殊环境下的底线思维①。这同时也意味着宏观政策"大水漫灌"的概率进一步下降了。

政策建议之三，是中国政府应该加快结构性改革来提高经济增长效率以及投资者长期信心。自2007—2019年，中国经济增速已经由14.2%下降至6.1%。导致经济增速趋势性下降的原因，既有人口老龄化等结构性因素，也有经济增长效率下降等因

---

① 所谓"六稳"，是指稳就业、稳金融、稳外贸、稳外资、稳投资、稳预期。

素。因此，中国政府应该通过加快结构性改革来提高经济增长效率、增强国内外投资者的信心。这些结构性改革包括但不限于：加快以混合所有制改革为代表的国有企业改革、加快土地流转改革、加快教育医疗养老等服务业部门对国内民间资本的开放、加快更具包容性的城市化、加快新一轮区域经济一体化建设等。2020年4月9日，中共中央、国务院出台了《关于构建更加完善的要素市场化配置体制机制的意见》，提出要推动土地、劳动力、资本、科技、数据等要素的市场化定价、配置与交易。这意味着在未来一段时间内，要素价格市场化与要素自由流动有望成为下一轮中国经济结构性改革的重要抓手。

新冠肺炎疫情与百年变局[*]

袁 鹏[**]

一 疫情堪比世界大战，既有国际秩序难以为继

过去数百年，国际秩序之变往往由一场大战催生，如欧洲三十年战争后的威斯特伐利亚体系，第一次世界大战后的凡尔赛—华盛顿体系，第二次世界大战后的雅尔塔体系。当前国际秩序的基本轮廓即主要奠基于第二次世界大战之后。但历经70余年，从1991年冷战结束，再经2001年"9·11事件"、2008年国际金融危机、2016年特朗普胜选等多轮冲击，既有秩序已风雨飘摇，虽然四梁八柱尚在，但联合国作用有限，世界贸易组织（WTO）功能渐失，国际货币基金组织（IMF）和世界银行资金

---

[*] 本文刊于《现代国际关系》2020年第5期。
[**] 作者系中国现代国际关系研究院院长、研究员。

捉襟见肘，世界卫生组织（WHO）权威性不足，全球军控体系接近崩溃，国际准则屡被践踏，美国领导能力和意愿同步下降，大国合作动力机制紊乱，国际秩序已处坍塌边缘。

新冠肺炎疫情突发和泛滥，致全球哀鸿一片，锁国闭关、经济停摆、股市跌宕、油价惨跌、交流中断、恶言相向、谣言满天，其冲击力和影响力不啻一场世界大战，既有国际秩序再遭重击。旧秩序难以为继，新秩序尚未搭建，这正是世界百年未有之大变局的本质特征，也是当前国际局势云诡波谲的根源所在。

疫情下及疫情后的世界很像第一次世界大战之后的世界。其时，大英帝国已力不从心，"日不落"已日薄西山，但实力和影响力尚存，不甘放弃领导地位；后兴大国美国实现初步崛起，羽翼渐丰、雄心壮志，但军力和国际影响力不足，难以取代英国；欧洲忙于战后重建，日俄乘乱谋势，中国内忧外患，亚非拉等边缘力量无所适从，国际局势扑朔迷离，大国力量分化重组。十余年后，世界陷入"大萧条"，进而滑向第二次世界大战。

如今，特朗普治下的美国在疫情期间不仅未担起应有的世界领导责任，反而自私自保，又因政策失误，成为全球疫情重灾区，近两百万人感染，十余万人死亡，其惨象超过"9·11事件"，死亡人数超过越南战争、伊拉克战争、阿富汗战争之和，软硬实力同时受挫，国际影响力大幅下滑。2020年大选将是特朗普"美国优先"与拜登"美国重新领导"两条路线、两种理念之争，但即使拜登获胜，因内部政治掣肘和外部环境变异，美国想"重新领导"世界也难。但美国如第一次世界大战后的英国，仍有足够力量阻止别国取而代之，其对华政策将会更加敏感、强硬、蛮横，遏制打压会变本加厉。中美战略博弈将更加激烈。

经此一疫，既有"一超多强"格局也将生变。美国仍是"一超"，但难"独霸"；中国加速崛起，但面临赶超瓶颈；欧洲整体实力下滑，未来方向具有不确定性；俄罗斯乘乱谋势，地位有所提升；印度短板、弊端暴露，崛起势头受挫；日本奥运延后，有苦难言。疫后各国将忙于收拾残局、重定规划，既期待国际合作，又踯躅犹豫，观望等待，心态复杂。美国"单极时代"终结，中国尚无力同美国并称"两极"，多极化亦变换轨迹更加曲折。中美俄在国际政治中的影响力更加明显，三边互动对重塑未来秩序至关重要。欧、日、印的战略自主一面有所加强。

亚非拉等新兴力量群体性崛起势头受阻。中东疫情恐情油情叠加，前景更加暗淡，可能陷入"黑暗时代"；拉美既未把握百年变局加速改革发展，也未抓住时间窗口有效应对疫情危机，政治、经济、社会均呈现乱象，从20世纪末的"中等收入陷阱"滑向"发展方向迷思"；非洲长期依赖全球贸易和投资，加之公共卫生条件最差，一旦疫情出现暴发式增长，可能陷入人道主义灾难。印度、巴西在美中俄欧间周旋，骑墙姿态明显。中国同发展中国家关系整体面临新考验。

二 世界经济全面衰退，离大萧条只一步之遥

经济基础决定上层建筑，经济安全是国家安全和国际安全的

基础。冷战后，得益于全球化、信息化带来的互联互通和总体和平稳定的国际环境，世界经济曾经一派繁荣，中国也因之实现崛起。但2008年国际金融危机暴露出美欧经济的深层问题，揭示出全球化发展的不平衡性。美国摆脱危机的药方不是刮骨疗伤式结构改革，而是饮鸩止渴、转嫁矛盾，使"痼疾"未除，新病再发。奥巴马、特朗普等非传统政治人物粉墨登场，正是美国经济与政治关系错位引发社会极化的结果。欧洲债务危机未果，又遭遇乌克兰危机、难民危机、英国"脱欧"危机，祸不单行，经济形势始终没见起色。

为"让美国再次伟大"，特朗普抛弃多边主义、国际主义、自由贸易，借助民粹主义，大行单边主义、保护主义，挑起中美贸易战，致全球化逆转，自由贸易遇阻。美国经济、股市靠霸凌和强权逆势上扬，但根基不牢，难以持久。世界经济则陷入整体性低迷，欧洲经济低位徘徊，俄罗斯经济不见起色，连一度被普遍看好的印度经济也骤然减速失速，中国经济开始进入"新常态"。

疫情突发使世界经济雪上加霜。"世界工厂"中国，最具经济活力的东亚，全球金融、科技、航空、娱乐中心美欧，均遭重创，亚非拉各大板块莫不伤筋动骨。世界主要经济体GDP 10%—30%不等的衰退，20%左右的失业率，均是数十年未见之惨象。世界经济衰退远超2008年金融危机，已是国际共识，下一步会否跌入1929—1933年式"大萧条"，则见仁见智。更可能的情况是介于二者之间，糟于2008年，好过1929年。1929—

1933年"大萧条"持续时间长，最终甚至引发第二次世界大战，经济体系陷入瘫痪或半瘫痪。目前看，本轮危机导致上述狭义上的"大萧条"还不至于。但以常规的标准衡量（经济衰退两年以上、实际GDP负增长超过10%），陷入一般意义的经济萧条则非常可能。这大体取决于两大因素：一是疫情发展。目前看，疫苗研制还无定数，投入市场至少还需1—2年，期间疫情还可能在印度、中东、拉美、非洲次第暴发，中美欧日都存在二次暴发风险，全球供应链、产业链、需求链重新整合遥遥无期。疫情不除，经济无望。二是国际合作。如果像2008年金融危机后G20峰会适时启动，并催生广泛深度的国际合作，则世界经济短期恢复并非天方夜谭，毕竟美国金融体系依然坚固，中国经济韧性异常强大，世界主要经济体的基本面总体无大碍。但遗憾的是，疫情期间大国合作为竞争对抗所取代，促进经济发展最宝贵的信心大受冲击。如果疫后各国仍自行其是，尤其是美国依然大打贸易战，甚至强制性要求诸如呼吸机等产业回流，形成"现地生产、本地消费"新模式，或无限度对华索赔追责滥诉从而引发国际政治新混乱，则全球贸易将继续下降，对外投资继续萎缩，世界经济的明天只会更糟。如是，大萧条难以避免，只是表现形式、灾难程度和持续长度有所不同而已。

全球化时代，一荣俱荣，一损俱损，各国都在一条船上。唯有祈愿对方好，才能自己好；只有同舟共济，才能共克时艰。G20视频峰会是主要经济体尝试合作的开端，未来还需要持续的努力。

三 大国关系继续分化重组，中美关系的对抗性与牵引力更加凸显

没有永恒的朋友，只有永恒的利益。大国关系分化重组是国际政治永恒的主题。本轮分化重组以中美关系为牵引，带动中美俄欧印日各大力量战略互动，其结果将深刻影响未来国际格局演变。

疫情之前，中美关系已然生变，美国对华接触让位遏制打压，两国战略竞争盖过战略合作，经贸摩擦、地缘博弈、涉台港疆藏斗争、意识形态对立成为常态，"新冷战"之声不绝于耳，"脱钩"之势加速演进。新冠肺炎疫情本应成为中美关系的缓冲器、减压阀或黏合剂，但阴差阳错，反倒成为加剧中美博弈的变压器、加速器或催化剂。其中有双方疫情不同步等偶然原因，但核心因素还是美国对华战略近年来发生根本性转变，即美国已经十分明确地将中国定位为主要战略对手，并动用"全政府"力量和手段对华遏制。除此之外，美国国内政治因素也推波助澜，为确保赢得连任，特朗普政府急于对华"甩锅"，转嫁矛盾，极端势力迫不及待上下其手，抹黑打压中国。冲刺大选的民主党拜登阵营也被迫加入对华示强的竞赛表演。可以预见，疫情、选情叠加下的中美关系可能会进一步恶化。美国反华强硬派所期待看到的中美敌对状态正步步变成现实。

但中美对抗不会演变成冷战式的两极对立或阵营对垒。一则

因为中美利益交融格局深厚，彼此都无法承受长期对立的代价；二则因为美国同盟体系和西方世界已今非昔比，欧美对华政策不尽同步，西方裂痕因疫情继续扩大，中欧关系处于历史最好时期；三则因为中俄关系总体坚固，美拉俄打中的愿望难以成真；四则因为日、印总体上仍希望左右逢源，两头得利。从这个意义上讲，中美不会走向"新冷战"，也成为不了"两极"。更可能的前景是，美国加紧构筑排华的"小圈子"，在金融、经贸、科技、产业链、国际组织等领域"退旧群""建新群"，将中国事实上阻隔排除在外；中国则把"一带一路"和周边命运共同体做深做细做实，另辟蹊径，绝处逢生。由此世界可能形成分别以美中为核心的两个经济圈。其与冷战时期两大阵营、"两极对立"最根本的区别是，中美无法做到完全"脱钩"，竞争中有合作；他国无法完全依赖一方，合纵中需连横。

在此情形下，中美竞争博弈格局进一步固化，不会因为美国大选结果而有根本改变。美欧日在联合制华方面有共同利益，但中欧日在挖掘关系潜力方面有巨大动力；美俄走近有策略需求，但中俄合作有战略驱动；美欧同盟关系基本格局一时难改，但彼此隔阂裂痕会进一步拉大；中日关系逐步缓解，中印关系稳中有忧。美国自毁形象，世界不指望其继续领导；中国大而未强，一时无法也无意替代美国；俄、欧、印等力量都不具备引领全球事务的能力或意愿。国际格局在未来三五年内将呈现"无极""战国""过渡"乱象，大国合作难度明显加大，中小国家被迫抱团取暖，在各自区域自谋出路的趋势可能有所加强。

总体看，中国在运筹大国关系方面处于相对有利位置，这既是近年来持续不断推动中国特色大国外交的努力使然，也是作为战疫"大后方"为全球不断提供公共产品的责任担当赢来的地位。但有利位置不等于战略优势，疫情的演变、战略或策略的运筹、对外交往方式的运用、各国国内政治的变化等，都存变数。一旦美欧疫情发展超出其心理承受极限，已然酝酿、炮制中的对华问责、索赔、施压声浪势必更加高涨，一批长期反华仇共人士必乘势而上，借疫情大做文章。中国本已木秀于林，此次又率先走出疫情最艰难的时刻，被围攻追缴的风险不能小觑。这是中国与世界关系数十年未见的新态势。

四　全球地缘战略格局进一步变化，亚太地区的中心地位更加明确

自现代国际体系建立和全球化铺展以来，全球地缘战略中心在欧亚大陆、大西洋、太平洋地带轮转。第二次世界大战结束以致冷战终结后一个时期，大西洋地区占据中心位置，美欧携经济、军事、政治优势，高呼"历史终结"，大举"北约东扩"，呼风唤雨，主导国际秩序。

但自21世纪始，尤其是伊拉克战争之后，美欧关系日显疏离，"大西洋越变越宽"，中国崛起则拉开了世界权势东移的序幕。由此带动东北亚复兴、东南亚振兴、印度崛起，亚太成为世界经济最活跃的地区。而朝鲜半岛、东海、南海、台海地区安全

形势起伏不定，则使亚太同时成为全球潜在军事冲突的高危区。从奥巴马的亚太"再平衡"到特朗普的"印太战略"，战略重心东移成为美国两党的共识和基本国策。受此驱动，俄罗斯"南下"，印度"东倾"，澳大利亚"北上"，日本"西进"，连欧洲也远道而来，宽阔的太平洋不仅骤然变得拥挤，而且从此更不太平，亚太地区的地缘政治和地缘经济分量远非其他地区可比。

新冠肺炎疫情首先大规模在中国和东亚暴发，使亚太地区再度成为全球焦点。而中日韩率先控制疫情，中国、韩国等国防疫卓有成效，树起全球标杆，则凸现出东亚文化、价值观、集体主义精神、社会治理模式的独特性和比较优势，使亚太之崛起超越一般的经济意义而具有亚洲文明复兴的色彩。在这一背景下，中日韩东亚合作的动力再度趋强，"10＋3"机制重被激活，亚太地区的综合性、复合型优势更加凸显。

反观其他区域板块，莫不黯然失色。曾经自诩进入"后现代"的欧洲，近年来连番遭遇债务危机、难民危机、乌克兰危机、英国"脱欧"危机冲击，此次又在疫情危机中暴露短板缺陷，"西方的缺失"成为历史之问。中东板块因美国撤军留下的战略真空以及俄欧控局有心无力，导致域内各大力量按捺不住，蠢蠢欲动，伊朗、沙特阿拉伯、以色列、土耳其都有大国雄心同时又都难脱颖而出。而国际油价低迷、惨跌甚至一度惊现"负油价现象"，则使中东地区加速进入"黑暗时代"。远离全球地缘中心的拉美和非洲板块，疫情之后综合影响力也一时难以提升。

可以预见,疫后的经济复苏将更加依赖亚太地区的经济状况及供应链、产业链,国际安全也会因美国"印太战略"的具体实施而进一步聚焦到这个区域,南海、台海局势的暴风骤雨已显征兆。在中美博弈加剧的背景下,如何更好地经营亚太也即中国的周边,如何将"一带一路"首先在亚太地区走深走实,如何应对潜在军事安全冲突的风险,均是中国对外战略在疫后必须面临的战略性课题。

五 全球化遭遇逆流漩涡,全球治理面临空前危机

从分散走向整体,既是近现代世界历史发展的一般规律,也是经济发展、科技进步的必然结果。地理大发现拉开了从区域化到全球化的序幕,工业革命和科技革命则加速了全球化的进程,资产阶级革命以资本和市场的力量摧枯拉朽、打破国界,使全球连成利益攸关的经济体,社会主义革命则号召"全世界无产者联合起来",使思想的力量无远弗届。冷战结束后,信息化时代的来临则真正使全球互联互通,人员大流动,经贸大联通,"地球村"概念应运而生。概而言之,全球化的趋势如涓涓细流汇成滚滚洪流,已然汹涌澎湃,是不以人的意志为转移的客观存在,任何力量都难以阻挡,也阻挡不了。

但随着全球化的纵深发展,一系列新问题、新矛盾、新挑战相伴而生,也是不争的事实,这是全球化的另一方面。如,全球

化大潮究竟流向何方，终点何在？各国是只追求全球化的进程还是要关心结果？全球经济一体是否意味着政治也要殊途同归（如福山所谓"历史的终结"）？随着西方自由主义制度和资本主义体制的痼疾暴露，以及中国特色社会主义制度同时呈现出的效率、活力和生命力，自由市场经济不必然走向西式自由民主，越来越成为西方有识之士的时代之惑，这就意味着经济全球化同西方战略界所期盼的政治全球化不会同步。另外，经济全球化的推进如果不同一国国内政策相协调，必然导致国内发展不平衡和全球发展不平衡，这种不平衡如不加以重视或者没有结构性改革去修补，对内会导致社会矛盾加剧，对外则助推保护主义、民粹主义、孤立主义、冒险主义。"特朗普现象"的出现，正是美国过去近20年未能展开因应全球化和多极化的国家战略转型的结果。而特朗普执政后所采取的措施，不是顺应全球化的方向进行内外战略调整，而是以逆全球化的思维做反全球化的动作，诸如贸易保护主义、"中美脱钩论""产业回流论"，等等。其结果，不仅未能根本改变美国国内深层结构性问题，反而导致新的国际紧张。

从全球层面看，经济、信息、资源的全球化发展理应同步催生相应的全球治理，但事实上全球治理总是雷声大雨点小，资金、人力、机制远不敷所需，经济基础与上层建筑明显不相称甚至脱节。在应对金融或经济危机时，国际货币基金组织、世界银行作用有限，各国央行成为主导性力量或先遣部队，其结果，各国以争相采取金融刺激或减税等财政措施发挥作用，无异扬汤止沸、饮鸩止渴，终会酿成恶果。

新冠肺炎疫情突发和泛滥成灾，好比病毒这个"无形的敌人"在以特别的方式警醒世人，本应倒逼各国重新思考和理顺全球化的内在逻辑和发展方向，重新认识全球治理的极端重要性，但迄今为止的结果却差强人意甚至正好相反。以美国为首的一些国家政要，不是积极推进"全球化2.0"和加强全球治理能力建设，而是怪罪全球化走得太远太深；不是以疫情的全球泛滥为镜鉴进而强化领导责任加大全球治理，反而将其视作是全球化之错进而加速反全球化的政策推进；不是寻求大国合作或国际合作解决医用物资短缺等问题，而是狭隘地认定相关产业"在地化""区域化"才是正途，大力推动产业回流；不是痛定思痛加强国际组织的能力，反而落井下石从世界卫生组织撤资，诋毁世界贸易组织的功效和贡献，令全球治理陷入空前困境。

目前，对全球化的前景做断言式判断还为时过早。毕竟，历经数百年的全球化是历史大势，顺之者昌，逆之者亡，各国有识之士对此心有戚戚，少数政客们的逆势而动好比蚍蜉撼树；各国面对疫后世界的反思还没有深刻展开，所谓"脱钩""回流"最终知易行难，将遭到历史的惩罚。在大灾大难过后对全球化和全球治理进行大盘点、大反思、大检讨，从而做好准备再出发，才是人间正道。中国倡导人类命运共同体、推进共建"一带一路"、坚持自由贸易和多边主义，是尊重历史、顺应时代的正确选择，应该坚定不移、持之以恒。对于全球治理这个曾经西方心仪而目前或弃之不顾或有心无力的命题，中国则可以"旧瓶装新酒"的形式从理论和实践两个层面加以充实完善,以此提升国际话语权和影响力。

六 制度、模式、科技之争越来越成为国际政治较量的核心

冷战结束后国际政治一个最突出的变化,是中国的崛起及崛起背后所体现的中国特色社会主义制度的日益成熟和自信;相应的,是西方的式微及资本主义制度的弊端丛生及其主导的自由主义国际制度的破损。冷战时期美苏之间的意识形态和两种制度之争嬗变为当前中美发展道路和发展模式的较量。美国对华战略的根本性转变,不止为因应中美权力变化,更意在遏制中国发展模式对西式自由民主的巨大冲击。蓬佩奥、纳瓦罗、班农、金里奇等美国反华人士念兹在兹、耿耿于怀的,也正是所谓中国制度对美国制度的深刻"挑战"。美国发起的对华贸易战一开始即剑指"中国制造2025"、国企补贴、结构改革等,显然也是醉翁之意不在贸易本身,而在体制或政治。中美第一阶段贸易协议的签署原本应该成为两国暂时"休战"、理性看待各自国情政体的战略缓冲或时间窗口,不料新冠肺炎疫情瞬间打乱这一节奏。

面对疫情,中国集中领导、统一指挥、协调行动、央地一体、相互帮扶、公共医疗、社区管理、以人为本,迅速控制住疫情,率先复工复产,展现出独特的制度优势,同美欧暴露出的党派对立、自由泛化、政治极化等制度短板形成鲜明对比。西方不

愿承认制度衰败或政策失误,必然加大对中国污名抹黑以掩饰自身不足,比如指责中国"隐瞒疫情",借抗疫外交"实现地缘战略野心",宣扬"意识形态胜利",等等。正如有西方媒体所言,新冠肺炎疫情正演变为"中国模式与西方模式之间的一场战略较量"。如是,则是国际政治的大不幸。事实上,各种制度各有优劣,中国既坚决反对将西方制度强加于己,也不会盲目推销自身制度模式,追求的是"桃李不言,下自成蹊",主张各国文明互鉴,世界丰富多彩。

疫情再次显示科技的力量。中国之所以较快稳定局势,控制局面,得益于近年来相关科技创新和发展,包括大数据、健康码、快递、疫情查询系统、追踪数据链、电子支付系统、网格化管理等,这些相对西方有比较优势,势必刺激西方加大调整。但受制于民意和选举政治,以及所谓自由、人权的绝对化,其调整将相当困难。反过来,正如已然全面展开的那样,美国会一面加速科技脱钩以阻止中国科技发展,一面加大对中国所谓"科技伦理""数字监控"等方面的指责。高新科技的争夺和竞争恰如冷战时期的军备竞赛,成为未来一个时期国际政治的中心议题。

七 中国与世界关系再出发的思考

改革开放40余年甚至新中国成立70多年乃至鸦片战争以来160年,摆在中国人面前一个恒久的话题,就是如何处理同世界的关系。百余年来,中国既被欺凌遭受屈辱,又奋起抗争赢得尊重,中外关系的个中滋味,唯有中国人自己才能体会。改革开放的40余年,也恰是中国与世界关系重塑的40余年,其主题是中国"融入世界",中国崛起实际上是在"同经济全球化相联系而不是相脱离的进程中,独立自主地建设有中国特色的社会主义"。

随着中国持续超高速的崛起,以及由此带来的经济繁荣、政治自信和战略主动,中国与世界的关系正发生日新月异的巨变。简言之,世界已不是原来的世界,正经历"百年未有之大变局";中国也不是过去的中国,正处于从"大国"向"强国"的转进;中国与世界的关系已然彼此交融,深刻联动,从过去中国单向的"融入",变成现在双向的塑造,中国不仅是融入世界,还要"创造性介入"和"建设性引领",还要接纳和拥抱世界反向对中国的融合。党的十八大以来,中国以合作共赢为思想基础,以和平发展为战略选择,以"一带一路"为主要抓手,以构建新型国际关系为阶段性目标,以推动建设人类命运共同体为终极追求,五位一体,环环相扣,形成一整套既有历史继承性又有时代创新性的国际战略新框架,中国与世界的关系进入新的历史阶段。

然而就在中国加大对世界的参与、引领同时,美国则选择"战略收缩""美国优先",中美两国同世界关系的逆向发展态势,颇具历史讽刺意味。其结果,美国不是从历史的进步视角看待中国与世界关系的变局,而是以战略警惕的心态揣度中国的意图,进而采取高压的动作进行封堵遏制。班农等人甚至将"一带一路"臆想为中国在糅合西方三大地缘战略理论,实现全球"地缘战略野心"。无独有偶,新冠肺炎疫情发生以来,中国对世界投桃报李式的援助,也被污称为借疫情"实现地缘战略目的"。中国与世界关系由此被赋予新的时代内涵,需要一次再出发。

新冠肺炎疫情没有改变世界处于百年未有之大变局的总体态势,只是让大变局来得更快更猛;没有改变中国与世界关系的基本面貌,只是将其搅动得更复杂更多面;也没有改变中国仍处于并将长期处于战略机遇期的基本判断——毕竟,中国率先走出疫情最艰难时刻,并且开始有计划复工复产;以"两会"的召开为标志,中国既定的战略布署仍在有序推进——但是,中国把握机遇的难度会变得更大,而风险挑战也会明显增多。关键在于,在各国深陷疫灾,全球共同抗疫的特殊时期,中国在力所能及为世界提供公共产品承担负责任大国的担当同时,能不能把自己的事情做好,这既是中国与世界关系再出发的前提,也是中国走向中华民族伟大复兴的根本。

再出发要行稳致远,首先必须回望来路,从而坚定不移地推进新时代的改革开放,对此只能勇往直前不可半途而废。其次必须整理心情,轻装上阵。在"第一个一百年"奋斗目标即将收官之际,应该稍事休整和停顿,总结经验,汲取教训,找寻规律,从而为接续冲刺"第二个一百年"创造条件;再次必须解放思想,实事求是,对网络新媒体时代社会思潮左右冲撞的乱象及时梳理、整顿、引领,没有思想上的统一认识,"第二个一百年"再出发必然异常艰难。最后必须摆正发展与安全的关系。此次新冠肺炎疫情暴露出的生物安全问题，以及在总体国家安全观之下列举的种种国家安全问题，表明发展需要以安全为保障，否则对外有可能面临半渡而击的风险，对内则可能是经济发展的成就一夜归零。发展固然是硬道理，但改革开放40年后的发展则需要加一个前缀，"安全的发展"才是真正的硬道理。

避免中美关系的"自由落体运动"[*]

郑永年[**]

新冠病毒疫情不仅对人类的生命构成了巨大的威胁，更毒害着世界上最重要的双边关系，即中美关系。实际上，中美关系并非一对简单的双边关系，而是当今世界秩序两根最重要的支柱。不过，在世界最需要这两个大国合作，为世界提供领导角色，共同对付新冠肺炎疫情的时候，人们不仅没有看到两国间的合作，更是胆战心惊地目睹着两国冲突螺旋式上升。

尽管中国国家主席习近平和美国总统特朗普就新冠肺炎疫情的应对和合作，进行了友好的电话交谈，特朗普也答应会亲自监督落实两国元首所达成的共识，但现实地说，人们曾经所见的中美关系，也已经一去不复返。

《纽约客》杂志前驻华记者欧逸文（Evan Osnos）于 2020 年

---

[*] 本文根据作者原发表于《联合早报》2020 年 4 月 7 日和 5 月 19 日的文章整理修改而成。
[**] 作者系新加坡国立大学东亚研究所教授。

1月6日发文,引述一名白宫高级官员称,美中关系正处于"自由落体"状态。但是今天的中美关系,何止是自由落体所能形容。这个落体不仅没有任何阻碍力,反而得到了巨大推力,以最快的速度掉向这些年来中美都不想看到的"修昔底德陷阱"。

尽管新冠病毒具有强大的传染力,但如果抗疫举措得当,病毒还是可控的。但如果中美冲突失控下去,不仅冷战频频升级,也有可能发生战争,没有人可以预测这会给两国、给全世界带来怎样的灾难。更令人悲观的是,虽然今天人们对新冠病毒越来越恐惧,但似乎也乐意看着中美关系的急速恶化,好像与己无关;另一些人甚至有意无意地推动着这一进程。

在美苏冷战期间,尽管中美两国可以互相进行核威慑,但两国之间在公共卫生领域还是进行了有效的合作,共同推广天花疫苗接种,最终为人类消灭了天花这种烈性传染病。今天的中美关系又是如何呢?

今天人们所见到的是,几乎是政治已经完全取代了政策。尽管两国都有内部政治,两国的关系都必然受内部政治的影响,但如果没有有效的政策来化解政治所造成的问题,两国政治就会走向最坏的形式,即战争。诚如奥地利军事家克劳塞维茨所言,战争是政治的另一种表现形式。

中美关系自建交以来并不是一帆风顺的,也遇过很大的困难甚至危机,包括1989年政治风波之后美国领导西方对中国的制裁、1996年的台海危机、1999年贝尔格莱德中国大使馆轰炸事件、2001年的南海撞机事件等。

不过，以往两国领导层对中美关系都有一个大局观念，即在最低程度上维持工作关系，在此基础上寻找合作。有了这个大局观，尽管也不时有政治出现，但总会有化解政治所造成的危机的政策。两国更在2008年国际金融危机和2014年埃博拉病毒疫情等问题上，达成了重大的合作。

今天，这个大局已经不再存在。特朗普总统在没有任何科学调查结果之前，就一口咬定新冠病毒来自武汉病毒研究所，并称病毒为"中国人的病毒"。美国国务院高官也一直称"武汉病毒"。美国政治人物和政府官员的推责行为，导致美国"以牙还牙"，中国则被称之为"战狼式外交"。这种互动方式使得两国关系更为紧张。

一 当外交官都变成了政治人物

政治替代了政策之后，冲突必然替代外交。今天美国除了少数几个比较理性的外交官，还做着应当做的外交之外，其他几乎所有的外交官都变成了政治人物，并且所有的外交都成为了政治。没有人在做任何政策，外交政策早已成为过往。

不仅在外交领域，整个社会都是如此。就美国而言，如美国前驻华大使鲍卡斯所说："所有人都知道正在上演的一切是错的，但没有人站出来对此说些什么……现在在美国，如果谁想说一些关于中国的理性言论，他（她）就会感到恐惧，会害怕自己马上会被'拉出去砍头'。"

特朗普可说是当代西方民粹型政治人物崛起的最重要的典型。这些年来，美国反华的政治力量一直处于被动员状态，也已经充分动员起来了。这次他们利用新冠病毒的机会集聚在一起，终于把中国而非新冠病毒塑造成了美国的敌人。

美国当然也不缺乏比较理性的政治人物，例如民主党总统候选人拜登，但是在民粹主义崛起的大政治环境下，拜登也只能向硬的方向发展，而非向缓解方向发展。实际上，在中国问题上，特朗普和拜登所进行的只是谁比谁更狠的竞争。

在整个疫情过程中，中国领导人从来没有就他国的抗疫指手画脚，而是努力和他国高层保持（至少是）电话沟通。不过，人们也看到，中国也有部分官僚和社会大众在宣泄情绪，没有得到有效约束。

人们也目睹着中美高举民族主义大旗的新一代外交官员的崛起对中美双边关系所产生的影响。美国的外交官帮着总统推卸责任给中国，制造着各种推责理论，例如"病毒中国起源论""中国责任论"和"中国赔偿论"等。尽管科学界仍然在努力寻找病毒的根源，但被视为白宫内的"中国通"、副国家安全顾问博明（Matthew Pottinger，又译为马修·波廷格）认为，病毒很可能源自武汉病毒研究所。博明被视为美国中青代对华政策制定者的代表。很显然，这一代外交家已经和基辛格博士之后的几代外交家大不相同，他们经常不能把自己的个人情绪和国家利益所需要的理性区分开来。博明很显然把他过去在中国当记者时不愉快的经历，发泄在中美关系上。

中美双方的强硬态度不仅局限于外交领域，而是分布于更广泛的领域。美国因为言论自由，对华强硬派的态度一直是公开存在的，但中国现在也有了强硬态度的倾向。中美全面经济对话中方牵头人刘鹤副总理，5月8日应约与美贸易代表莱特希泽、财政部长姆钦通电话，就双方落实贸易协议对话。但《环球时报》英文版（5月11日）报道称，中方有可能废止第一阶段中美贸易协议。尽管中国外交部发言人马上确认中国会执行这一协议，但这一消息仿佛震撼弹，不仅再次引爆中美激烈角力，而且导致外界开始看淡协议前景。美方强烈反弹。特朗普则表示，对重启谈判"毫无兴趣"，又表示"一丁点兴趣也没有。让我们看看他们是否会遵守自己签订的协议"。特朗普也称，中国想要重新谈判，以达成一个对他们更有利的协议。

这一趋势也表现在《环球时报》总编胡锡进有关中国应当扩核的言论上。尽管这一言论并不代表官方立场，但也引出了美国乃至世界对中国核政策的关切。

两边的强硬派都宣称是在追求各自的国家利益。尽管从表面上看，两边强硬派的目标背道而驰，但实际上双方都在互相强化，互相帮助和支援，促成中美走向公开的冲突。如果中美冲突是他们的既定目标，那么也罢；但如果这不是他们的既定目标，他们的言行就是和自己的既定目标刚好相反。

更为严峻的是，双方的政治已经拥有了极其深厚的社会基础，美国出现越来越高涨的民族主义情绪。美国民调机构YouGov 5月13日发布的一项民意调查发现，超过2/3的受访美国人（69%）认为，中国政府应对病毒的传播负"一部分"或"很大责任"。这份民调对1382名美国成年人进行了调查，发现约一半（51%）受访者认为，中国政府应对受疫情影响的国家赔偿，有71%的人认为，中国应该因疫情大流行而受到"惩罚"。

具体来说，有25%的人希望禁止中国官员入境美国，32%的人认为美国应该拒绝为中国所持有的美国国债支付利息，33%的人希望对中国商品征收额外关税，41%的人则支持国际制裁。这个民调和皮尤（Pew）最近的民调具有一致性；皮尤民调也显示，2/3的美国人对中国持负面的认知态度。

二 为何中美关系一去不复返？

那么，中美关系为什么会变成这样？因为无论是围绕着贸易还是新冠肺炎疫情，两国间日益恶化的政治气氛，已经使得本来可以发生的合作可能性骤降。

新冠肺炎疫情暴发以来，中美两国一直在两个领域进行着越来越激烈的较量，一是病毒的冠名，二是媒体战。

首先是病毒冠名之争。早期人们对新病毒没有统一的名称，但在世界卫生组织（WHO）有了统一的名称之后，各国理应使用WHO的标准叫法，美国的政治人物却没有这样做。2020年3月16日，中共中央政治局委员杨洁篪在和美国国务卿蓬佩奥的通话中，指责"美国一些政客不断诋毁中国和中方防控努力，对中国进行污名化"。

杨洁篪说:"疫情发生以来,中方始终本着公开、透明、负责任的态度,及时向世界卫生组织以及包括美国在内的世界各国通报情况、分享信息,开展国际合作,并向一些国家提供力所能及的捐助和支持。"蓬佩奥在电话中表示,对北京官方"把冠状病毒责任推到美国身上"感到不满。他强调,"现在不是散布假信息和怪谣言的时候",并表示所有国家应该团结起来面对共同威胁。

在美国的一些人包括政治人物毫无道理地把新冠病毒"种族主义化"之后,中美两国就展开了病毒的冠名权之争。蓬佩奥一直把病毒称为"武汉病毒",尽管中国的抗议声不断。特朗普在关于新冠病毒的全国电视讲话中,扭扭捏捏地称病毒为开始于中国的"外国病毒";但就在杨洁篪和蓬佩奥通话当晚,特朗普在其推特上直呼病毒为"中国病毒"。

美国政客的种族主义很快激起了中国社会的愤怒,无论是纸媒还是网络空间,都充满了声讨文字。特朗普对此似乎很有准备,接下来,他在各个场合直呼"中国病毒"。特朗普的行为更激起了中国的愤怒,外交系统官员连续反应。就这样,冲突就螺旋式地往上升。直到中国国家主席习近平和美国总统特朗普通电话之后,有关病毒冠名权的言论战才有所缓和。

另一战场是媒体。《华尔街日报》发表具有种族主义色彩的污蔑中国人的文章,导致中国驱逐该报在华的三名记者。美国跟进限制中国五家媒体在美国的记者数量,并且要把这些中国媒体登记为外国政府代理人。中国自然进行反制,做出驱逐美国几家主要媒体在华记者,同时限制为美国媒体工作的中方人员的决定。美国也照本宣科地作同样的反应。冲突的升级也是螺旋式的。

不过,无论是病毒的冠名权还是媒体战,这些可能仅仅是中美间冲突的表象。实际上,双方都以为自己知道这些冲突背后,对方所具有的真实议程。在美国看来,中国是想利用这次机会在全球范围内取代美国,从而称霸全球。在中国看来,美国这样做是为了遏制和围堵中国的崛起。很显然,双方的这种担忧并不新鲜,至少从20世纪90年代就开始了,只不过是借新冠肺炎疫情的机会再次表露出来,并且得到了升级。

一些评论员说美国把病毒"种族主义化",是为了推卸政府抗疫不力的责任。尽管病毒在武汉暴发,但早期美国政府将其视为普通的流感,没有加以重视,延误了时机。正如特朗普所言,美国是世界上最发达、最大的经济体,也有发达的公共卫生体系,对病毒并不担心,更无须恐惧。

尽管如此,美国并没有有效阻挡住病毒的快速扩散。这对美国政治人物的信心是一个沉重的打击。不难理解,没有自信心的人更会找机会把错误推给别人,国家也是如此。实际上,直到今天,美国的很多政客都还在热衷于推卸责任,没有把心思和精力放在抗疫上。

不过,把病毒种族主义化在美国政界并没有共识。美国国会民主党人普遍批评特朗普和行政当局对于美国新冠肺炎疫情的应对。民主党联邦众议员麦戈文（Jim McGovern）表示，他担心共和党人在对中国采取调查的做法将引起种族歧视，甚至种族仇恨。马萨诸塞州参议员沃伦（Elizabeth Warren）也公开叫板特朗普。很多民主党人也认为，行政当局这样做是为了推卸责任。

这里值得注意的是，问题并不是推卸责任那么简单。新冠病毒考验着美国的内政外交，很多方面促成了美国对中国真实而深刻的忧虑，这种真实性和深刻性，是正常时期所不能感受到的。

首先是美国担忧对中国经济高度依赖。谁都知道中美两国经济的相互依赖性，但谁都没有对这种高度依赖的后果有过如此深切的感受。正如美国国会众议院外交事务委员会共和党议员麦考尔（Michael McCaul）所说："我确实认为我们要审视我们的供应链，我们80%的医疗物资供应来自中国。如果我们在这样的危机时刻还必须依赖中国，当他们威胁我们，说要把我们置身于新冠病毒的地狱，拒绝提供医疗物资给我们，美国就必须重新审视，思考我们能否在美国制造这些产品。"

的确，自20世纪80年代始的全球化，使美国资本主义高度异化，政府完全失去了经济主权。在新自由主义旗帜下，美国资本主义为了逐利，把大部分经济活动迁往海外，包括和人民生命切切相关的医疗物资。当特朗普大谈美国拥有世界上最强大的经济、最好的医疗卫生体制的时候，老百姓需要的只是简单的口罩、洗手液、防护服、呼吸机等；而正是这些能够给人民带来安全的物资，美国已经不再生产或者产能不足了。

这个现实无论是美国的精英还是民众都是难以接受的。正是因为这个现实，今天的美国出现了"去全球化"就是"去中国化"的论调。但很显然，这并非是因为中国，而是因为资本主导的全球化，使得经济利益完全同社会的需要脱离开来。经济本来是社会的一部分，但经济脱离社会时，危机便是必然的。

其次是美国忧虑中国体制。中美之争说到底就是体制之争。中国的"举国体制"在抗疫过程中所体现出来的有效性，更加强化了美国精英对中国体制的担忧。就美国体制而言，如美国政治学者福山所说，美国这次抗疫不力并非美国体制之故，美国总统要负更大的责任。如果说美国精英对美国体制没有有效的反思，对中国体制的恐惧感则是显然的。

不难发现，在今天美国的内政外交话语中，无论在国会议员还是在国务院官员当中，"中国"的概念越来越少见，大有被"中共"的概念所取代的趋势。强调"中共"而非"中国"，这一变化的背后是美国精英对中国体制的深刻恐惧。

共和党联邦参议员霍利（Josh Hawley）和同党籍的联邦众议员斯坦弗尼克（Elise Stefanik）在参众两院分别提出议案，呼吁对在新冠肺炎疫情暴发初期"中共"隐瞒疫情扩散的情况启动国际调查，同时要求中国对受影响的世界各国做出赔偿。

同时，还有一组跨党派联邦众议员提出另一项议案，把新冠病毒在全球流行归因于中国，并呼吁中国公开承认新冠病毒起源于中国。如果意识到美国精英对中国体制的恐惧，类似的举动就不难理解，而且这种举动今后也会越来越甚。

最后是美国忧虑被中国取代。疫情在美国快速扩散，美国自顾不暇。新冠肺炎疫情把特朗普的"美国中心论"推向一个极端,显示出美国的自私性,单边主义盛行。美国不仅单边对中国断航,也对欧洲盟友断航。新冠肺炎疫情几乎断了美国世界领导力之臂。相反,中国在本土疫情得到控制之后,开始展现其疫情外交,不仅对发展中国家,而且对美国的欧洲盟友,甚至对美国提供援助。更使美国担忧的是,这些国家为了应对危机而纷纷投向中国的"怀抱",无条件地接受中国的援助。

这种情形是美国所不能接受的,美国担心新冠肺炎疫情会深刻地弱化甚至消除美国地缘政治的影响力,而使中国得到一个史无前例的机会来主导世界地缘政治。还应当指出的是,尽管欧洲国家需要中国的援助,但各国对中国援助所能产生的地缘政治影响,也保持高度的警惕。

在中美两国关系上,更加糟糕也更加重要的是,今天冲突双方越来越具有深厚的社会基础,尤其是美国内部日益萌生的民族主义情绪。来自美国的各种民调显示,美国人对中国的好感度已经到了中美建交以来的最低点。中国尽管没有类似的民调,但从数以亿计的网民高涨的不满情绪来看,中国民众对美国的好感度也急转直下。

三 希望在中国这一边

无可否认,新冠肺炎疫情已经促成中美摩擦的升级。现在越来越多人开始担心,随着疫情在美国的继续扩散、美国政治人物把责任推给中国，反华浪潮在美国的快速崛起，加之被疫情恶化的经济危机、社会恐惧和美国内部治理危机，中美之间的冲突是否会转化成为热战？人们只能眼睁睁地看着中美关系陷入"修昔底德陷阱"了吗？

现实地说，如果要阻止中美关系继续恶化，美国方面已经没有希望。民族主义和民粹主义的政治大环境，加上选举政治，在短期内没有任何条件，促成美国政治人物回归理性。

希望在中国这一边。尽管社会和中下层官僚机构中间民族主义情绪有所显现，但中国毕竟存在着一个强有力的、对时局保持清醒头脑的领导集团。在遏制战争和维持世界和平方面，中国已经不缺能力，所缺失的是信心。

尽管美国是挑衅方，但中国仍然必须像从前那样，避免官员出现过分情绪化的言论，使外交保持理性、自信。中国也应当相信世界存在着维持和平的力量。如果中国自己的方法得当，美苏冷战期间曾经见过的"西方"便不可能再现。也就是说，今天世界上不存在一个团结联合的"西方"。

美国希望通过"五眼联盟"（即美国、英国、加拿大、澳大利亚和新西兰）的情报机构，制造"病毒中国起源论"，但一些成员国的情报机构已经表示不认同。在伊拉克问题上，美国的盟友相信了美国，铸成大错。中国不是伊拉克，这些国家没有任何理由要坚定地站在美国一边。

欧洲也已经不是冷战期间的欧洲了。尽管在新冠肺炎疫情问题上，欧洲也有国家批评中国的一些做法，但这并不意味着欧洲和美国站在一起。相反，和美国不同，欧洲有其独立于美国的利益考量，欧洲各国都想和中国确立至少是一种可管理的关系，而不想和中国对立。

实际上，美国和其盟友的关系可以说是处于历史的最低点。这次新冠肺炎疫情危机，没有一个美国的盟友公开要求美国的帮助和支援，这是美国崛起100年以来首次出现的情况。美国在其盟友中的领导能力，已经急速衰落。

即使在所谓的"病毒国际调查"问题上，中国有理由可以不接受像澳大利亚那样持有"有罪推定"态度的国家，但中国并不是没有可以依靠的力量。各国的科学家共同体是中国可以依靠的力量。迄今没有一个国家的科学家共同体认定病毒就是起源于中国，更没有科学家认为病毒是人为制造出来的。

从病毒一开始出现，中国的科学家就一直和各国科学家一起关注和研究病毒的起源和扩散。中国更可以在世界卫生组织的构架下，邀请美国和中国双方都认可的"第三方"来加入调查。中国需要的是一个科学的结论，而不是一个政治化的结论。

对中国来说，继续崛起的道路并不平坦。尽管中美关系恶化，但并不是说中美就注定要以冲突解决两者之间的问题。如果中国有足够的信心、智慧和理性，避免中美两国间的直接冲突，那么最终达至中美重归合作也是有可能的。在今天这样艰难的局势下，即使对一个伟大的政治家来说，这也是一个很难的选择问题。

疫情后的欧洲与中欧关系面临的问题

周 弘[*]

COVID-19 是一场百年不遇的人类灾难,也是人类社会的一场大危机。这场疫情暴发突然,而且终结无时。疫情对全球的经济、社会和政治的打击既取决于疫情延续时间的长短,也取决于疫情防控的力度和方式。历史证明,危机带来的"并发症"可以导致人类社会倒退,也可能成为人类社会进步的"催化剂"。中国和欧盟先后经历了这场疫病的考验,并正在与疫情进行各种形式的斗争,这场考验和这些经历会给欧盟和中国带来哪些积极和消极的变化呢?

一 疫情对欧洲的影响,特别是对欧洲整体走向的影响

对经济的影响

疫情的持续发展给很多欧洲国家的公共卫生系统造成了巨大

---

[*] 作者系中国社会科学院学部委员,中国社会科学院国际研究学部主任、研究员。

的压力。这种压力自然要影响到经济的正常运行。在欧盟经济因疫情而停摆的短短数周内，各成员国的经济活动下降超过了1/3，欧盟艰难维持了数年的经济复苏势头戛然而止，并不可避免地转向衰退。为了应对这种局面，欧洲各国根据疫情的发展变化，随时评估经济的走向，讨论欧洲经济"V"形，或"U"形，或"L"形的可能。为了避免经济"L"形的发展趋势，及时控制住疫情的蔓延成为政策首选，因此多数欧盟国家都采取了强力的干预措施，干预力度之大，为第二次世界大战结束以来所罕见。

从疫情的严重程度及疫情治理来看，欧盟区再次出现了北强南弱的现象，与欧债危机时期暴露出来的问题有相似之处。在大陆欧洲，重灾国多是南欧国家。德国虽然确诊人数众多，但致死率并不高。由于德国的卫生系统坚固如磐，所以德国有能力接收来自意大利和法国的重症患者，而这样做丝毫没有冲击德国的医疗体系，就像一位德国教授所说，"这对于我们的体制来说，就相当于在滚烫的石头上掉了几滴水珠。"[①]

疫情下德国体制的稳定，对整个欧洲来说是个利好。前些时候，德国五家权威经济研究所4月8日预计，德国经济2020年虽然要降低4.2%，但2021年就可以反弹到5.8%，[②] 说明疫情对德国经济的冲击是短期的。欧盟委员会5月预测，欧盟整体今年将进入历史性衰退，预计经济将萎缩7.5%，意大利、西班

---

① 来源于Beate Kohler教授4月3日来信。
② https://finance.sina.com.cn/roll/2020-04-30/doc-iircuyvi0603113.shtml.

牙、法国等国经济受到疫情的影响更大。不过，欧盟委员会同时认为，2021年欧盟经济将整体出现反弹，虽然反弹的幅度尚未确定。

由于实行社交管控和停工停产，疫情给很多欧盟国家带来了产业链断裂的风险，对旅游业、服务业、小企业等的打击尤为严重。为了保证疫情后企业不至于破产，各个国家都不惜代价地动用财政补贴工具，使企业能够在疫情平稳后迅速恢复生产。由于欧盟国家密切跟踪疫情对经济发展的影响，并采取了一系列挽救和刺激经济的政策，欧盟的经济衰退和恢复都处于可控状态。

对社会的影响

欧洲并没有因为疫情而出现大规模的社会恐慌，民众的反应开始是大意，后来趋于镇定。有些民众开始不适应严格的社会隔离措施，但在政府的强力社会管制和疫情知识普及下，绝大多数民众配合了政府的政策。

疫情对于欧洲社会的负面打击主要体现在就业方面，"并发症"也主要体现在企业停工停产、雇员面临失业、小业主失去收入以及服务业受到致命冲击等方面。在发达的工业社会，失业对于个人和家庭是致命的风险，有可能带来社会体系的崩溃。不同于美国，具有福利国家传统的欧洲各国在疫情治理中都为了让企业和个人渡过难关而采取了强力的财政补贴措施，欧洲社会虽然在疫情前已经出现两极分化，但是在疫情冲击下社会并没有进一步分裂，这与国家的补贴和干预政策有关。有的国家补贴业主，有的补贴个人，特别是穷人。这些做法，欧洲福利国家在应对过往的危机时也使用过，例如在欧债危机时期德国就实行过半工资制。这次应对疫情德国也是有条不紊，基本上做到了财政有工具、企业不破产、工人有饭吃、医院不挤兑、复产有组织。举例来说，德国采取疫情治理步骤是系列性的。

（1）保障对医疗物资和后备人员的调动；

（2）在公共沟通领域里推行数据使用的标准化和干预措施的标准化；

（3）保证财政资源和金融市场流动性的充足；

（4）在资金准备方面为企业提供信贷、担保、减税及补偿；

（5）推行企业员工的灵活工作时间；

（6）通过直接津贴稳定劳动者的收入；

（7）安排在家教育、移动办公等方式，有效地利用隔离时间创造价值；

（8）甚至在必要的时候实行临时性国有化措施以确保供应链畅通等。

上述这些政策措施都有利于降低疫情对社会的冲击。

对政府和政党的影响

突发的疫情考验了各国政府和执政党的治理能力以及政府与民众的关系。因为疫情百年不遇，因此在初期阶段，各国政府缺乏经验和准备，都不同程度地暴露出制度缺陷、利益分歧和治理短板。但突如其来的灾难通常又是凝聚民心、改善治理的机遇。

欧盟各国政府对疫情最初的回应各有不同，但最终都根据疫情发展的规律，做到了与民众之间的有效沟通。有些国家的民众开始不适应"失去自由"的措施，但后来在生命和自由之间还是选择了支持政府的严厉管控措施。意大利70%—80%的民众同意政府"封城""封国"政策，西班牙民众也最大程度地采取了临时封闭措施。欧盟各主要国家采取阶梯式的"社会隔离"（social distancing）政策，根据疫情的发展动向不断地调整隔离期限，这些措施受到多数民众的理解和接受。欧洲国家各主流政党因为疫情呈现出"战时场景"，民众支持率均大幅上升。4月2日的民调显示：孔特支持率71%，默克尔支持率79%（比3月初上升了11个百分点），马克龙的支持率也达到了数月以来的最高值52%。而极端民粹主义政党的支持率都下降了。民族主权国家作为欧洲的根本制度因为抗击疫情得到加强，不少民粹党的支持率反而下降。主流执政党将民粹的"国家化"诉求变为强有力的实际行动，民粹的阵地反而丧失。

从欧盟层面看

疫情初期阶段，欧盟的作用受到了广泛的质疑。为此，冯德莱恩在电视上公开代表欧盟向全体人民致歉，以表示欧盟的存在。事实上，外界对于欧盟评价的偏颇多来自用主权国家的标准来衡量欧盟，而欧盟并非主权国家。欧盟在公共卫生领域没有超国家的权能，无权集中并统一调配各国的资源来集中进行欧盟整体的疫情管理。欧盟在疫情初期还曾经强调过"欧洲团结",没有关闭通往意大利的边界,随着疫情的发展,封锁边界、进行各成员国的属地管理就成为唯一现实主义的选择。

欧盟虽然"授权有限",但是在抗疫过程中也并非全无作为。例如,欧盟在中国暴发疫情后,曾从专业的角度向成员国提出要"做好准备"的预警,但事实证明,很少的成员国真正"做好了准备"。再如,欧盟针对抗疫物资被扣压等混乱现象,开启了抗疫物资的"绿色通道",公布了具体的解禁"欧盟路线图",协调"集体退出",这些对于防护欧洲统一大市场不受疫情冲击都是必要的。除此之外,欧盟在2008年的国际金融危机和2009年的欧洲债务危机期间进行了治理改革并创建了一些体制机制工具,例如欧洲稳定机制(ESM)有800亿欧元现金和6000多亿欧元资本,可以用于应急工具,并根据需要和申请划拨。这使得冯德莱恩有可能调动1000亿欧元用于疫情下全欧洲的就业保障。随着疫情的发展,欧盟不仅批准了意大利等国的财政刺激计划,还经过艰难曲折的协调,就欧盟层面设立大额"恢复基金",额外发行1万亿至1.5万亿欧元的债券稳定欧盟经济,刺激欧盟复苏达成了初步协议。

可以说,倘若没有2008—2009年的欧债危机,没有欧盟经历过的数次严重危机,没有欧元区艰难的财政金融治理及新的体制机制建设,倘若没有欧盟体制机制的存在和顽强的坚持,欧洲各国目前的处境会更加困难。总之,从目前的发展来看,疫情还不会导致欧盟和欧元区的解体。也就是说,欧盟此前的一体化趋势并没有因为疫情而逆转,在医疗卫生领域里的一体化程度甚有可能加强，在财政一体化方面也将有新的尝试。欧盟从来就不乏内部矛盾和纷争，但是这些矛盾和纷争尚不足以导致欧盟整体制度设计的崩盘，疫情过后的欧盟会坚守既往的路线和政策，并继续向前推进。

欧盟及各成员国疫情治理的一条重要的原则是关注既有体制的适应性和稳定性。如果医疗资源出现挤兑，社会管理政策就会收紧一点，否则就放松一点，以确保经济和社会体制不会承受太大压力。维护体制是欧盟的"讲政治"，这被欧盟高级外交代表博雷利称为"民主政体的弹性"。他提出，面对疫情中对欧洲制度的批评，欧洲将"维护欧洲模式"，保护欧洲的社会和谐、民族国家整体的稳定和欧洲一体化的未来。在这场远比2008年严重的危机中，欧洲已经开始谋划疫情后的世界，强调六大支柱上的"战略自主"，[①] 其实就是强化"欧洲中心主义"，这六大支柱包括：

（1）降低对外依赖，不但在公共卫生和健康领域，而且在未来科技和人工智能领域；

（2）防止外部市场行为者控制欧洲的战略行动；

（3）保护欧洲关键的基础设施，防止网络攻击；

（4）保证欧洲的决策自主性绝不会被离岸经济活动削弱；

（5）扩展欧洲的规范性力量；

[①] Joseph Borrell, "Post Coronavirus World Here", April 24, 2020, https://eeas.europa.eu/headquarters/headquarters-homepage/78098/post-coronavirus-world-here-already_en.

（6）在所有的领域里表现出领导力。

这里的前四个支柱是要通过强化内部机制，包括转移产业链，限制外部势力在欧洲的活动，加固欧洲壁垒，后两个支柱是让强化了的欧盟及其特有的软实力，在世界上发挥引领作用。

二 疫情对中欧关系的影响

对欧盟自身能力和特性的判断之所以重要，是因为我们要了解欧盟对中国的认识、政策及变化，同时认识中国对欧盟关系的重点及方式。受疫情影响，欧盟对华关系在经济、政治和社会三个方面都会产生影响，这里做一初步评估。

贸易投资作为中欧关系的"压舱石"需要予以特别关注

在疫情暴发前，中欧关系总体向好的趋势中已经出现了一些值得关注的问题：一是欧盟连续配合美国在世界贸易组织（WTO）中提出针对中国的新规则；二是欧盟于2019年制定并通过了限制中国企业在欧盟投资的新条例；三是2019年春，欧盟委员会在其沟通文件里提出了中国和欧盟之间不仅是"合作伙伴"（cooperation partner）和"经济竞争者"（economic competitor），而且还在推行不同的"治理模式方面"（promoting alternative models of governance）是"制度性对手"（systemic rival)。① 在欧盟看来，欧盟和中国之间的经贸合作与竞争不是简单的利益分成，而是不同治理模式孰优孰劣的问题。

早在疫情暴发以前，欧盟的各个层面，包括智库和一些国家政府就已经提出了欧洲对中国的"过度依赖"问题。这种要与中国拉开距离，并对中国市场和投资有所制约的态势是否会因为疫病的暴发而加速，还是逆转？中国和欧洲之间经过数十年合作而形成的"你中有我、我中有你"的产业链和供应链是会加强还是削弱？这取决于中国和欧盟自身在疫情中各个领域的发展，也取决于中欧之间在疫情期间的合作和努力。合作的精神、方式和机制有可能在疫病结束后延续发展下去，同时疏离和"脱钩"的势力也会因为疫情而得到加强。因此，中国和欧盟在这个领域里将面临着复杂的博弈关系。

无可否认，中国对于欧盟来说，仍然是巨大、不断增长、不可或缺的市场，这种自然的吸引力使得欧盟不仅不能和中国脱钩，而且还会深入地发展合作共赢关系。这就是为什么欧盟仍然分外重视并认真地坚持与中国进行投资伙伴协定的谈判。欧盟虽然希望保持并扩大在中国的市场，但是却对中国产品在欧洲市场上的成功格外警惕与抵触。在疫情期间，有关"过度依赖中国产品而导致普通医疗用品和民生用品短缺"的舆论借"安全"之由大行其道。欧洲经济要"本土化、

---

① "Commission Reviews Relations with China, Proposes 10 Actions", https://ec.europa.eu/commission/presscorner/detail/en/IP_19_1605.

全产业链化",要"重组产业链"的呼声越来越高。为了保证供应链"安全"而通过行政和司法干预,强行转移某些产业链,这种可能性在欧洲不乏政治需求和舆论支持。对此,中方需要有充分的了解和足够的准备。从宏观上来讲,大规模的产业重组是费时耗力且并不经济实惠的。在中国和欧盟之间,重新强调并坚持市场规则,跨越新的规范障碍,实现更高的竞争力和更高水平的合作对于稳定中欧关系和中欧人民的福祉至关重要。

提高政治合作的层次

2019年年末,欧盟机构新一届领导人就职。与欧盟机构和欧盟成员国共同推进中欧关系不仅是中国领导人的希望,也列在欧盟领导人的日程表上。按计划,中欧之间2020年本应当有一系列的高访,那将是全面梳理中欧关系、增进中欧高层领导人理解互信的时机。但是疫情阻隔了高访,在中欧关系中起重要作用的首脑外交受到了疫情的一定影响。目前,中国领导人和欧洲领导人频频通过网络视频和电话进行沟通,但是这种沟通替代不了首脑之间的当面交流。

在受到疫情影响的同时,网络外交活动异常活跃。双方网民深度介入中欧之间的交往,表达了各种各样的意见,这些不同利益、立场、态度和解读并不能代表主流的外交立场。此外,更有捕风捉影、虚假夸张的信息和评论快速流传,毒害中国和欧洲人民之间的感情。中欧关系需要权威的引领,形成中欧抗疫合作和共同发展的战略共识。

疫情冲击了现有的全球治理体系。美国及一些追随者不仅不支持团结抗疫，甚至采取了极端不负责任地打压国际组织、打压坚决抗疫的中国的立场。国际政治舞台出现了罕见的乱局。在这个紧要的关头，搁置政治制度差异和意识形态的分歧，相互学习、团结行动，给人类以团结战胜疫情的信心，这才是国际政治发展的大方向，是大政治。中欧联手合作抗疫，交流经验、开展合作、抵制有害舆论、共同防御疫情带来的世界经济风险，减少疫情的社会风险，支持世界卫生组织和其他国际组织的工作，这样不仅有利于中欧双边关系的发展，也有利于全球的抗疫事业和国际多边主义的实践。

社会舆论需要引导

最近以来，中欧之间的社会舆论环境出现了一些问题，在很大程度上是认识问题。疫情暴发初期，欧盟方面和欧盟各国对中国抗疫表达了同情和支持，当疫情的震中转移到欧洲以后，中方也理所当然地予以回报，双方的医学科学和专业管理人士之间展开了前所未有的合作。这些合作的合理延展和深入发展应能使中欧关系别开生面。但是"网络外交"喧宾夺主的现象、错误信息乃至谣言的快速传播，正在误导中欧关系。一些政治势力利用错误和恶意信息给中欧关系施压，形成了所谓的"叙事之战"。欧盟对外事务高级代表博雷利被迫到欧洲议会应询时表示，这种看不见摸不着的政治病毒就是一种"混成的威胁"（hybrid threat），是有"杀伤力"的。① 当然，博雷利所指的"杀伤力"主要是担心"欧洲模式"遭受动摇，但这类"软刀子"会离间国家关系，在外交上也是有杀伤力的。

中欧之间需要形成一种舆论共识：疫情是人类灾难，人类共同的敌人，各国要搞制度合作、求同存异、优势互补、拉紧合作纽带。人类迄今获得的制度进步，无论是欧洲一体化，中国改革开放，还是经济全球化，都曾经给人类带来了和平和发展，倒退是没有出路的。所以要相互尊重各国各地区人民自己选择的道路和制度，这样有利于开展国际合作，实现共同发展。

在抗击疫情方面，中国的作为可圈可点，世界自有公论，而欧盟虽然仍在经历痛苦的抗疫过程，但是欧盟体制也不会因为疫情而迅速瓦解。无论是中国还是欧盟，都会从疫情中总结经验和教训。中国在疫情中坚定了走社会主义道路的信心，加强了政府和人民之间的纽带，发现并改进了体制中的短板和弱项，提高了执政的合法性，并且在国际公共卫生治理方面提高了话语权。欧盟经过又一次危机的洗礼，也可以从疫情中缓慢复苏，其经济社会和政治之间的联系也重新得到调整。欧盟作为一层治理机制，其权能不是在削弱，而是在一波三折地缓慢加强，欧盟甚至还筹划在疫情过后的世界起更重要的引领作用。疫情过后的中欧关系

---

① "Disinformation Around the Coronavirus Pandemic: Opening Statement by the HR/VP Josep Borrell at the European Parliament", https://eeas.europa.eu/headquarters/headquarters-homepage/78329/disinformation-around-coronavirus-pandemic-opening-statement-hrvp-josep-borrell-european_ en.

不会呈现"中强西弱"的局面，中国需要同一个更强硬的欧盟在世界上很多领域打交道，这是对疫情过后中欧关系的一个基本判断。

三　欧洲联盟与世界体系

欧盟虽然会在疫情过后变得更加强硬，但它不是一个主权国家，它的权力不可能像美国、中国、俄罗斯那样集中。在内外政策方面，欧盟会依据功能领域的不同享有不同的权能，在欧盟内部不仅有各个成员国之间的矛盾与博弈，在各国之间还有不同政党和不同团体的不同组合。总之，欧盟虽然正在努力"用一个声音说话"，正在宣示其"战略自主"，打造能够和主权大国相制衡的"主权欧洲"，但在现实中，欧洲将永远是多层次和多样化的。这个多样化的欧洲对于未来世界有不同的看法，也会力争用自己的世界观改变世界，但是因为其权力构成和能力配置与主权国家不同，其起作用的领域方式和力度也会有所不同。

欧盟关于未来世界的主流观念或提法

在欧盟主流思想界看来，疫情前的世界体系就已经千疮百孔了，全球治理体系也出现了许多缺失和弊端。许多关于多边主义和多极化的讨论都是世界力量不对称和破碎化的表象。与此同时，两极化的趋势已经显现，这是欧盟不愿意看到的，因此欧盟要探索改革全球治理的途径。疫情暴发以后，欧盟经过短期的沉默后,高调宣扬"首先联合起来"(together first),防止国际政治内向化,提出国际政治需从威斯特伐利亚合约的国家间体制转向主权国家间的合作体制。

那么在欧盟看来,疫情后合理的全球治理体制应当是怎样的?欧盟一些人士判断,疫情在全球的蔓延会加重并加速此前世界体系和全球治理破碎的趋势,主要表现为:经济鸿沟加宽、社会分裂加重、民族主义重起、反国际机制的声浪增高、中美关系紧张化、庞大的移民潮泛滥、国际恐怖主义猖獗、减贫工作更加艰难、全球治理无从启动等可能性。但是,最大的威胁还是国际政治的内向化和两极化。美国霸权因疫情而加速衰落,第二次世界大战后由美国主导建立的世界体系随之四分五裂。欧洲必须走出美国的保护伞,实现"战略自主",与世界上其他力量重新组合成新的治理体系。

世界体系的治理者主要由三个层次的力量组成。

首先,抗击COVID-19的实践表明,紧急公共卫生事件仍然并且主要全部是民族国家和次国家的职责。疫情强化了主权国家,而国际体系75年的建构并没有产生出应对这类危机的有效机制。全球治理的多边机制的合法性受到质疑,除了美国之外的主权国家得到加强。但是主权国家之间缺乏信任,出现"信任缺失性混乱"(trust deficit disorder),所以需要加强更具有约束力的国家间合作。

其次,战后建立的区域组织在疫情中没有发挥出治理作用,甚至也没有显示出有效的调节作用。欧盟作为发展最好的区域组织,起到了一定的协调和监督作用,但这些作用的效率乏善可陈,但是,区域组织在应对未来的危机、缓解疫情对经济贸易的冲击等方面尚有继续加强的空间。

最后,国际多边专业机构(例如 WHO)显示出了不可或缺性,但授权有限、资源有限、支持有限。因为各国集中了本国的资源用于本国的抗疫,因此疫情过后,联合国 2030 年可持续发展目标(SDG)、巴黎协定的减排目标等全球议程都会因为缺乏资金而受到影响。疫情后的数字化经济会加速,但在国际层面上也缺乏这方面的机制建构。

如果把全球治理看作上面三个主要层次,即国家、区域和国际组织,那么 COVID-19 无疑加强了国家的权力,或者说证明了过去数十年中区域和国际多边组织建构的"低效率"。但后两者的建制恰恰是为了弥补或避免由于国家权力过于集中,国家间博弈过于无常而引起的国际失衡、冲突甚至战争。为了使世界不至于回归到第二次世界大战前的局面,需要积极建构新的多层全球治理体系。

(二)关于未来全球治理的基本思路

在多层结构的全球治理体系中,三层治理主体(即国家、区域和国际组织)仍然是主要角色,不过在这三层治理主体之间需要有更明确具体的分工和合作。除了主权国家可以进行资源调动以外,区域组织应当在本区域内行使民主化程序,并代表本区域在全球扮演居中斡旋的角色。联合国系统和世界卫生组织应获得更加集中化的权威与合法性。COVID-19疫情的暴发恰恰提供了一个时机，使得在公共卫生领域里重建国家、区域和全球层面的分工明确、职责清晰并相互关联的机制成为可能。

历史的经验告诉我们，过强的国家体制会导致群雄并立和威斯特伐利亚体系再现，以邻为壑、结党营私、弱肉强食将重新成为世界规则，而这正是世界不稳定甚至走向战争的重要原因。要避免历史倒退，除了加强世界爱好和平的力量以外，还需要为国际多边组织赋权。除了在财政上支持以外，还要树立这些机构在专业领域里的权威并使其决策程序更加集中有效。区域组织要配合国际组织的活动，妥善沟通国际组织与本地区人民的关系，加强国际合作的合法性。

四 中欧能否共同推动公共卫生领域里的人类命运共同体

习主席在二十国集团（G20）峰会上说："重大传染性疾病是全人类的敌人。"病毒不认国界、不分种族，它挑战的是全人类。在这场人与病毒的大战中，人类社会的敌人首先不是人类彼此，而是看不见、摸不着，而又无处不在的病毒。疫情的全球传播第一次用如此直白的方式证明给全世界：人类是一个命运共同体。当疫情袭来，单个国家或地区——无论是怎样的制度安排或组织形式，无论采取怎样不同的社会标准，甚至也无论是曾经多么互不相容——都或早或晚被裹挟进这场战斗，很难独善其身。

要战胜疫情，单靠一个国家的努力是远远不够的。中国和欧盟在这个问题上有相同的认识和类似的表述。

在抗疫的过程中，不同国家和地区的政策和策略选择显示出该国家或地区的核心指导思想。美国的抗疫不仅受到各种利益集团的挟持，甚至暴露出"物竞天择、适者生存"的放任自由理念。欧洲国家大都具有福利主义传统，在抗疫的过程中不乏政府的大力干预。中国的抗疫则体现出"以人为本"的指导思想。

在中国和欧盟之间，有无可能就抗击疫情形成命运共同体呢？

首先我们必须承认，中国关于"共同体"的表述及内涵与欧盟有一定差异。习近平主席提出的人类命运共同体源自中国传统的"世界大同"理念和现代的社会主义理想，强调人类平等、不同制度之间的和平共处和互利共赢。欧盟的"共同体"理念也可以追述到数百年前的欧洲先哲们，他们的共同体概念的指向是"欧洲统一"[①]。第二次世界大战结束以后，欧洲将"共同体"理念付诸实施，形成了"煤钢共同体""原子能共同体""经济共同体"等实体机制。这种共同体结构复杂、规则烦琐，但都是要"更多的欧洲"，也就是努力向制度趋同方向发展。

中国和欧盟对于"共同体"虽然有不同的表述和理解，但是并不妨碍两者之间的合作共赢。欧盟不可能期待所有其他国

---

① 1464年，波西米亚国王在法国人马里尼的劝导下，建议波兰、匈牙利和德国国王共同签署协议，维护基督教地区的和平与稳定，得到了其他君主的支持，组成基督教区代表大会，根据法规行事，在外来侵略时相互合作。常务会议被称为"共同体"。

家、地区和组织都能形成如同欧盟一样的从组织机构到法律制度都整齐划一的共同体，中国却可以期待不同国家之间的平等协作、互利共赢成为人类的共享理念。事实上，1985—1995年，时任欧委会主席的雅克·德洛尔也曾将"共同体"一词概括为"共同分担、共同分享"。在疫情尚且肆虐的时候，中国和欧盟可以就如何调动和整合抗疫资源、如何普及知识并实现技术突破、如何开展合作以改善各自的公共卫生治理、如何成立国家间的互帮互学互鉴机制、如何支持并加强专业化国际组织、如何保护产业链和供应链不受疫情冲击、如何减轻经济停摆带来的社会副作用、如何对付虚假消息和谣言泛滥等开展务实的合作。在抗击疫情的过程中，美国的软实力和号召力尽失，而作为世界上两大重要力量的中国和欧盟可以率先践行人类卫生健康共同体，使人类尽早摆脱疫情的困扰。

新冠肺炎疫情下的美国内政外交与中美关系*

倪 峰**

2019—2020年岁末年初，一种新型冠状病毒（SARS-CoV-2）不期而至，并迅速蔓延为一场百年不遇的全球疫病大流行，波及200多个国家和地区，上千万人感染，五十多万人丧生，给全球政治经济社会带来极其重大的冲击。病毒对人类的攻击不分国别、地域、种族、信仰。2020年1月21日，美国宣布发现第一例新型冠状病毒肺炎（COVID-19）病例，随后的一个多月里，只增加了几十例。3月，疫情进入暴发阶段，从每天几百、几千到上万，美国迅速成为新型冠状病毒肺炎大流行的"风暴中心"。3月26日，美国确诊人数达8万多人，超过中国成为新冠肺炎确诊人数最多的国家，而且疫情仍在持续发酵。3

---

* 本文部分发表于《世界经济与政治》2020年第4期。
** 作者系中国社会科学院美国研究所所长、研究员。

月 29 日，美国防疫小组核心成员、白宫卫生顾问、美国国立卫生研究院（NIH）专家安东尼·福奇（Anthony S. Fauci）在接受美国有线电视新闻网（CNN）采访时透露，美国预计会有数百万人感染新冠，其中有 10 万—20 万人因此失去生命。①

一 疫情冲击下的美国

这场汹涌的疫病大流行对美国的冲击是震撼性的，堪比 2001 年"9·11"事件和 2008 年"金融海啸"的叠加。随着疫情持续发展，各种各样的危机还在不断涌现，深不见底，需要我们去做持续的探究，但是一些重大的影响已经显而易见。

首先，美国经济遭遇重创，"特朗普景气"提前终结，衰退已至，可能陷入深度衰退。疫情对美国经济的破坏可以用惨烈来形容。以特朗普执政以来最为在意的两个经济指标——股市市值和失业率来看，从 2020 年 3 月 9—18 日，美股十天内四次熔断。3 月 18 日，盘中道指失守 19000 点关口，一度跌近 11%，跌超 2200 点，最低报 18917.46 点，相比 2 月的历史高点 29568.57 点，跌幅超 10000 点。至此，特朗普就职以来道指的涨幅在盘中被全部抹去②。关于失业数据，美国劳工部 3 月 26 日发布的每周初请失业金人数达 328.3 万人，这个数据在 2008 年金融危机时

---

① "U. S. Could Face 200,000 Coronavirus Death, Millions of Cases, Fauci Warns", *The New York Time*, March 29, 2020.

② 2017 年 1 月 20 日，特朗普宣誓就职当天，道指收于 19827 点。

期曾达到69.5万的历史峰值,而目前的数据约为历史记录的5倍。在初请失业金数据公布后不久,杰罗姆·鲍威尔(Jerome Powell)表示,美国经济"可能已陷入衰退"。美国商务部4月底的数据显示,第一季度美实际GDP增速为年率-4.8%,创近十年新低;消费下降5.26%,是最大的拖累项,且是历史第四低;美国4月失业率大概率创历史新高,将达到14%,而美国失业率的历史高点为1982年的10.8%。① 美国第二季度GDP增速大概率创历史新低:由于美国各州的"禁足令"最早在3月下旬开始生效,因此对经济的冲击主要集中在第二季度。据相关测算,GDP增速将跌至-20%,而历史最低记录是-10%。纽联储前副主席雷伊·罗森(Rae Rosen)的判断更为悲观,她认为有两种可能性会将美国经济带入大萧条:一是如果国会只见树木不见森林,在向个人和公司提供援助和贷款时的态度不够坚决,或附加太多条件;二是人们无法保持社会距离,因新冠肺炎疫情蔓延导致死亡人数激增,最终出现社会隔离,经济停滞期延长了几个月。②

其次,美国社会生活开始陷入大面积停摆。与中国的情形不同,美国的疫情形势已呈现出多点暴发的态势。截至4月11日,美国所有的州进入"重大灾难状态",在美国历史上实属首次,绝大多数民众宅在家中。受疫情暴发的影响,美国航空公司的航

---

① 美国商务部网站,https://www.bea.gov/data/gdp/gross-domestic-product。
② 雷伊·罗森:《新冠病疫情对美国的经济的毁坏比2008年金融风暴比较严重得多!》,《国际金融报》2020年3月25日。

班取消量大幅上升。3 月 25 日，当天取消航班 10324 架次，是 3 月 13 日宣布进入国家公共卫生紧急状态时的 27.8 倍。在 3 月 7 日至 14 日这一周，酒店入住率下降了 24%。3 月疫情开始在美国扩散后，许多电影公司宣布推迟电影发行，加上出行减少，美国票房收入进入负增长，3 月 19 日当周的票房收入增速为 −56.2%。餐饮业受新冠肺炎疫情的打击最大。最早出现疫情的西雅图从 3 月初开始餐饮就座率就出现大幅滑坡，纽约和波士顿是在全美病例数破千之后餐饮就座率才出现下滑，等到宣布进入国家紧急状态后的第四天（3 月 17 日），纽约和波士顿的餐厅就座率降至了 0。不仅社会生活受到严重影响，就连美军的行动也受到了疫情影响。美国有线电视新闻网 3 月 25 日报道，据三名国防官员透露，由于新冠肺炎疫情的蔓延，美国国防部部长马克·埃斯珀（Mark Esper）已经签署了一项命令，将所有美国军队在海外的行动冻结 60 天。为此，美国人发出感叹，1945 年以后发生过很多次战争，没有一次战争让地球上最繁华的城市变成空城，让最发达的国家停止一切娱乐，让最先进的医疗体系陷入崩溃边缘，让工厂停工，让所有人待在家里。疫情对美国社会、政治、经济和观念的影响可能是全方位的，这其中包括：民族主义兴起和排外意识上升、社会隔膜加剧、失业潮引发社会动荡、大政府卷土重来、政府成为大型制药公司、个人主义受到约束、消费主义受到抑制、宗教影响回归、更加重视家庭生活、社交活动频度下降、持枪更加成为共识、交往和消费更加依赖数字技术、虚拟现实和远程医疗兴起、更加重视专业主义、电子投票成为主流、国内供应链加强、与外部世界的关系日益产生隔膜。

最后，防疫已成为美国政治和政府行动的焦点。在全球卫生安全指数（GHS Index）上，美国得了83.5分，居全球第一。美国本应成为准备最充分的国家，然而，在疫情暴发的初期，特朗普政府的表现粉碎了这一幻象。尽管病毒出现后不久美国就获得了来自中国的通报，但是特朗普政府的一系列失误使得美国一再失去最好的防御机会。其中包括：在病毒席卷中国的时候，没有认真对待大流行；检测试剂盒的制造存在严重缺陷，使整个国家对危机视而不见；严重缺乏口罩和防护装置来保护前线的医生和护士，没有足够的呼吸机来确保重病患者的生命。全球疫苗免疫联盟总裁希思·巴克利（Seth Berkley）表示："没有方向、措手不及、懒懒散散且毫不协调，美国处理COVID – 19危机的失当程度比我采访过的每个卫生专家所担心的情况更为糟糕。作为一名美国人，我被吓到了。"[1]

2020年2月29日，美国出现第一个死亡病例,[2] 感染人数开始呈爆炸式增长，资本市场做出强烈反应后，特朗普政府才对疫情真正重视起来。3月13日，特朗普宣布美国进入"国家紧急状态"，向州和大城市提供500亿美元的援助，同时公布了应对计划，解决应对疫病大流行的资金问题、试剂盒不足问题、没

---

[1] Ed Yong, "How the Pandemic Will End-The U. S. may end up with the worst COVID – 19 outbreak in the industrialized world. This is how it's going to play out", *The Atlantic*, March 25, 2020.

[2] Ray Sanchez, "This Past Week Signaled a Turning Point in America's Health Emergency", CNN, March 15, 2020.

钱检测及治疗问题、病患信息畅通及全国统筹问题、医生和医院隔离病床不够问题、患病治疗或因照顾家人不能上班而没有收入的问题、低收入家庭无力应对疫情的问题、学生还贷款压力问题，并商讨推出100项措施保护经济。① 至此，美国政府和整个社会才开始真正行动起来。

在疫情大暴发的情景下启动"紧急状态"极大地改变了美国政治常规的运行状态。依据美国的《紧急状态法》，美国总统至少拥有136项紧急权力，包括生产方式调控、向国外派兵、实行国内戒严、管制企业运营，甚至可以使用一些极端性武器等。借此，在美国的联邦政府体系中，行政分支的权力大幅度扩张，特朗普成为超级总统。

随着美国进入"战时状态"，民主、共和两党也一改平日党争不断、相互扯皮的决策低效局面，两党以极快的速度在国会推出《新冠病毒援助、救济与经济安全法案》（*CARES Act*），并于3月27日由特朗普签署。该法案规模和力度空前，动用资金超过2万亿美元。其中既包含了共和党方面的基本诉求，设立一个5000亿美元的基金以帮助遭受重创的行业，也照顾到民主党方面的关切，如为小企业提供3500亿美元的贷款，提供2500亿美元的失业救助和750亿美元的医院救助，为个人提供最高1200美元的现金支付，为已婚夫妇提供2400美元的现金支付，为每

---

① Tom Howell Jr. and Dave Boyer, "Trump Declares National Emergency to Deal with Coronavirus", *The Washington Times*, March 13, 2020, https://www.washingtontimes.com/news/2020/mar/13/trump-declares-national-emergency-deal-coronavirus/.

个孩子提供500美元的现金支付。

尽管在应对疫情的举措上民主、共和两党基本形成了一致，但是疫情也使得党派斗争在另外两个方面趋向白热化：一是正在进行中的美国大选。疫情暴发前，由于美国经济出现的"特朗普景气"，人们普遍看好特朗普的连任前景，然而，随着疫情大流行，美国经济遭遇重挫，加上特朗普在疫情爆发初期应对不力，民主党方面重新燃起了夺回白宫的希望，已经发起了一轮抨击特朗普一贯轻视防疫、忽视民众健康并致使美国遭遇如此惨祸的舆论攻势。例如，3月26日，当美国确诊人数上升为全球第一时，希拉里·克林顿（Hillary Clinton）发推特讽刺特朗普"确实做到了美国第一"。倾向民主党的《外交政策》发表了题为《新冠危机是美国历史上最严重的情报失败》的文章，认为在美国正在暴发的新冠肺炎疫情是"比珍珠港和'9·11'更扎眼的失败，全是特朗普领导的过错""特朗普政府官员做出了一系列的判断（最大限度地淡化了新冠肺炎疫情的危害）和决定（拒绝采取必要的紧急行动），致使美国人民跌落进本不会进入的险境之中"①。总之，疫情大流行及其应对已成为今年选举中最大的议题，疫情的走势以及特朗普政府的应对成效将最终决定白宫的归属。二是联邦与州的关系。美国是联邦制国家，联邦和州都有制定公共卫生政策的权力。但在实践中，管理公共卫生主

---

① Micah Zenko, "The Coronavirus is The Worst Intelligence Failure in U. S. History", *Foreign Policy*, March 25, 2020.

要是州和地方政府的职责范围。联邦、州之间不易做到有效的配合，尤其是在两党政治极化的大背景下，联邦与州在应对重大公共安全危机时会出现许多矛盾。在这次疫情中，重灾区多为民主党主政的州，如纽约州、华盛顿州、加利福尼亚州、密歇根州等，于是党派斗争就不断以联邦政府与州政府之间的矛盾表现出来。例如，特朗普与纽约州州长安德鲁·科莫（Andrew Cuomo）在呼吸机问题上发生严重争执，华盛顿州州长和密歇根州州长批评联邦政府应对不力并与特朗普公开相互指责，都是这次疫情中另类的风景。

二　疫情背景下美国与世界的关系

进入21世纪以来，由于美国遭受"9·11"和金融海啸等数波巨型冲击，美国实力损伤严重，谋霸的雄心与护霸能力之间的落差越来越大。在此背景下，民粹主义和狭隘民族主义汹涌而起，尤其在蓝领白人中产群体和乡村白人中间，他们普遍认为华盛顿、华尔街建制派精英长期推行的全球化政策只是让资本和技术精英获益，而受到损害的是广大的中下层、美国传统制造业和美国的主权。正是在这波汹涌大潮的推动下，政治素人特朗普在2016年当选为美国总统。

特朗普执政以来，美国的对外政策出现自第二次世界大战结束以来最重大的转向。他奉行所谓的"美国第一"，这一提法实质上是美国国内问题积聚、国际地位变化背景下焦虑情绪的直接体现。其核心含义就是将美国遭遇到的各种问题归罪于外部世界、归罪于全球化、归罪于其他国家占美国的"便宜",为此,美国要靠"单打独斗"来追求自身利益,以零和思维看待美国与外部世界的关系。为此,特朗普主张减少自由贸易对美国就业的负面影响,减少气候合作等全球治理机制对美国的限制,减少对盟国的安全承诺。从总体来看,这是一个全面退出的战略。与此同时,特朗普的国际观是"霍布斯式"的,认为国际社会就是一个弱肉强食的"丛林",强调实力原则、大国竞争和不择手段,他主张增加军费,建立更强大的军队。这些政策主张看似矛盾,但却表现出特朗普的外交政策更具单边色彩和破坏性、冒险性。特朗普执政以来,美国一直在承担国际责任方面后退,退出了《跨太平洋伙伴关系协定》(TPP)、《巴黎气候协定》《伊核协议》、联合国教科文组织、万国邮政联盟、《中导条约》等众多国际机制。由于美国的阻挠,世界贸易组织上诉仲裁机构不得不陷入停摆的状态。另外,美国还故意拖欠联合国会费,持续压缩对外援助总额。在处理与世界其他主要国家的关系方面,特朗普政府回归大国竞争的思路,将中俄两国视作美国的战略竞争对手。在中美之间,美国对华发起史上空前规模的"贸易战",在中国台湾、南海、人文交流等各个领域同时发力,强力将中国香港、新疆问题纳入中美战略竞争的轨道,并以印太战略为抓手,不断强化对华地缘战略布局。美俄在北约东扩、军控不扩散、乌克兰、叙利亚、委内瑞拉等问题上博弈加剧。与此同时,特朗普政府以邻为壑,强化边境安全,对主要贸易伙伴全面开启贸易战，目标国不仅包括中国这样的竞争对手，还包括美国霸权长期依赖的北约和亚太盟国，逼迫盟友"公平分担"防务费用。为此，就连西方内部也弥漫着一种焦虑情绪，法国总统马克龙发出惊呼，北约正在经历"脑死亡"；美国学者米尔斯海默称，自由主义的国际秩序正在崩溃；2020年2月举办的慕安会将会议的主题定为"西方的缺失"。

由于美国外部行为的大幅度转向，世界正在进入一个日益混乱的时代，冷战以来关于全球化的乐观情绪正在消失，逆全球化、民族主义、民粹主义、单边主义卷土重来，国家间的矛盾在扩展升级，种族间的隔阂在加深加宽，文明冲突的言论甚嚣尘上，人类正处于一个充满不确定性的十字路口。在此时刻，一场新冠肺炎疫情汹涌而至，演化成第二次世界大战结束以来最为严峻的全球公共卫生安全危机，在当今这个全球化的时代，更是没有一个国家可以身处世外桃源，不受传染病的威胁和伤害。正如约瑟夫·奈（Joseph S. Nye）指出的那样："在应对这场跨国威胁时，仅仅考虑美国对其他国家行使权力是不够的，成功的关键是认识到与其他国家一同行使权力的重要性。每个国家都把国家利益放在首位，重要的问题是，对这种利益的定义是广义还是狭义的。这次新冠肺炎疫情表明，美国未能调整战略以适应这个新世界。"[1]

---

[1] Joseph S. Nye, Jr., "How the World Will Look After the Coronavirus Pandemic", *Foreign Policy*, March 20, 2020.

疫情期间，特朗普政府继续奉行所谓"美国优先"的理念，在有关协调危机应对、物资流动、财政刺激、信息共享等方面，美国几乎都处于缺席状态，就连自己也成了疫情的"震中"，不但没有发挥全球性主导作用，而且以邻为壑。在疫情暴发初期，美国是第一个向其他国家关闭边境的国家。随着疫情的蔓延，美国在限制本国防疫物资出口的同时，还四处拦截抢货，4月3日，德国之声报道称，柏林市政府在中国订购的一批FFP2和FFP型口罩遭美国拦截，美国人还在曼谷没收了一批收货人为柏林警方的供货。法国法兰西岛大区主席表示："美国人出了高价，眼睁睁抢走了我们的货物。"不仅如此，美国白宫国家贸易委员会主任彼得·纳瓦罗（Peter Navarro）妄称，在应对新冠肺炎疫情中，美国盟友和中国等战略对手的行动再次表明，美国在全球公共卫生紧急事件中是孤军奋战，美国有必要将基本的药物生产和供应链转移回国，减少对外依赖，从而保护公民健康以及美国经济和国家安全。而特朗普政府"甩锅"世界卫生组织、暂停缴纳世卫组织会费、对其他国家的抗疫努力妄加指责的做法更是遭到全球各国的抨击。正如奥巴马时期的亚太事务助理国务卿库尔特·坎贝尔（Kurt M. Campbell）和耶鲁大学学者杜如松（Rush Doshi）3月在美国《外交事务》杂志官网发表的一篇文章中所指出的："过去70年，美国作为全球领导者的地位不仅建立在财富和力量之上，同样重要的是，建立在美国国内治理、提供全球公共物品以及召集和协调全球危机应对的能力和意愿所产生的合法性之上。"① "新冠疫情正在考验美国领导力的三大要素。到目前为止,华盛顿未能通过考验。"② "这场流行病放大了特朗普单打独斗的本能,暴露出华盛顿在领导全球应对方面是多么毫无准备。"③ 他们以苏伊士运河事件来提醒美国的当权者:"1956 年英国夺取苏伊士运河的拙劣行动暴露了英国权力的衰落,标志着英国作为全球大国时代的结束,现在美国决策者应该认识到,如果美国不奋起应对这一时刻,新冠疫情的蔓延可能标志着另一个'苏伊士时刻'。"④

三 新冠肺炎疫情与中美关系

正当新冠肺炎疫情开始肆虐之际,中美关系刚好走到了一个关键的档口。在经历了长达一年半的"史上空前规模"的贸易战之后,两国在 2020 年 1 月 15 日最终达成了第一阶段协议,中美关系由急向缓。面对突如其来的严重疫情,世人普遍期待,中美这两个最有影响力的国家能够抛开成见、携起手来,像 2008 年共同应对国际金融危机、2014 年共同应对非洲埃博拉疫情,引导全球应对共同威胁,并为世界的发展和协作提供稳定的预期。

---

① Kurt M. Campbell and Rush Doshi, "The Coronavirus Could Reshape Global Order—China Is Maneuvering for International Leadership as United States Falters", *Foreign Affairs*, March 18, 2020, https://www.foreignaffairs.com/articles/china/2020-03-18/coronavirus-could-reshape-global-order.

② Ibid..

③ Ibid..

④ Ibid..

然而，尽管疫情汹涌，美国仍有相当多的政客、战略精英、媒体从大国战略竞争视角对待中国。一些人甚至把疫情视为抑制中国崛起的机会。美国学者沃特·拉塞尔·米德（Walter Russell Mead）在题为《中国是真正的"东亚病夫"》的文章中称："中国这个巨型卡车因为某种蝙蝠病毒而止步不前了，尽管中国在控制疫情并重启经济，但这个正习惯于认为中国崛起不可阻挡的世界，需要知道没啥东西，包括中国实力的上升，是被认为理所当然的。"① 近期，美国智库新美国安全中心（CNAS）发表了题为《大国持久战》的研究报告，报告中建议美国的对华战略竞争应从"纵向升级向横向升级演变。"即在核武器等大规模杀伤性武器形成的相互确保摧毁情境中，大国战略竞争向战争这样纵向升级的可能性下降的背景下，转向扩大竞争范围，这其中既包括在太空、网络、深海等新空间限制对手行动范围，也包括在舆论、经济、生物等综合领域遏制对手发展潜力。② 在各种势力的共同鼓噪下，美国发起了新一轮的对抗，并对中美两国在抗击疫情方面开展合作产生了极大干扰。

首先，利用新冠肺炎疫情，抹黑和唱衰中国。一些美国官员和机构不断发表不负责任的言论。国务卿迈克·蓬佩奥（Mike Pompeo）称，新冠肺炎疫情的暴发应归咎于中国，中国早期应

---

① Walter Russell Mead, "China Is the Real Sick Man of Asia", *The Wall Street Journal*, February. 2, 2020.

② Andrew F. Krepinevich, Jr., "Protracted Great-Power War: A Preliminary Assessment", https://www.cnas.org/publications/reports/protracted-great-power-war.

对措施不力，中国并未公开很多信息，致使美国目前处于被动状态。特朗普甚至将病毒称之为"中国病毒"。3月24日，美国国会参众两院的一些共和党议员推出决议，呼吁对中国在新冠肺炎疫情暴发初期所谓"隐瞒疫情扩散情况"启动国际调查，同时要求中国对受影响的世界各国进行赔偿。美国媒体也掀起一波攻击中国的浪潮。《纽约时报》不断发文指责中国政府控制疫情不力扰乱了国内外民生，唱衰中国经济会因为疫情遭受严重打击。美国消费者新闻与商业频道（CNBC）电视台称由于新冠肺炎疫情，中国的国际形象会在未来日益黯淡。《华尔街日报》称，由于与中国经济关系紧密，亚洲和非洲国家将成为重要"受害者"。高盛公司、摩根大通、彭博社等美国机构纷纷下调对中国经济增速的预测。企业研究所等美国智库称，疫情将使中国的地方债务、企业违约风险等问题趋于恶化，人民币加快贬值，中国经济或会陷入大规模危机。另外，美方还宣布驱逐和缩减中方在美媒体记者的人数。在此番政治操弄下，两国民众对于对方的观感进一步走低。盖洛普2020年3月初公布的一份民调显示，美国民众对华好感度创下了自20世纪80年代以来的历史新低，只有33%。中国是美国首要敌人的判断则首次与俄罗斯并驾齐驱，2019年，美国民众认为俄罗斯是首要敌人的比例是32%，中国是21%。而到了2020年，俄罗斯是23%，中国是22%。①

---

① Jeffrey M. Jones, "Fewer in U. S. Regard China Favorably or as Leading Economy", https: //news. gallup. com/poll/287108/fewer-regard-china-favorably-leading-economy. aspx.

其次，经贸领域继续施压，加速推动中美经济"脱钩"。特朗普上台后，以经贸领域为主攻方向开启了对华战略竞争，在经历了长达一年半的"史上空前规模"的贸易战之后，两国在2020年1月15日最终达成了第一阶段协议，中美关系由急向缓。而疫情蔓延带来的恐慌情绪为特朗普政府内的对华鹰派提供了推动与中国进行更彻底"脱钩"的新依据。据美国媒体披露，以白宫高级顾问纳瓦罗为首的鹰派正制定和实施借助疫情推动美国制造业企业回流的计划，尤其是减少对中国的依赖。3月22日，特朗普宣布启动《国防生产法》。该法案是美国在1950年颁布的法律，授予总统广泛的权力去影响事关国家安全的国内工业，总统可以在权限范围内要求私企为了国家生产必需物资，并且对相关物资的生产提供贷款并直接购买。该法案的启动为特朗普政府实施不计成本的强行"脱钩"提供了制度上的可能性。3月27日，特朗普任命强力主张中美经济"脱钩"的纳瓦罗为联邦政府的《国防生产法》协调人。4月10日，美国白宫首席经济顾问库德洛向全美呼吁：在中国的美国公司应考虑撤离中国，美国政府提供全部的"搬家"费用支持。与此同时，具体领域的脱钩行动也在紧锣密鼓地进行，其中包括：取消中国享有的世界贸易组织（WTO）发展中国家优惠待遇、收紧中国企业赴美上市融资的渠道、运用各种手段打击华为、强化新兴技术出口管制的实施细则、大幅扩大对中国的军事终端用途或军事终端用户的出口管制、强化对中国赴美投资的国家安全审查、加大对中国所谓"网络窃密"和"经济间谍"的打击力度、升级对"违规"参与中国各种人才计划或与中国科研机构合作的专家学者的打击力度、以违反美国制裁伊朗和朝鲜的相关法律为由对多家中国的银行进行次级制裁等。

最后，继续推进印太战略，联印拉台，打造对华战略竞争地缘政治主平台。印太战略是特朗普政府对华战略竞争的地缘政治布局，对美国来说，印度在其中的作用举足经重。2月24—25日，特朗普开启了上任以来对印度的首次正式访问，两国发表了《美印全面的全球战略伙伴关系愿景和原则的联合声明》，签署30亿美元军事采购合同。特朗普在印演讲时称，"在当今世界，国家之间存在着重大差别，有的国家通过强权、恐吓和侵略来攫取权力，而有的国家赋予人民自由和释放他们努力来追求自己的梦想"[①]，向印度人"暗示"印度与中国的不同。在《联合声明》中双方表示，美印两国紧密的伙伴关系对维持"印太地区自由、开放、包容、和平与繁荣至关重要"，将通过"美印日三边峰会""印美外长防长2+2部长级会议"和"美印澳日四边磋商"等机制加强磋商，并强调将和其他合作伙伴共同提高海洋领域意识。

将中国台湾地区纳入其中，是美国印太战略的一个重要特征。3月27日，经参众两院高票通过后，特朗普正式签署《台湾友邦国际保护及加强倡议法》（台北法案），该"法案"声称

---

① 毛克疾、童镜译：《美国总统特朗普印度艾哈迈德巴德演讲实录》，南亚研究通讯，2020年2月25日，https：//mp.weixin.qq.com/s/6wDTLozTSVPe9ZThmpkFTw。

要强化台美关系，包括美国支持台湾巩固15个"邦交国"、与其他国家发展非正式伙伴关系、参与国际活动、推动双方经济贸易谈判等。这是继2018年通过《与台湾交往法案》，2019年通过《香港人权与民主法案》和《维吾尔人权政策法案》之后，美国的又一对华重大挑衅行动。与此同时，自2020年以来，美舰和军机继续在南海、台海地区展开高频次所谓"自由航行"行动。

在特朗普政府此番操弄下，中美关系快速滑落。众所周知，传染病跨国传播是人类生存与发展的重大威胁。探索疾病知识、发现治疗疾病的药物以及制定预防和治疗方案，本质上都是开放的国际事业。当下，汹涌的疫情在全球疯狂肆虐，防不胜防，已压倒了军事、地缘等传统安全议题成为全球最重大的公共安全危机，唯有全球各国携手同心方能应对。回顾中美关系的历程，两国在共同应对全球重大公共安全威胁方面曾有过很好的合作，不论是应对恐怖主义、金融风暴还是全球气候变化，两国都站在同一战壕里，通过合作发挥了全球领导作用，造福两国，惠及世界。在公共卫生领域，双方曾通过借助政府之间、卫生机构之间以及科研学术界等多层次的机制互动，为两国人民的福祉和全球公共卫生事业做出了重要贡献。

自2003年起，中美两国政府明显加强了双边在全球卫生领域的合作。"非典"（SARS）疫情在中国消退后，时任美国卫生部部长汤普森访华并与中国卫生部签署了合作文件。2004年，中国出现H5N1型禽流感病毒，中国国家流感中心与美国疾控中心首度合作，提升两国在疫情监控和数据分析方面的能力。2005年，两国政府启动了"新发和再发传染病合作计划"，并于同年创立了中美卫生保健论坛。2009年，新型H1N1流感病毒在美国和墨西哥暴发，并迅速席卷全球。鉴于此前的合作基础，中美两国很快实现了信息和技术共享，从而快速推动疫情的国际监测和相关疫苗开发工作。同年11月，时任美国总统奥巴马访华，在随后发布的联合声明中，中美两国承诺"在全球公共卫生问题的预防、监测和报告方面加强合作，其涵盖范围包括H1N1、禽流感、艾滋病、结核病和疟疾等"。2013年，新型禽流感病毒H7N9在中国出现。中国率先研发出针对该病毒的疫苗，并与全世界分享，从侧面促进了美国疾控中心和私人制药公司的疫苗开发工作。在整个H7N9病毒暴发期间，中美两国的疾控中心共享数据并开展联合研究，并在全球范围内分发病毒检测试剂，获得了各国政府和科学界的广泛认同。2014年，埃博拉病毒在西非爆发。中美两国迅速启动医疗援助，并在非洲进行了实地合作。

可以这么说，中美在医疗领域的合作造福两国、惠及世界，有着巨大的发展空间。随着疫情的不断蔓延，已经有越来越多的美国有识之士认识到了中美合作的重要性。《注定一战：中美能避免修昔底德陷阱吗？》的作者格雷厄姆·艾利森（Graham Allison）教授发出呼吁："疫情突显出一种至关重要的国家利益——若没有与对方的合作，美国和中国单方面都无法确保这种利益。如果不让中国参与进来，成为我们的解决方案的一部分，我们就无法在这场抗击冠状病毒的战争中取得成功。"① 3 月 27 日，中美两国元首在二十国集团（G20）领导人特别峰会之后一天之内实现通话，两国元首在通话中聚焦当前全球疫情防控合作，对两国关系不断下滑具有刹车意义。习近平主席指出，流行性疾病不分国界和种族，是人类共同的敌人。国际社会只有共同应对，才能战而胜之。当前，中美关系正处在一个重要关口。中美合则两利、斗则俱伤，合作是唯一正确的选择。希望美方在改善中美关系方面采取实质性行动，双方共同努力，加强抗疫等领域合作，发展不冲突不对抗、相互尊重、合作共赢的关系。② 这一论断为新背景下的中美关系指出了唯一正确的方向。面对百年不遇的全球疫病大流行，全人类命运与共，需要携手合作共同抗疫。

---

① Graham Allison and Christopher Li, "In War Against Coronavirus: Is China Foe—or Friend?", https://nationalinterest.org/feature/war-against-coronavirus-china-foe%E2%80%94or-friend-138387.

② 《习近平同美国总统特朗普通电话》，《光明日报》2020 年 3 月 28 日第 1 版。

新冠肺炎疫情冲击下的世界与中日关系[*]

杨伯江[**]

当前,新型冠状病毒肺炎(COVID-19)疫情肆虐全球,在中国疫情防控阻击战取得重大战略性成果的同时,欧美国家形势严峻,惨象环生。新冠肺炎疫情发生在"百年未有之大变局"的行进过程中,疫情本身及其衍生变量造成的复合性冲击远超预期,给21世纪的国际格局、世界经济、全球治理带来重大影响,中日关系也将迎来新局。

一 新冠肺炎疫情铸就新的历史转折点

作为全球公共卫生危机,此次新冠肺炎疫情相比其他非传统

---

[*] 本文部分内容曾在《世界经济与政治》2020年第4期、《世界知识》2020年第9期发表,收入本书时作者做了进一步补充修改。

[**] 作者系中国社会科学院日本研究所所长、研究员。

安全领域的危机，例如自然灾害、金融危机等，具有突发性、无差别性、跨国性、不确定性等明显特征。疫情波及范围广、治理难度大、损伤程度深、恢复周期长，将造成冲击世界及区域经济增长、危及一国国内乃至全球局势稳定的复合性后果。从时间纵轴看，此次疫情发生在"百年未有之大变局"的行进过程中，很可能成为一个新的历史转折点。《世界是平的》一书的作者托马斯·弗里德曼就提出，从人类面对共同威胁、需要携手应对这一视角看，2020年堪称"人类命运共同体元年"。

全球化方向不会逆转，但节奏范式将有调整

全球化是世界经济发展、科技进步的必然结果，体现着历史发展的规律性，大趋势不会改变，但是，全球范围内产业链供应链将面临重塑。有关国家持续出台相关政策，促使关键制造业回归本土。全球贸易投资规模将出现收缩，世界贸易组织（WTO）已预测2020年全球贸易将下滑13%—32%。① 当然从大趋势看，世界经济最终还是要服从于市场经济的合理性和资本的逐利性。

全球化总体上对各方有利。数据表明，近年来美国等发达国家的收入中位数是在持续增加而非减少。从资本的角度看，合作的收益远大于风险。新冠肺炎疫情下，全球经济的"断供"和"断需"，恰好证明了全球化已是既存现实。疫情防控采取的

---

① "世贸组织预测今年全球贸易将缩水13%至32%"，2020年5月1日，http://www.xinhuanet.com/fortune/2020-04/08/c_1125830175.htm。

"隔离"形式,恰恰凸显了各国之间高度"关联"的现实。疫情不妨可以看作是对全球化的一次测试,它检测出了需要改进或摒弃的地方。这场考验得出的结论之一是,各国应通过在卫生和经济事务上的跨境合作,来应对公共卫生危机。至少在理论上,这将促进全球非传统安全领域的合作。

不过全球化所带来的利益在分配上是不均衡的,更关键的是,这种"不均衡"发生在世界头号大国美国身上,这就导致了问题的复杂化。事实上,自2008年金融危机以来,"去全球化"现象就已经出现,如全球贸易增长放缓、关税等贸易保护主义措施抬头。不过,这些以商品、服务、资本、人员国际流动减少为特征的"去全球化",实质上是全球化进程的放缓,而不是方向的逆转。目前最现实的问题是,全球范围内供给链的重塑势在必行。有关国家更注重保持"供给冗余度",谋求构建更多元化的供给链,增加供应链的弹性与韧性,避免对偏远地区供应过度依赖。目前中国集中了全球制造业产能的约30%,不可避免地成为这一轮调整的重点标的。

国际关系的区域化发展将提速

病毒的攻击不分国界,但明显带有地域性特点。生产基地与消费市场之间距离越远、布局越分散,风险就越大。因此,国际贸易投资将更多考虑地理、地缘性因素。各国海外投资的企业将更倾向于把经营重点放在更靠近本土的地方,这意味着地缘经济思维将上升。

在这种情况下，区域合作、经济一体化将加速发展。有国内学者提出，中国要抓住欧美部分产业停摆、经济衰退的机会，加快"引资补链"，在粤港澳大湾区、京津冀、长三角、成渝地区双城经济圈等地区重点打造一批空间上高度集聚、上下游紧密协同、供应链集约高效、规模达几千亿到上万亿的战略新兴产业链集群。[1] 将产业链全部配置在本土范围，这在中国是可能的，但在国土狭小、人力成本高的日本、韩国有难度，它们只能依托周边、特别是东北亚地区进行调整。这将提升东北亚地区内贸易比重，促进国家间经济相互依存度进一步加强。

世界不同区域、国家在此次疫情防控中表现出很大的差异性。欧盟、东亚（东北亚、东南亚）与北美国家的政府及民众在反应和政策上明显不同。对疫情的应对反映了一些地区内部的文化共性，譬如，相对于欧美所谓"工具理性"式思维，东亚国家的防控举措更多体现出"人本化"价值观念。这些文化共性将成为进一步加强区域合作的社会文化基础。

大国战略博弈进一步融合经济与安全

"后新冠"阶段的国际关系，将在疫前形势发展的延长线上持续演进。就大国关系而言，规则标准依然是大国战略博弈的焦点。发达国家普遍相信，支持"基于规则的秩序"是实现自身

---

[1] "黄奇帆：全球的钱涌向中国是大概率事件"，2020年4月30日，https://cj.sina.com.cn/articles/view/5217810437/p13701780502700qgvg?from=finance。

国家利益的最佳国际结构。① "后新"阶段，伴随国际局势的新变化、区域合作的新发展，如何改革或建立有利于自身的规则标准、强化规则运行的环境，将成为大国战略博弈的焦点。2019年1月达沃斯世界经济论坛上，日本首相安倍晋三提出全球数据治理这一新概念，呼吁制定数字经济监管规则，② 并在同年6月大阪二十国集团峰会上推动了该议题的讨论。日本数字经济起步较早，但发展速度和市场规模相对滞后。数字经济原本是WTO的讨论议题，日本明显要在这一议题上抓住规则制定主导权，引导WTO改革方向。不仅是全球数据治理，"后新冠"阶段，涉及一系列"高新边疆"的重要规则标准的制定值得关注。

美欧日对国家安全问题的重视，体现在越来越把它与经济、科技问题深度融合起来。其结果是高技术领域的国际战略博弈强度大大提升，军用民用技术合流，两用技术增加，研发生产领域"军民融合"加速。2019年年底日美主导修订"瓦森纳协定"，使这一集团性出口控制机制增加了对12英寸硅片技术出口的限制内容，目标在于快速发展的中国半导体产业。在美国打压华为的同时，日本也约谈中国高科技公司负责人。2019年欧盟出台外商直接投资审查新规，在涉及高科技、关键基础设施和敏感数

---

① "Summary of the Building a Sustainable International Order Project", Dec 19, 2019, https://www.rand.org/content/dam/rand/pubs/research_reports/RR2300/RR2397/RAND_RR2397.pdf.
② 「世界経済フォーラム年次総会　安倍総理スピーチ」，平成31年1月23日，日本首相官邸，https://www.kantei.go.jp/jp/98_abe/statement/2019/0123wef.html [2019 - 12 - 19]。

据产业领域,对外国投资加强了审查。美国、日本也加强了类似限制手段。不少国家担心因为外资收购而失去对本国战略部门的控制,以及在贸易上的基本供应过度依赖外部。这导致他们推出新的政策,以加强自主性,减少对外部的依赖。

二 疫情对中日关系的影响复杂多重

新冠肺炎疫情对世界的冲击剧烈而深远,对日本、中日关系的影响是多重、复杂的。这主要是由两大基本因素造成的。一是直接因素,即疫情冲击本身的特点造成的。相较于其他非传统安全危机,全球化条件下传染病传播迅速,烈度、深度、广度都是前所未有的。二是事件发生的宏观背景在起作用。疫情暴发前世界就已经在经历迅猛、深刻的变化,日本国家战略处于转型关键期,中日关系面临历史性变革,疫情实际起到了"变中生变""变上加变"的作用,使既有变化在内涵、方向、力道上出现程度不同的调整。

对日本政治、政局和社会的影响

对日本政治和政局造成较大冲击。截至目前,日本确认感染病例超过1.7万,排全球第45位,病死率约5.39%,在全球排第40位。[①] 日本疫情形势虽远没有美欧国家那么严峻,但日本

---

① 「『毎日更新』新型コロナウイルス国別発生状況まとめ 世界感染者数の推移グラフも」,https://comical-piece.com/korona-virus-number/ [2020-06-10]。

拥有先进成熟的医疗卫生体系和应急管理体制，政府防疫工作效果却没有达到国民预期，所以安倍内阁还是受到了较大冲击，"政权末期综合征"可能提前到来。尽管日本朝野政党一强多弱、自民党内安倍一骑绝尘的基本格局没有变化，但自民党的政党支持率和安倍政府的内阁支持率双双下滑。据朝日新闻社5月23日—24日所做的舆论调查，从事制造业和服务业的受访者，对自民党的支持率3月为36%，5月跌至21%，反映出这两个疫情影响最大行业的从业人员，对自民党、安倍政府防控举措的不满。[1] 安倍内阁支持率同期跌至32%，创下"森友学园丑闻"以来的第二低点。[2] 安倍党内权威受到削弱，围绕疫情应对方案以及"后安倍"时期的权力归属，派系争斗趋于激化。右翼保守势力消极言论包括涉华消极言论再度上升，也从侧面说明安倍对其政治拥趸的控制力下降。相比之下，日本社会总体平稳，没有出现民粹主义、排外主义高潮，这也再次引起人们对日本"体制之谜"的关注。

对日本经济造成沉重打击。疫情暴发前，号称日本战后史上最长的景气周期即所谓"安倍景气"就已宣告结束，日本经济开始步入下行通道，2019年第四季度增长转正为负。为此，2019年年底日本政府出台了26万亿日元的刺激计划。疫情背景

---

[1] 「安倍内閣、支持率最低で起きた『二つの異変』離れた民意の行き先は？」，https://withnews.jp/article/f0200528007qq000000000000000W0di10101qq000021220A［2020-05-06］。

[2] 「日経世論調査 内閣支持率32％に暴落 立憲支持率14％に急上昇」，https://shitureisimasu.com/41401/［2020-05-06］。

下，除各国同样面临外部环境的恶化外，日本还有两大特别因素对经济增长形成严重抑制效果。一是2019年10月提升消费税至10%，将持续打压占GDP 60%的国内需求。二是东京奥运会延期，不但使其潜在利好消失，而且前期投入损失惨重。据野村综合研究所计算，东京奥运会延期将使日本实际GDP下降一个百分点。① 2020年第一季度，日本经济增长率为-3.4%。② 内外因素叠加，2020年日本经济将格外艰难。4月7日，安倍内阁出台了应对疫情、抗萧条刺激计划，规模达到创历史纪录的108.2万亿日元，约合1万亿美元，占到GDP的20%左右，但从各方面反应看，其长效措施耗时太长，远水难解近渴，短期效果能否迅速释放，尚需观察。4月14日，国际货币基金组织（IMF）在最新发布的《世界经济展望》报告中预测，日本2020年经济增长率为-5.2%，③ 日本国内的预测也与此大致相当。④

对中日关系的影响

中日经济合作面临结构性调整，但不会出现系统性萎缩，反

---

① 「『東京五輪パラ中止』で実質GDP1.0ポイント下振れ　野村が試算」，https://www.sankei.com/economy/news/200226/ecn2002260063-n1.html［2020-05-06］。
② 「2020・2021年度経済見通し（20年5月）」，https://www.msn.com/ja-jp/news/money/2020%E3%83%BB2021%E5%B9%B4%E5%BA%A6%E7%B5%8C%E6%B8%88%88%E8%A6%8B%E9%80%9A%E3%81%97%EF%BC%8820%E5%B9%B45%E6%9C%88%88%EF%BC%89/ar-BB14iARk［2020-06-01］。
③ 「IMFの世界経済成長率見通し、新型コロナウイルス感染症の影響で大恐慌以来の悪化に」，https://www.jetro.go.jp/biznews/2020/04/b116de1997a6cdba.html［2020-05-09］。
④ 『第205回日本経済予測（改訂版）』，https://www.dir.co.jp/report/research/economics/outlook/20200608_021589.pdf［2020-06-10］。

而可能形成新亮点。中日之间的各种"链"将重新组合，但合作整体规模将继续保持。上述日本政府出台的 1 万亿美元的刺激计划中，有约 22 亿美元是用于所谓"零部件供应链方面的应对措施"，即要把关键产业的生产环节从海外特别是中国召回日本国内，以降低供应链分散的风险。不过，这种"召回"与美国的对华"脱钩"性质不同，况且日本企业自有相对独立的判断和行为取向，未必与政府一致。这 22 亿美元最终很可能花不掉。也会有一些企业离开中国，但用佳能全球战略研究所总监濑口清之的话说，现在"主张'脱中国'的都是不懂经济的人，说要'离开中国'的都是没有竞争力的企业"。日本贸易振兴机构（JETRO）的最新调查表明，在中国华东地区的日本制造企业中，有 86% 的受访企业表示没有产业转移计划，有 7% 的受访企业计划回到日本，5% 的受访企业考虑还是留在中国，1%—2% 的受访企业有转移到东盟的意向。同样，在中国华南地区的日本企业，大约有 9 成的受访企业表示没有转移计划。① 总之，疫情冲击下，国际合作行为体的经济安全意识、"经济民族主义"思维会同步上升，但日本（以及韩国）国土纵深不足、人力成本高，产业链回撤甚至在国内搞"产业链集群"不是现实选择。对日本、韩国而言，"本土化"在很大程度上意味着区域化，而这对中日合作、中日韩合作来说意味着机遇。

---

① "日本贸易振兴机构上海代表处首席代表小栗道明：日方'供应链回迁计划'未特指中国　相关媒体报道有误解"，经济观察网，2020 年 5 月 18 日，http://www.eeo.com.cn/2020/0417/381343.shtml。

政治和战略上,日本对华竞争意识走强,制衡举措更加多元。对照作为全球挑战的"四大赤字",在中日之间各类问题中,"信任赤字"尤其突出,而且长期居高不下。中国战"疫"初期,中日在民间层面特别是地方友城之间的互动效果良好,①但随着疫情的扩散,形势发生变化,日本右翼保守势力涉华消极言论有所上升。战"疫"对中日国民感情的改善最终能否产生良性推动作用还需要继续观察,但至少"信任赤字"居高不下的局面短期内很难扭转。除中日之间存在现实争端即"问题"本身之外,还有一些战略性因素决定了"信任赤字"的消除无法一蹴而就。其原因,一是来自美国的影响,二是日本自身的考量,"以小事大以智"。2010年中日经济总量逆转,且差距日益拉大,"中大日小"的局面不可能逆转。在这种情况下,日本更加注重以综合战略运筹应对中国加速崛起带来的复合型压力。在中美竞争加剧的背景下,日本要在中美之间扮演关键变量的角色,这种战略心态、需求及举措今后不会减少,而是会持续增加。

如何认知和构建新时代中日关系

2019年6月中日两国领导人在大阪就"共同致力于构建契合新时代要求的中日关系"达成共识。所谓新时代中日关系"既应是对过去原则立场的忠实遵循,又应是从实际出发、与时

---

① 韩东育:《民间外交与文化共享对构筑新时代中日关系的意义——对中日携手抗击新冠肺炎疫情的若干思考》,《日本学刊》2020年第2期。

俱进的创新发展"。① 这里的新时代，首先应是中国共产党第十九次全国代表大会所宣示的中国发展的新时代，而"百年未有之大变局"构成其国际层面的内涵。所以，要构建"契合新时代要求的中日关系"，首先意味着契合中国发展的需要，中国处理中日关系需要强化主体意识，强化引领作为。"新时代中日关系"有其时代特色、有新的追求，对其内涵、样态要做辩证理解，它并不意味着所有问题都得到解决，而有问题又不等于不发展、不合作、不前进。

"新冠后"阶段，中日关系仍将处于竞合并存的"新常态"，双方在坚持多边主义、主张自由贸易、推动区域合作等多方面存在共同利益，抱持同样立场，但也存在不少矛盾和分歧。从日本国内政治看，"后安倍"时期，更可能出现弱势政权，若果如此，日本的政治稳定度、政策连续性恐怕会受到影响。面对复杂局面，中国既要抓紧促进中日合作，也要沉稳应对挑战，一切应建立在扎实研究、科学研判的基础上，目标设定要合理，方案要具有可行性，不能以期盼代替研判，以美好愿望代替理性分析，只有这样才能真正实现中日关系的持续稳定健康发展。

三 探索中日合作的多边路径面临机遇

中日合作的潜在亮点还可以从中日韩三边、从东北亚区域合

---

① 高洪：《新时代的中日关系：核心内涵、主要途径》，《日本学刊》2020年第1期。

作中去发掘，这既是中日合作的外溢效果，也是中日深化合作的必由之路。这次新冠肺炎疫情防控检验了中日韩长期机制化合作的成效，三边合作被赋予新动能，走上"必由之路"、追求"外溢效果"正面临重要机遇期。

三边合作成效通过疫情防控检验

新冠肺炎疫情暴发以来，中日韩特别是中日、中韩之间保持了密切沟通与协调。在专业机构层面，中国疾控中心、日本国立感染症研究所、韩国疾控中心联合举办新冠肺炎疫情防控技术电话会议，就有关确诊病例解除隔离和出院标准、限制社交距离措施、社区物资供给方式、抗病毒药物有效性以及特殊人群防护措施等展开专业交流磋商。政府层面上，2020年3月20日中日韩举行疫情暴发后的首次部长级会议——外长特别视频会议，达成了三点重要共识：一是"联防联控"。三国同意探讨加强联防联控，共同遏制疫情跨境传播，探讨制定相互衔接的旅行疫情防控指南。二是"政策协调"。三国同意加强政策沟通，密切协调配合，降低疫情对经贸合作和人员往来的影响，稳定三国产业链与供应链。三是"交流合作"。三国支持各自卫生、科技、商务等部门加强交流，及时通报疫情信息，开展药物疫苗研发合作，就医疗物资进出口保持协调。[①] 三国还一致同

---

① "2020年3月20日外交部发言人耿爽主持例行记者会"，2020年3月29日，http://search.fmprc.gov.cn/web/fyrbt_673021/jzhsl_673025/t1758730.shtml。

意尽快举行卫生部长会议，加强疫情信息分享和交流，共同维护地区公共卫生安全；寻求能为各方所接受的办法，努力维护与经贸合作有关的必要人员往来；以共同抗击疫情为契机，不断增进三国民众间的友好感情。①

新冠肺炎疫情是中日韩面对的共同敌人，抗击疫情合作增进了三国国民之间的共情体验。尤其是自2019年下半年以来持续紧张的日韩关系，此次文在寅政府采取的透明化疫情应对措施罕见地获得了日本民众的肯定，日本主流媒体、网络平台对韩国政府发出了赞誉之声。例如，《朝日新闻》认为较之安倍内阁基于"强者立场"采取的优先抑制检测、压低感染人数等防控措施，韩国"优先彻底检测，使实际情况可视化"，其所采取的优先贫困者、有重症化风险者的弱者立场，更加值得肯定。《东京新闻》3月9日发表社论，呼吁日中韩加强合作，共同应对新冠肺炎疫情。尽管韩国政府对日本政府采取的限制入境措施表示不满，并采取了对等反制措施，但韩国民众并未就此跟进、出现大规模抗议活动。总体看，合作抗击疫情对日韩关系尤其是缓解两国社会民众之间的紧张关系上起到了积极作用。

相比世界其他地区，东北亚是此次疫情发生较早而防控措施最得力、最先取得成效的地区。这首先是因为中日韩及时采取了一系列有力举措，加之三国在疾控领域各具优势、实力相对深

---

① "中日韩举行新冠肺炎问题特别外长视频会议"，新华网，2020年5月6日，http://www.xinhuanet.com/world/2020-03/20/c_1125743824.htm。

厚：日韩两国传染病防控体系健全，公共卫生系统建设处于世界领先水平。日本医药科研水平高，人工呼吸器、人体影像技术与医疗机器人等医疗诊治仪器处于国际一流地位，而且奉行"健康立国"国际医疗政策，将接收国际病患作为国家政策。韩国在2015年、2018年两次经历中东呼吸综合征（MERS）疫情，抗击病毒传染经验丰富。中国体制优势明显，动员力、执行力卓越，公共卫生体系日益健全，防控诊疗能力明显提高。中日韩疫情防控较快取得积极进展，也与三国在疫情暴发初期及时有效的信息互通、经验互鉴密不可分。武汉出现疫情后，中国第一时间与日韩分享相关信息和抗击疫情的经验，对其后续采取有效措施控制疫情蔓延起到了重要作用。疫情防控中，日韩采取的应对思路、具体举措不尽相同，但均根据中国提供的信息和经验，采取了禁止大型集会活动、关闭大型集会场所、要求居家隔离和居家办公、佩戴口罩及远离人员密集区等共性措施，有效控制了疫情扩散。

通过回溯疫情防控轨迹可以发现，此次中日韩合作能及时启动、有序展开、迅速奏效，也得益于三国在公共卫生领域的良好合作基础尤其是制度性合作框架。早在2006年5月，为降低传染病蔓延风险，中日韩三国卫生部门在日内瓦签署《中日韩关于共同应对流感大流行合作意向书》，将共同应对流感确定为优先合作领域，就此正式开启三国在公共卫生领域的合作。此后，防控人感染禽流感、埃博拉病毒、中东呼吸综合征等传染性疾病先后被列为三国合作重要内容。2007年4月，在韩国倡议下，首届中日韩卫生部长会议在首尔召开，并形成年度对话机制。中国疾控中心、日本国立感染症研究所、韩国疾控中心同步联合举办"中日韩传染病论坛"，不断提升三国在传染病科研技术发展方面的交流合作水平、加强医疗卫生科研领域的技术攻关合作。2015年11月，为预防中东呼吸综合征蔓延，第八届中日韩卫生部长会议提出共同应对公共卫生突发紧急事态方案，就加强三国在信息共享、预防和应对传染病措施等议题达成一致。2019年12月，第十二届中日韩卫生部长会议就在传染病防控、人口老龄化应对等领域共享经验达成共识，续签《中日韩关于共同防范和应对流感大流行及新发再发传染病的联合行动计划》，再次确认将紧密协作应对传染病，并就进一步完善紧急状态下共同行动计划以及继续强化信息快速共享、加大地区公共卫生威胁监测及推动应对疫情威胁的能力建设等议题达成一致。

总之，经过十几年的机制化建设与合作实践，中日韩在公共卫生领域的合作意识不断增强、合作经验不断积累、相关机制逐步建立，并在实战中多次得到检验、不断走向完善。到此次疫情暴发之际，三国在突发公共卫生事件防范及应对方面的合作机制已相对成熟，可在第一时间共享疫情信息并采取及时有效的防护措施，长年合作实践的效果在新冠肺炎疫情的防控过程中得到了充分体现。

携手防控成果赋能多领域合作

中日韩在合作抗击疫情方面取得的成果，将为三国扩大深化各领域合作提供新动能。疫情攻击具有突发性、无差别性和不确定性特征。面对此类非传统安全威胁，各国都无法置身事外、独善其身，共同利益与整体性利益凸显出来。当前，中日韩三国国内疫情已基本可控，都面临确保国民健康与恢复经济运行的双重压力，需要以更紧密的协同防控做到内防扩散、外防输入、以更紧密的产业合作应对疫情对区域供应链的冲击及以更紧密的政策对接推进产业合作深化。

首先，中日韩需要进一步探索优化公共卫生安全领域的合作模式，做好三国公共卫生领域特别是突发危机防控领域的长期合作计划。具体应当包括：其一，建立抗击疫情专项合作机制，启动卫生防疫专家网络会议等协同防控模式；其二，协同强化口岸防控和检验检疫，探索建立三国健康旅行卡，促进三国商务人士旅行的便利化；① 其三，加强大数据信息网互通共享，在疫情防控、感染者诊断、临床治疗和护理方面展开务实合作；其四，加强医疗科研科技合作，在中国第一时间识别出病原体并与世界分享病毒基因序列的基础上，尽早做到在医药科技领域互通有无、优势互补，在有效药物和疫苗研发方面展开实质性技术合作，避免重复试验以节省时间和资源成本；其五，展开疫情防控产品研发生产方面的合作，建立联合研发中心，形成以本地区为基础的生产供应能力。

---

① "中改院召开'疫情全球大流行下的中日韩产业合作'专家网络座谈会"，中国日报网，2020年4月4日，https://caijing.chinadaily.com.cn/a/202004/03/WS5e86ae0aa3107bb6b57aa96a.html。

其次，中日韩可将经济产业领域的合作进一步推向深入。较之欧美各国，中日韩可望较早实现对疫情的基本控制，恢复正常生产生活秩序，这一宝贵的时间差为三国争取战略主动创造了有利条件。一是面对疫情给中日韩制造业供应链带来的严重冲击，三国可以共同维护制造业供应链安全稳定为重点，推动形成三国制造业分工合作新机制。① 疫情暴发前，中国、美国、德国、日本及英国占全球机械设备行业贸易总量的45%，其中前三者分别是东亚、北美及西欧的区域中枢，而疫情持续蔓延必将给全球企业生产、区域贸易及产业链发展带来影响。在东北亚区域内，中日韩产业链关系密切，互为主要贸易伙伴，进出口主要以机电产品、汽车与运输设备为主，日韩作为半导体产业强国、汽车出口大国，受疫情影响的企业不断增加，三国原有产业合作分工面临冲击。二是加速推进中日韩自由贸易区谈判进程，携手推进《区域全面经济伙伴关系协定》（RCEP）如期签署。通过加快在贸易投资、知识产权、可持续发展等领域的谈判，降低贸易和投资壁垒，促进贸易投资自由化和便利化，使三国企业从更宽松的市场准入中受益，为维护中日韩制造业供应链安全畅通提供制度性保障，促进三国及地区经济尽快复苏并实现稳定增长。

再次，中日韩可将制度化合作进一步拓展到地区事务层面。除公共卫生安全领域外，中日韩在生态治理等多个领域的合作也

---

① "中改院召开'疫情全球大流行下的中日韩产业合作'专家网络座谈会"，中国日报网，2020年4月4日，https://caijing.chinadaily.com.cn/a/202004/03/WS5e86ae0aa3107bb6b57aa96a.html。

需要进一步加强。可考虑借鉴1997年亚洲金融危机、2008年国际金融危机后出现的亚洲共同基金构想，协商建立包括公共卫生议题在内的"地区公共危机共同应对机制"，实行常态化运作，以强化区域内非传统安全领域危机管控合作。这类合作属于"低政治"非传统安全范畴，合作敏感度较低、可涵盖范围广，易于达成一致，也更加惠及普通民众。近年来诸如韩国中东呼吸综合征疫情、日本福岛核泄漏等跨境公共安全事件频发，愈加需要跨国的紧密协调与通力合作。着眼未来，环境污染、恐怖主义、信息安全、卫生保健以及人口老龄化等中日韩共同关注的议题都可以纳入该机制，使三国通过扩大合作进一步拓展共同利益基础、增进政治互信。

最后，中日韩还可进一步完善社会保障领域的政策对接。中日两国2018年5月签署了《中华人民共和国政府和日本国政府社会保障协定》，相互减免相关企业、人员的社会保障缴费负担。除日本外，中国还与德国、韩国、法国、卢森堡、塞尔维亚等11个国家签有双边社保协定。而按照日本与美国、法国、荷兰等所签同类协定的标准，中日还可以考虑将减免医疗保险缴费也纳入协定，并将双边协议扩大到中日韩三边，进一步促进三国经贸关系、便利人员往来。这在当前及疫情结束后一个时期内，尤其具有靶向效果。

以中日韩合作带动区域治理

2019年中国（大陆）、日本、韩国经济总量分别居世界第

2、3、12位，合计突破21万亿美元，超过欧盟、逼近美国，占到整个亚洲的2/3、全球的1/5以上，成为"亚洲世纪"的主要推动者。中日韩合作起步于亚洲金融危机后的1999年，目前已建立起领导人会议机制、部长级对话机制21个，其他协商机制70多个，务实合作涵盖30多个领域。三国人员往来每年超过3000万人次，贸易额突破7000亿美元。经济体量与在区域内的重要地位决定了中日韩合作已超越三边，具有重要的地区意义，对东北亚区域治理起到关键性推动作用。

区域化发展是冷战后国际关系的一大趋势，进入21世纪以后，全球至少有20个区域组织已具备国际法主体资格、秘书处、委员会和议会等基本区域建制。而中日韩合作实践尽管已取得长足发展且其中不少已带有区域治理性质，但截至目前有关东北亚区域治理的学术探讨仍严重不足。这反映出中国学界对欧美以外区域与国别研究存在整体缺陷。[①] 新冠肺炎疫情暴发及中日韩合作应对的实践使这一问题再次凸显出来。从现状看，区域治理既是中日韩持续深化合作的合理归结，同时也为各方今后共同应对更多、更严峻的挑战所必需；从地区长远发展角度看，区域治理则可望成为东北亚地区秩序构建的重要支点。

基于西方历史经验和工具理性思维，传统上地区秩序构建或转型"在逻辑上导向以均势秩序与霸权秩序为典型代表的两种

---

① 杨伯江：《关于区域国别研究的一点思考》，《日本研究所科研交流简报》2019年第40期，http://ijs.cass.cn/xsdt/xsjl/202001/t20200102_5069988.shtml。

权力秩序形态",结果导致构建或转型过程往往伴随强制、对抗和冲突。① 以治理而非权力为导向重塑地区秩序,一方面可以避免传统模式下常常出现的冲突与对抗;另一方面可以通过合理选择合作领域,短期内规避"高政治"领域及干扰因素,在次敏感领域先行先试并利用其外溢效应逐渐再渗透到"高政治"领域。从现实看,随着全球性问题、非传统安全挑战的日益增多,"没有哪个国家能够独自应对人类面临的各种挑战,也没有哪个国家能够退回到自我封闭的孤岛"。无论经济还是安全领域,任何地区都难以单纯依赖某一个区域内或区域外强国,而是需要建立多边机制有效应对挑战。

中日韩机制化合作的长期积累,为区域治理合作提供了深厚基础以及拓展深化的广阔空间。中日韩三国比邻而居,同处一个地缘生态系统,相互关联紧密、合作需求巨大。但传统上,东北亚更多以大国权力斗争、地缘政治博弈著称,朝鲜半岛被称为"冷战的活化石"。所幸的是,新冠肺炎疫情反向激发的合作治理动能,存在于中日韩之间,也同样存在于东北亚区域之中。对照区域连结(regional connectivity)、区域建制(regional institutionalization)等有关区域治理的关键变量②,东北亚已开始具备推动区域建制、启动治理合作的基本条件。相较于欧盟和北美自

---

① 刘雪莲、李晓霞:《东亚未来秩序:以权力为主导还是以治理为主导》,《社会科学战线》2019 年第 1 期,第 208—218 页。
② 张云:《国际关系中的区域治理:理论建构与比较分析》,《中国社会科学》2019 年第 7 期,第 186—203 页。

贸区，东北亚区域内贸易比重偏低，这与其说是中日韩产业结构关联性不强，毋宁说是经济合理性以外因素所致。2019年日韩爆发贸易争端，两国相互制裁，造成双输结局，从反面说明了这种紧密关联的客观存在。此次新冠肺炎疫情造成的冲击，又为这种紧密关联进一步合理化提供了调整契机。

东北亚区域治理应当遵循自己的特色路径。国际学界关于区域治理的研究迄今多以欧洲一体化进程与欧盟治理为范本，但"欧洲中心主义"并不具有普遍性。从东亚地区的特性来看，无论是历史上的"朝贡体系"还是现实中的国家关系结构，都有别于西方以权力为主导的历史经验和思维模式；从冷战后的现实来看，东亚地区也没有复制曾在欧洲盛行的多极均势秩序。东亚地区历史传统与现实需求与西方世界的突出差异，使东亚地区秩序建构与转型的理念和路径应该植根于自身的历史进程和地区特性。[①] 中日韩在此次疫情防控过程中就表现出某些文化共性，如明显有别于欧美"工具理性思维"的价值取向，也可为东北亚区域治理的路径设计提供参考。马里兰大学教授米歇尔·盖尔芬德指出，"病毒的发展轨迹不仅同冠状病毒的性质有关，而且也同文化有关"，面对公共卫生危机，中国那样的"紧密型社会"比美国这样的"松散型社会"更能做出有效回应。[②]

[①] 刘雪莲、李晓霞：《东亚未来秩序：以权力为主导还是以治理为主导》，《社会科学战线》2019年第1期，第208—218页。

[②] "托马斯·弗里德曼：世界正面临新的纪年法，新冠元年前和新冠元年后"，观察者网，2020年5月6日，https://www.guancha.cn/TuoMaSi-FuLiDeMan/2020_03_21_542841_s.shtml。

概括而言，中日韩需要利用好与欧美防控疫情之间的"时间差"，主动优化分工合作、携手维护制造业供给链安全稳定与深化拓展各领域合作；同时，三国应超越抗击疫情合作，从非传统安全领域入手推动区域治理取得进展，以区域治理为切入点推动实现东北亚秩序转型。以中日韩合作促进区域治理、以区域治理为切入点重塑东北亚地区秩序，可从以下三个方面着手：一是借鉴东盟经验，奉行"柔性的多边协调主义"原则；二是坚持"优化存量、改善变量"的基本思路；① 三是探索由浅入深、循序渐进的实际操作路径。在坦诚面对现实、有效管控分歧以及推动问题朝着妥善解决方向发展的同时，丰富"百年未有之大变局"下地区国际关系的观察角度，从非传统安全领域入手，逐个机制、逐个基金、逐个项目地扎实推进。

---

① 杨伯江：《中日关系如何行稳致远，实现可持续发展》，杨伯江主编：《"全球变局下的中日关系：务实合作与前景展望"国际学术研讨会文集》，世界知识出版社2020年版。

疫情后的非洲和中非关系

李新烽[*] 张春宇[**]

2020年3月中旬,疫情开始在非洲蔓延。疫情给非洲经济带来了巨大的负面影响,但并未改变非洲经济长期向好的走势;疫情后,中非经贸合作有望打造新亮点,提升新高度。疫情加大了非洲局部地区社会动荡的风险,但并未改变非洲总体安全局势日益稳定的趋势;疫情后,中非安全领域合作有望形成新局面,取得新突破。近年来,中国在非洲的国际合作环境日趋复杂,疫情后,这一局面仍将持续,但中国已成为非方最重要的国际合作伙伴,非洲国家在发展道路选择上"向发展看",有利于中非合作关系的进一步巩固。

---

[*] 作者系中国非洲研究院常务副院长,中国社会科学院西亚非洲研究所所长、研究员。
[**] 作者系中国非洲研究院助理研究员。

一 疫情后的非洲经济

疫情给非洲经济增长带来了严重负面影响

2020年全球蔓延的新冠肺炎疫情给世界经济带来了巨大负面冲击，全球经济衰退已成定局。目前，疫情仍在非洲蔓延，据非洲疾病预防控制中心数据，截至2020年6月13日，非洲累计确诊病例已超过21.8万例。由于非洲缺乏大规模检测病毒的能力，实际感染人数可能更多。鉴于非洲人口流动性强，社会治理能力较弱，医疗卫生条件较差，下一步非洲疫情控制并不乐观。世界卫生组织此前发布警告称，拥有13亿人口且集中最多发展中国家的非洲大陆可能成为新冠肺炎疫情大流行的下一个"震中"；如不考虑公共卫生措施实施的情况，非洲大约将会有超过一千万人口在接下来的3到6个月内被感染。[1] 肯尼亚内罗毕大学教授埃瓦里斯图斯·伊兰度认为，非洲脆弱的卫生系统难以为疫情防控乃至后续病患救治提供足够支撑。即便显著提升病毒检测能力，实现百万级以上规模检测，对贫困且资源匮乏的非洲而言，疫情防治还是极其艰巨的任务。[2]

据联合国非洲经济委员会预计，疫情将使2020年非洲经济

---

[1] "世卫组织：非洲恐成为下一个疫情中心"，非洲侨网，2020年4月18日，http://www.qiaowang.org/cn/shss/wlrw/12373.html。

[2] "特稿：SOS！新冠疫情'非洲保卫战'须提前打响"，新华网，2020年4月27日，http://www.xinhuanet.com/world/2020-04/27/c_1125911192.htm。

增速预期由此前的 3.2% 下降至 1.8%。① 随着疫情继续蔓延，对非洲经济增速的预期将进一步降低。疫情对非洲经济的影响体现在方方面面。疫情导致的全球商品和服务需求下降直接降低了非洲出口。非洲经济对出口依赖严重，且出口商品以能源、矿产、农产品等原材料和初级产品为主，2015—2019 年，非洲年均贸易额 7600 亿美元，占 GDP 的 29%，这使得非洲经济对外部冲击和决策变化十分敏感。此次疫情导致世界贸易暂时中止，非洲主要贸易伙伴欧盟、中国和美国等从非洲进口需求减少；叠加地缘政治争端导致的国际原油价格暴跌的影响，非洲出口大幅下滑。据非经委估计，2020 年非洲燃料出口收入预计减少约 1010 亿美元，非洲石油出口国的收入损失将多达 650 亿美元。② 疫情还对非洲旅游业和航空运输业产生了严重影响，而这两个行业是许多非洲国家经济活动的重要产业，外汇收入的重要来源。据世界旅行及旅游理事会数据，2018 年非洲旅游业增长 5.6%，对 GDP 的贡献率达 8.5%③，有 15 个国家旅游业收入占 GDP 的 10% 以上，疫情将导致 2020 年国际游客人数下降 20%—30%。④ 2019 年，非洲航空运输业产值 558 亿美元，占 GDP 的 2.6%，提供了

---

① UNECA, "Economic Effects of the COVID - 19 on Africa", https://www.uneca.org/sites/default/files/uploaded-documents/stories/eca_ analysis_ - _ covid-19_ macroeconiceffects. pdf, 2020 - 03 - 13.

② "联合国：非洲今年经济增速可能降至 2%"，新华网，2020 年 3 月 14 日，http://www.xinhuanet.com/world/2020 - 03/14/c_ 1125713487. htm.

③ WTTC, Travel & Tourism Global Economic Impact & Trend 2019, http://ambassade-ethiopie.fr/onewebmedia/Tourism-WTTC-Global-Economic-Impact-Trends-2019. pdf.

④ UNWTO, "International Tourist Arrivals could Fall by 20 - 30% in 2020", https://www.unwto.org/news/international-tourism-arrivals-could-fall-in-2020, 2020 - 03 - 26.

620万个就业岗位；疫情暴发后，非洲大陆游客人数骤减，多家航空公司航班停飞，据国际航空运输协会数据，非洲的国际预订量在3月和4月下降了约20%，预计非洲航空公司2020年的客运收入将损失60亿美元①。虽然疫情导致非洲航空公司停飞，但购置飞机的债务仍需偿还，肯尼亚、摩洛哥、卢旺达等国航空公司都在此方面感受到了压力。

疫情导致的全球经济衰退将使非洲资本流入减少。由于可利用的国内资金十分有限，长期以来，非洲国家的国内投资严重依赖外资，包括外商直接投资、侨汇和国际援助等。随着疫情暴发，全球经济陷入衰退，非洲的主要资金来源国经济增长放缓，跨国公司利润下降，导致全球外国直接投资都出现大幅下滑。联合国贸发会议3月26日发布的《投资趋势监测新冠肺炎疫情特别版》指出，疫情预计将使2020—2021年间全球外国直接投资下降30%—40%②。在这种大环境下，非洲外资流入减少不可避免。此外，世界评级机构惠誉国际表示，原油价格下跌和新冠肺炎疫情的暴发还可能会引发非洲资本外流。事实上，随着市场风险提高，出于资金安全考虑，国际投资者于3月抛售了12亿美元南非政府债券③。

---

① IATA, "Aviation Relief for African Airlines Critical as COVID-19 Impacts Deepen", https://www.iata.org/en/pressroom/pr/2020-04-23-02/, 2020-04-23.
② UNCTAD, *Global Investment Trend Monitor*, No. 35, https://unctad.org/en/PublicationsLibrary/diaeiainf2020d3_en.pdf, 2020-03-26.
③ "惠誉国际称国际油价下跌可能导致非洲大规模资本外逃"，驻赤道几内亚共和国大使馆经济商务处，2020年3月23日，http://gq.mofcom.gov.cn/article/jmxw/202003/20200302947662.shtml。

疫情导致的公共卫生支出增加和税收减少将使非洲国家政府财政压力加大。非洲国家普遍财政状况不佳，一半以上国家的财政赤字占GDP的3%以上，疫情的暴发使之雪上加霜。一方面，大宗商品价格下跌和全球经济衰退导致非洲各国财政收入减少；另一方面，为抗击疫情，各国医疗和社会保障支出增加，且需要通过税收减免、政府补贴等来刺激经济，这将产生巨大的财政缺口。在全球经济衰退和外资流入减少的背景下，非洲国家可能会通过国际借贷来获取资金，但非洲国家普遍债务水平较高，仅在过去两年，非洲各国政府就在债务市场上筹集了550多亿美元资金[1]，债务水平的继续上升可能使部分非洲国家陷入债务危机之中。

疫情正在严重影响非洲的民生和就业。非洲国家对基础粮食和药品、医疗设施进口依赖严重，近2/3的非洲国家是基础粮食净进口国，所有非洲国家都是药品和医疗设施净进口国，其中药品对外依存度达94%。早在2020年年初，蝗灾就已经威胁到了非洲粮食供应，《全球粮食危机报告》曾预测，东非地区将有超过2500万人在2020年下半年面临严重的粮食不安全状况[2]。疫情暴发后，世界多国开始限制粮食出口，导致粮食价格上涨，供给短缺。随着疫情在全球蔓延，世界多国出现防疫用品短缺，没有多

---

[1] Joe Bavier and Karin Strohecker, "Africa's web of creditors complicates coronavirus debt relief", March 27, 2020, https://www.reuters.com/article/us-health-coronavirus-africa-debt-analysis-idUSKBN21E2G3.

[2] "新冠肺炎疫情和蝗灾将给东非粮食安全带来巨大危机"，新华网，2020年5月12日，http://www.xinhuanet.com/yingjijiuyuan/2020-05/12/c_1210614650.htm。

余产品用于出口,医疗物资的匮乏客观上加快了非洲疫情传播速度。疫情还造成非洲大量企业停工停产,大量非正规性就业行业面临关闭,由于非洲人普遍没有储蓄能力和习惯,失业后生活迅速陷入困顿,如持续较长时间,可能引发一定程度的社会动荡。

南非、尼日利亚等国经济受疫情的冲击是非洲整体情况的缩影。

南非于2020年3月14日出现第一例确诊病例,随后即采取了"封禁"等措施,但依旧没能控制疫情蔓延,至今确诊病例已超过22000例。5月1日,南非进入分级"4级"封禁状态,允许部分企业复工和人员流动,但存在疫情反复的可能。疫情影响下,预计2020年南非GDP将收缩7%,财政赤字将占GDP的12%。矿业是南非的支柱产业,在"封禁"期,所有矿山的采矿活动都进入停产维护状态,导致矿业产量和出口量大减。默里和罗伯茨公司在南非的大部分项目关闭;全球三大铂金生产商英美资源集团铂业公司、南非斯班耶—静水公司、羚羊铂业控股公司宣布今年将无法履行供应合同;全球最大铬铁生产商之一的南非萨曼科铬业公司关闭,嘉能可在南非的铬铁矿合资企业停产,导致全球铬矿市场供应中断。汽车业是南非重要的制造业。今年4月,南非国内汽车销量同比下降98.4%,新车出口量下滑超50%[①]。疫情将使丰田南非工厂年产量下降15%—20%,为期5

---

① Prinesha Naidoo, "South African Car Sales at Record Low Show Economy's Lockdown Pain", May 5, 2020, https://www.bloombergquint.com/onweb/down-98-4-south-african-car-sales-show-economy-s-lockdown-pain.

周的封禁已导致该公司减产约1.35万辆①。南非汽车制造商协会数据显示,到4月底,全国仅有51%—60%的车企能够发放工资,11%—20%的中小车企面临倒闭②。即使"封禁"级别下降,车企也无法改变下游市场需求短期内严重下滑、线下销售恢复时间无法预料的困境。服务业占南非GDP的68%,金融、旅游、航空运输和酒店服务业是支柱;疫情下,南非国家航空公司准备遣散全部4700名员工,永久停业;疫情导致大量旅游业和酒店关停。据南非储备银行预测,2020年会因疫情失去37万个工作岗位,将有10万至20万家企业倒闭,南非失业率将从38.2%扩大至48%,仅"封禁"就让南非汽车行业裁员10%③。疫情对小企业和个人的影响更为严重,大量服务员、收银员和工厂工人被裁,陷入生计困难,社会冲突不断。

尼日利亚经济也受到疫情严重冲击。据麦肯锡预测,2020年尼日利亚GDP将至少萎缩2.5%,最坏将萎缩8.8%;国际货币基金组织(IMF)预计今年尼日利亚GDP将萎缩3.4%④。石

---

① Reuters, "Toyota's South African unit sees 15 – 20% hit to production due to virus", April 22, 2020, https://www.reuters.com/article/us-health-coronavirus-safrica-toyota/toyotas-south-african-unit-sees-15-20-hit-to-production-due-to-virus-idUSKCN2241CQ.

② Reuters, "Exclusive: South Africa's auto industry could cut up to 10% of workforce due to lockdown-survey", April 9, 2020, https://uk.reuters.com/article/us-health-coronavirus-safrica-autos-excl/exclusive-south-africas-auto-industry-could-cut-up-to-10-of-workforce-due-to-lockdown-survey-idUKKCN21R2K5.

③ "南非超过40%正规部门企业没有足够资金维持生存",驻南非共和国大使馆经济商务处,2020年4月22日,http://za.mofcom.gov.cn/article/jmxw/202004/20200402957928.shtml.

④ IMF, World Economic Outlook, April 2020, https://www.imf.org/en/Publications/WEO/Issues/2020/04/14/weo-april-2020.

油业是尼日利亚支柱产业，受疫情和国际油价双重影响，石油日产量将降低至170万桶，很多油井被迫停止开采，但一些油井由于太旧，一旦闲置可能将再无法重启；预计今年原油出口收入将减少140亿美元①。可可豆是非洲最重要的非石油出口产品，2月到3月底，可可豆价格下跌幅度超过15%；如产量不变，年可可豆出口收入将损失1亿美元②；如果疫情持续在可可豆生产州蔓延，产量也必将下降。据尼日利亚投资促进委员会发布的《2020年第一季度投资报告》，一季度实体行业投资同比下降62%③。尼日利亚全国旅游机构协会统计，疫情暴发以来，国际航线旅客数量下降了15%④。经济下行导致了大量失业，据IMF预计，尼日利亚失业人数将从2018年的2000万增加到2020年的2500万⑤。

非洲其他国家受疫情的影响同样严重。据IMF预测，2020年埃塞俄比亚GDP增长率将由2019年的9%降至3.2%，肯尼

---

① "联合国：非洲今年经济增速可能降至2%"，新华网，2020年3月14日，http://www.xinhuanet.com/world/2020-03/14/c_1125713487.htm。
② "新冠肺炎疫情将重创尼农产品出口"，驻尼日利亚联邦共和国大使馆经济商务处，2020年4月24日，http://nigeria.mofcom.gov.cn/article/jmxw/202004/20200402958821.shtml。
③ NIPC, *Report of Investment Announcements in Nigeria*, March, 2020, https://nipc.gov.ng/wp-content/uploads/2020/05/Q1-2020-20200416-2.pdf。
④ "受新冠肺炎疫情影响，尼日利亚国际航线旅客数量"，驻尼日利亚联邦共和国大使馆经济商务处，2020年3月12日，http://nigeria.mofcom.gov.cn/article/jmxw/202003/20200302944518.shtml。
⑤ Salman Parviz, "Oil producers dig into savings amid fiscal deficits", https://www.tehrantimes.com/news/447315/Oil-producers-dig-into-savings-amid-fiscal-deficits, 2020-04-29.

亚则由 2019 年的 5.6% 降至 1%①。在埃塞俄比亚，埃塞俄比亚航空客运航班已减少九成，经济损失超过 5.5 亿美元，减少了近 33 万个就业岗位②；一季度花卉出口暴跌 80%，侨汇流入减少了约 80%③。在肯尼亚，花卉出口日均损失 240 万美元；截至 4 月底，旅游业收入至少下降了 60%④。

疫情对中非经贸合作的负面影响

中非互为重要的经贸合作伙伴，疫情将对中非经贸合作产生明显影响。首先，疫情将使中非贸易额下降。一方面，疫情下，中国经济活动经历了长期停滞，需求的下降导致非洲出口中国的大宗商品和原材料减少。据估计，中国 GDP 增速下降 1% 会导致撒哈拉以南非洲的商品出口下降 0.6%，损失达 4.2 亿美元。受影响的产品门类很多，比如受包括中国在内的国际需求减少以及全球地缘政治博弈的影响，国际原油价格一度跌至 1.15 美元每桶，尼日利亚、安哥拉、刚果（布）等非洲产油国的石油收入锐减。纽约铜价一度下跌超 8% 至每吨 4350 美元，给赞比亚、

---

① IMF, *World Economic Outlook*, April, 2020, https://www.imf.org/en/Publications/WEO/Issues/2020/04/14/weo-april-2020.

② 驻埃塞俄比亚联邦民主共和国大使馆经济商务处："新冠肺炎疫情致埃塞航空营收损失 5.5 亿美元"，2020 年 4 月 14 日，http://et.mofcom.gov.cn/article/jmxw/202004/20200402954998.shtml。

③ Nita Bhalla and Emeline Wuilbercq, "East Africa: No Bed of Roses-East Africa's Female Flower Workers Lose Jobs As Coronavirus Hits Exports", April 11, 2020, https://news.trust.org/item/20200411032043-83609/.

④ 驻肯尼亚共和国大使馆经济商务处："肯尼亚旅游业受到新冠肺炎疫情的严重打击"，2020 年 4 月 24 日，http://ke.mofcom.gov.cn/article/jmxw/202004/20200402958590.shtml。

南非、刚果（金）等非洲矿业大国带来了压力。另一方面，中国向非洲出口的某些工业制成品会出现一定减少。据中国海关数据，2020年第一季度中非贸易额下降了约14%，其中，中国对非洲出口下降了10%，中国对非洲进口下降了16%；1—4月，中国和南非的贸易额下降了25.9%。

其次，疫情将导致中国对非洲直接投资额下降。受疫情影响，很多中国企业将注意力更多转向国内，海外投资暂时不被列为优先事项。除固有的项目投资外，非洲短期内很难获得中国企业的资金流。第一季度，中国对南非直接投资额较2019年第四季度下降了40.3%。

再次，疫情使在非洲的中资企业面临困难。中国在非洲的工程承包完成额将大幅缩水，虽然目前没有统计数据，但从中国和非洲国家受疫情影响的程度和双方实行的相关措施来看，该趋势已成定局。受疫情影响，非洲国家对外国公民采取了限制措施，导致中资企业员工返工困难，阻碍工程进度，工程承包完成额将出现严重下滑。中国在非洲已运营企业由于非洲经济活动停滞等原因，也无法实现预期经营收益。此外，疫情使部分非洲地方滋生反华排华的种族主义情绪，中国在当地的企业和人员安全面临威胁。近期发生的赞比亚三名华人被杀害和焚烧事件，以及部分中资企业和华侨华人遭到赞方有关人员突击检查的事件，已经显示在赞中资企业和华侨华人的正常生产生活受到了威胁。

最后，疫情使非洲国家债务压力加大，中国对非洲债务的处置备受关注。近些年中非关系的快速发展引起了国际社会的广泛瞩目，部分国家对中非合作进行无端质疑和诋毁。进入 2018 年，随着非洲国家债务风险的浮现，国际社会上又出现了"中国债务陷阱论"，指责中国提供的大量资金将部分非洲国家拉入了债务泥潭。事实上，中国并不是非洲最主要的债权国，非洲的主要借贷方仍是西方发达国家、多边金融机构和私营银行。从对非洲贷款总量来看，据美国约翰斯·霍普金斯大学中非研究项目数据，2000—2018 年，中国共向 49 个非洲国家政府及国有企业发放了 1000 多笔贷款，总额约 1520 亿美元。但中国对非洲贷款在非洲当年外债余额占比一直相对较低，2011 年前一直未超过 2%，2016 年达到历史最高的 4.78%[①]。这主要是因为在 2015 年的中非合作论坛约翰内斯堡峰会上，中国承诺将对非洲提供 600 亿美元的资金支持；同时，2016 年中国为安哥拉提供了一笔 190 亿美元的贷款；扭转了当年中国对非洲贷款额。2017 年后，中国对非洲贷款额回归至正常水平。从对非洲债务的用途来看，中国向非洲提供的贷款很大部分用于基础设施建设。中国贷款对非洲基建、自主发展能力的提升及经济增长起到了实质性推动作用。

受疫情影响，非洲国家普遍财政收入减少、医疗卫生和社会保障支出增加，财政负担加大，因此频频发声，要求国际社会减免债务。最早的非洲官方要求国际社会减债声音来自 2020 年 3

---

① Deborah Brautigam, "Chinese Debt Relief: Fact and Fiction", April 15, 2020, https://thediplomat.com/2020/04/chinese-debt-relief-fact-and-fiction/.

月26日G20网络视频特别峰会上南非总统拉马福萨的发言。之后，乌干达总统穆塞韦尼呼吁国际债权人免除非洲所有债务；肯尼亚议员萨武拉提出，应暂缓偿付所欠中国的714亿肯先令的贷款（2020年度），将其用于保护本国民生和振兴经济。肯尼亚反对党领袖穆达瓦迪表示，肯尼亚政府和执政党应与肯尼亚最大的债权国——中国达成暂缓债务的协议。尼日利亚驻非盟经济社会文化理事会代表指出，受疫情影响，尼日利亚偿还国际债务的能力被削弱，因此包括中国在内的主要债权方应尽快考虑减免债务或推迟债务偿付。加纳财政部长奥福雷—阿塔表示，在切实减免非洲债务的问题上，中国应做出更多实质性举措。西非国家经济共同体在视频特别首脑会议上达成决议，将全面支持非盟有关推动国际社会减免非洲国家债务，制定后疫情时代经济社会发展计划的相关声明。部分西方国家领导人也呼吁减免非洲债务，如法国总统马克龙呼吁包括中国在内的债权人对非洲债务减免。目前，国际社会未有专门对中国在非洲债务提出的特殊要求；但鉴于世界大国在非洲激烈的竞争态势，过往部分西方国家和媒体对"中国债务陷阱论"的大肆炒作，一旦非洲疫情恶化，不排除有人提出针对中国债务的减免要求，宣扬不利于中国的言论；一旦欧美国家面临更大的疫情、经济发展和非洲减债压力，不排除个别国家为转移视线，利用债务问题特别针对中国发难。

疫情并未改变非洲经济长期向好的趋势

疫情前，非洲经济发展一直被国际社会看好。虽然疫情给非洲经济带来了巨大打击，但长期看，并未从根本上改变非洲经济发展的良好态势。据非洲发展银行数据，2019 年非洲经济增长率为 3.4%，与 2018 年持平，疫情暴发之前非洲开发银行发布的报告《2020 年非洲经济展望》曾预计 2020 年非洲经济增速将提高到 3.9%[①]。总体上看，非洲经济增长的主要驱动力逐渐转向投资，经济增长的基本面持续改善；多数非洲国家财政状况逐步改善，通胀压力有所缓解，投资环境逐步优化，抵御外部冲击的能力有所增强。

支撑未来非洲经济增长的主要因素：一是疫情下非洲国家采取的积极措施，有助于非洲经济较快回归平稳运行。为降低疫情对经济的负面影响，非盟成立了新冠病毒抗疫基金会，资助非洲疾控中心工作，非盟成员已承诺投入 1250 万美元。2020 年 4 月 8 日，非洲开发银行宣布将设立 100 亿美元专项基金抗击疫情，55 亿美元用于主权担保项目，31 亿美元用于提供优惠贷款，13.5 亿美元用于扶持各国私营部门，还发行了三年期 30 亿美元抗击疫情专项债券。西非国家中央银行采取八项举措平抑疫情冲击，包括增加对商业银行的资金供给；扩大商业银行获得西非央行再融资的可用机制范围；向西非开发银行补贴基金划拨 4085 万美元；提醒商业银行使用中小企业信贷再融资特殊窗口中的可用资金；与银行系统建立合作机制，为还贷困难企业提供支持；与电子货币发行机构协商，鼓励使用数字支持；向商业银行供应

---

① African Development Bank Group, "African Economic Outlook 2020", Jan 2020.

充足纸币；必要时对各国政府在区域金融市场上发行公债的时间表做出重新安排。4月初，非洲各国财长举行专题会议，呼吁各国协调一致，建议非洲采取总额达1000亿美元的紧急经济刺激措施，保护超过3000万个私营部门工作岗位。扩大农产品进出口和制药业、银行业的信贷以及再融资和担保额度，增加流动性。非洲国家广泛采取了建立专项基金提供融资支持，税收减免，增加政府补贴，降低利率，延长还款期限等应对措施。如南非制定了总额5000亿兰特的"社会救助与经济支持计划"，包括超30亿兰特的工业资金计划；超12亿兰特的中小企业救助计划；政府注资2亿兰特建立的旅游救济基金；南非失业保险基金拨出400亿兰特建立的失业基金等。尼日利亚实施特殊公共工程，以创造新就业机会；向世界银行申请专项贷款用于防疫；计划向国际金融机构寻求69亿美元预算资金；设立5000亿奈拉的疫情危机干预基金。埃及宣布了64亿美元一揽子刺激计划，约占GDP的2%，为工业和旅游业提供房地产税收减免，提高对出口商的补贴支出，降低政策利率。肯尼亚推出刺激就业政策，包括低收入者税收减免，为个人、小型企业减税等，同时拨付了9500万美元用于救助困难民众。赞比亚政府向赞比亚公共服务养老基金发放了5亿克瓦查，以支付所有退休人员和其他受益人；另外还向银行发放了1.7亿克瓦查以偿还第三方欠款，其中1.4亿克瓦查发放给各个道路建设承包商，以缓解其资金压力。另外，一些非洲国家为缓解疫情对经济的影响，已经开始有条件的复工复产，如南非已解除全国封禁，将5级防控降低为4级，

150万人将陆续返回工作岗位;加纳在非洲率先解除禁足令,允许市场恢复营业。

二是非洲的消费潜力和人口红利将不断得到释放。近年来,多数非洲国家的居民可支配收入持续稳步增加,中产阶级大量涌现,中产阶级消费意愿和能力更强,正在成为非洲经济增长的重要支撑。当前,多数发达国家出现了严重的人口老龄化问题;非洲国家人口增长率则一直较高,2000年非洲人口只有8.18亿,2017年已达12.56亿;按目前的人口出生率推算,2050年非洲人口将达到24.35亿[①]。非洲人口年轻化程度高,青年劳动力数量充足,受教育程度和劳动力技能水平不断提高,成为承接新一轮国际产业转移的关键。人口高速增长带来了高城镇化需求,人口红利与城市化的结合将显著扩大消费规模,与经济增长形成良性互动。

三是非洲国家经济多元化政策成效显现,经济政策环境持续优化。多数非洲国家都把工业化视为经济发展的关键,通过发展出口导向型或进口替代型工业推进工业化进程;努力促进私人投资,增加私营工业部门的比例;建设工业园区成为推进工业化的重要选择;非洲工业化程度的提高为承接新一轮国际产业转移奠定了基础。服务业是非洲经济多元化的重要选择;近年来,非洲国家同时推动传统服务业和新兴服务业的发展;在传统服务业

---

① Simplice A. Asongu, "How Would Population Growth Affect Investmentin the Future? Asymmetric Panel Causality Evidence for Africa", *African Development Review*, Vol. 25, Issue 1, March 2013, p. 14.

中，得益于本地消费能力的增强，非洲已成为全球零售业快速发展的新前沿；在新兴服务业中，移动金融和电子商务成为新亮点。

非洲国家的经济政策环境得到了持续优化，大部分国家坚持实行对外开放政策，且开放程度较高。在贸易领域，实行高度自由的贸易政策，积极鼓励出口。在投资领域，吸引外资被普遍认为是快速引进技术，提高生产能力，调整经济结构，扩大就业和减少贫困的主要驱动力。多数国家制定了专门吸引外资的优惠政策，主要体现在国民待遇、关税、其他税收优惠、放松外汇管制和投资者的财产安全保障等方面。

四是非洲地区一体化持续加强，体现在贸易融合、基础设施建设、产业链融合、金融合作、人员自由流动等方面。2019年非洲大陆自贸区正式成立，将通过逐步取消商品关税、促进服务贸易自由化，提升非洲域内贸易比例，同时显著降低外国商品进入非洲成本，扩大国际合作规模。为推进非洲大陆基础设施建设，非盟于2012年通过了《非洲基础设施发展规划》（PIDA），作为基建指南[①]；非盟在《2063年议程》指出，要通过建设运输、能源和通信技术等基础设施，实现非洲大陆各国联通。近年来多个跨区域的基础设施项目开始实施，非洲国家在基础设施融资方面取得了显著进步。地区一体化的增强有利于增强经济内生

---

① 杨立华：《非洲联盟十年：引领和推动非洲一体化进程》，《西亚非洲》2013年第1期，第78页。

增长能力，也有利于各国以整体面貌应对外部风险，开展国际经济合作。

五是非洲数字经济正在蓬勃发展。发展数字经济可以使非洲国家利用技术手段提高民众的生活水平，为教育、贸易和生产带来便利，缩小与发达国家的差距。目前，数字经济已成为非洲经济中最具活力和潜力的领域之一，通信、金融科技、电商零售、物流、生活服务、泛娱乐等行业发展迅速，诞生了电商平台Jumia和移动支付系统M-Pesa等知名互联网品牌；东非成为世界移动支付发展最快的地区。大多数非洲国家都在积极制定数字经济发展规划。

二　疫情后的非洲安全

疫情正在加大非洲局部地区社会动荡的风险。非洲公共卫生医疗条件有限，不仅无法支撑新冠病毒的大规模检测，而且也无法保证所有确诊病例得到妥善治疗；非洲人天性自由散漫，政府的社会治理能力较弱，疫情的加速蔓延正在加剧人们的恐慌。为控制疫情，一些非洲国家采取了"封国""封城"等措施，限制人员流动，局部停工停产，经济发展出现停滞；一些非洲人因此失业，收入锐减，由于非洲人普遍没有储蓄习惯，失去收入后会立即陷入生活困境；疫情还对部分非洲国家的粮食安全产生了威胁。基本生存条件和安全保障的缺失极易引发社会动荡，事实上刚果（金）等部分非洲国家近期已有此征兆。2020年，非洲本就存在局部地区的安全隐患，疫情则可能使既有矛盾集中爆发。非洲之角、大湖地区、萨赫勒地带的安全形势仍然欠佳。在非洲之角，埃塞俄比亚国内局势仍不稳定，该国的民族、宗教等社会矛盾尖锐，近年来激烈冲突频发；苏丹政局走向仍然不明；埃塞俄比亚、苏丹和埃及之间关于复兴大坝的争端沸沸扬扬；索马里青年党势力反弹，连续在肯尼亚等国活动，在东非形成恐怖氛围，成为当前非洲较大的潜在恐怖威胁。大湖地区形势依旧错综复杂，刚果（金）东部局势动荡已持续多年，乌干达民主同盟军等反政府武装依然活跃，并与恐怖主义势力相勾结；乌干达和卢旺达的长期竞争与博弈仍在持续，或明或暗地互相支持对方反政府武装在刚果（金）东部开展活动。在萨赫勒地带，2019年恐怖主义势力呈扩张态势，已发展成为恐怖分子跨境流动通道，恐怖主义活动正从马里、尼日利亚向布基纳法索等国扩散；在国际社会的打击下，索马里青年党势力逐步消散，但余孽与极端组织关联密切，依旧存在较大威胁；2020年恐怖主义向萨赫勒地带以外的西非其他地区渗透的趋势明显。恐怖袭击、武装冲突、枪支、走私、腐败等问题都在导致非洲地区的人道主义危机。联合国称，该地区现有2000万人面临持续饥荒和营养不良的严峻威胁；2020年，布基纳法索、马里和尼日尔将有近500万儿童需要人道主义援助。除以上地区外，2020年举行大选的非洲国家的局势也非常值得关注，多国大选都存在不确定因素；从近年来非洲各国大选的表现来看，预计不会出现剧烈风波，但可能以街头示威等多种形式表现。此外，还有少数非洲国家的国内局势不稳。由于经济衰退和通货膨胀加剧，利比里亚总统面临民众的强烈反对，政府信誉低下，反对派活跃，国内局势难料；南苏丹和平协议岌岌可危，民族冲突不断；几内亚总统孔戴第三任期竞选引发国内不满，存在政局动荡及国际制裁的危险；2019年发生排外骚乱的南非、爆发反政府示威游行的埃及等国的政局和社会状况也都值得关注。

21世纪以来，非传统安全已经成为非洲最大的安全威胁，疫情期间和疫情后，非传统安全仍将是非洲发展面临的重大障碍，包括恐怖袭击、海盗、网络安全、跨国犯罪、传染性疾病、气候变化等。非洲已成为世界上恐怖主义活动最频繁的地区，恐怖主义已突破传统活动范围，向全非蔓延。互联网安全已成为非洲治理缺陷，由于数字信息技术落后，非洲国家政府普遍对于各类势力利用网络作为宣传反对声音的舞台已无计可施；非洲互联网信息鱼龙混杂，难辨真伪；非洲数字经济发展较快，但未来网络安全可能给非洲国家维护社会稳定和经济安全带来更大挑战。气候变化给非洲带来的破坏日益严重，2020年非洲遭遇的70年以来最严重的蝗虫灾害即与气候变化密切相关，非洲的海洋和沿海环境也正在遭受气候变化带来的严重破坏。

虽然疫情给非洲局部地区带来了安全隐患，但并未改变非洲总体安全局势长期向好的趋势。21世纪以来，非洲大陆安全形式逐渐好转，战争、动乱等传统安全问题明显减少，整体趋于稳定；虽然仍有冲突发生，但主要是局部冲突，频率和烈度都显著降低。与此同时，多数非洲国家的民主制度有了很大进步，多党选举制已深入人心，民主和良治已成为政治发展的主流。非洲的社会也日益成熟，对国家决策的影响力有所加强，具有非洲特色的民主制度初步形成；多数国家的大选越来越顺利，权力交接越来越平稳；政府治理能力有所改善，公共服务能力有所增强；发展经济成为共识，宏观经济治理能力有明显改善，财政稳健性和货币政策纪律性有明显提高。安全局势的根本性好转是非洲经济社会平稳发展、对外合作顺利开展的重要前提和基础。

疫情后，中非友好关系将得到继续巩固。2020年1月，王毅外长访问非洲五国，这是中国外长连续第30年将年度首访定为非洲，体现了中非世代友好、患难与共的特殊情感。2020年是中非合作论坛举办20周年，是落实2018年北京峰会成果的重要年份，中非都将致力于推动落实双方共识和成果。非洲正面临疫情蔓延风险，为非洲防控疫情提供力所能及的帮助成为进一步巩固中非关系的抓手。中非双方均高度重视非洲安全问题，第33届非盟首脑会议的主题即为"消弥枪声：为非洲的发展创造有利条件"，非洲和平与安全、解决冲突、聚焦发展是大会主题。非盟委员会主席法基称，非盟将侧重防止小型武器非法流入和流通、裁军、落实和平倡议、调解和军事干预等。非洲国家要团结，拒绝外部干涉，用非洲方式解决非洲问题。中方一直高度重视非洲安全问题，和平与安全合作是中非合作的重要组成部分。中方也一直认为应减少域外势力对非洲安全的干涉，始终坚持以发展促和平，这与非盟和多数非洲国家坚持的理念相一致。非方希望加强与中方在安全领域的合作，中方与非洲的交往越来越多，客观上有推进安全合作的需求，加之双方持有较多共同理念，中非安全领域合作有望得到进一步扩展。

三 疫情后世界大国在非洲的竞争

进入 21 世纪，拥有丰富资源和巨大市场潜力的非洲重新成为世界各国争夺发展资源和谋求竞争优势的重要舞台。西方大国基于战略利益和安全考虑纷纷加大对非洲关注力度，尤其是中国与非洲国家经贸合作的密切让西方国家危机感和紧迫感加强，美、法、英等国都将中非关系的发展视为对其在非洲既得利益的挑战。世界主要新兴经济体也逐渐强化在非洲的活动。2019 年起，世界主要大国掀起了新一轮"非洲热"。2019 年 8 月到 2020 年 2 月，日本、俄罗斯、德国、英国先后举办了与非洲有关的各类峰会，法国、欧盟、德国、加拿大和美国重要领导人纷纷到访非洲。非洲周边大国阿拉伯联合酋长国、沙特阿拉伯和土耳其等国也在积极开展对非合作。

美国在非洲与中国进行着经济和安全的双重竞争。特朗普政府出台非洲新战略，支柱之一是加强美非经济联系，将中国视为竞争对手，强调遏制中非关系发展。2020 年 2 月，美国国务卿蓬佩奥访问塞内加尔、安哥拉和埃塞俄比亚三国，核心目的是改善美非商业关系、深化安全合作，改善美国在非洲的形象。蓬佩奥不加掩饰地抹黑中非合作，但蓬佩奥此行并未有任何重大实质性成果。国际有识之士普遍认为，美国在非洲的存在不是为了促进非洲发展，而是为了强化与中国的经济竞争。除经济关系外，美国亦担忧中俄在非洲的军事活动。2020年2月，美国非洲司令部陆军和埃塞俄比亚海军联合举办了第八届非洲陆军峰会，会议全面展示了美军在非洲军事安全合作的新动向，即不会从非洲撤军，将"以换代撤"，继续保持在非洲的军事存在；美军在非洲的反恐将由打击向遏制转变。

欧盟正在谋求欧非关系的继续深化发展；2020年3月，欧盟委员会发布欧盟对非洲关系新战略，核心是把非洲从目前的"发展援助对象"上升为"伙伴关系"，欧盟将与非洲建立绿色发展能源过渡、数字化转型、可持续增长与就业、和平与治理、移民与流动性五大伙伴关系，并在绿色发展、数字转型、经济一体化、营商环境、科研创新培训、冲突解决、社会治理、人道主义援助、移民管理等十大领域与非洲加强合作。法国正在继续强化在非洲的军事存在；2019年，法国总统马克龙三访非洲；2020年1月，马克龙与萨赫勒五国集团领导人举行峰会，声明将加强军事合作，共同打击恐怖主义，法国将增派军队前往萨赫勒地区。德国继续将非洲作为谋求全球领导力的重要选择；2020年1月19日，利比亚问题峰会在德国召开；2月，默克尔出访南非和安哥拉；这一系列举措彰显了德国希望扩大在欧洲地区对非洲政策的话语权，希望强化德非经贸关系，将非洲作为谋求大国影响力的砝码。英国正在巩固脱欧后的英非经贸关系；2020年1月，首届英非投资峰会在英国举行，英国希望借峰会巩固和深化与非洲的贸易关系。日本将继续借助印日亚非增长走廊与中国的"一带一路"倡议开展竞争,将继续通过官方发展援助形式向受援国提供高质量和高标准的基础设施项目。

疫情后,世界各国对非洲的重视程度和竞争的激烈程度不会下降,中国在非洲面临的国际环境将更趋复杂。2008年国际金融危机后,新兴经济体与传统西方大国之间的经济力量对比发生了明显变化。非洲有识之士希望从新兴经济体的发展中寻找启迪,探求非洲自主发展道路。最典型的是卢旺达总统卡加梅提出的"基加利共识",在这一理念的指引下,卢旺达采取了"向东看"的政策;"向东看"不仅是向中国看,而是向包括中国、日本和韩国等国家在内的东亚地区看。东亚地区经济快速发展的重要经验之一是成立了生产型政府,或称发展型政府,在经济发展中采取了政府引导与市场主导相结合的方式,该特征和经验与过去几十年非洲国家的实践有明显差异。埃塞俄比亚、津巴布韦、博茨瓦纳、坦桑尼亚、肯尼亚、安哥拉、纳米比亚等国也都在积极践行生产型政府模式,非盟也将创建发展型国家作为实现《2063年议程》的关键。从实践来看,非洲国家在发展道路选择上早已突破了选择"向东看"还是选择"向西看"的旧思维,而是普遍接受了"向发展看"的新思维,世界各国与非洲的合作机会更均等化,这对于更注重提升非洲国家自身发展能力,更注重合作多赢的中国而言是有利的。

世界各国继续加大对非洲的投入,也有利于中国在非洲更广泛的开展国际三方合作。国际三方合作有利于调动更多的合作资源,提高合作效率,实现各方多赢,这也正在成为中国重要的国际经济合作形式。中国已和一些国家签署了三方合作协议，如中法签署了《中法关于第三方市场合作的联合声明》，该声明对中法在包括非洲在内的发展中国家开展经济合作已经产生了积极效果。非洲是中国开展国际三方合作的重要实践地区，疫情后，中国与其他国家在非洲开展国际三方合作的前景广阔。

四 疫情后中非将继续强化和提升合作关系

疫情中，中国要继续在力所能及的范围内帮助非洲国家抗击疫情，为非洲国家提供防疫物资援助，派遣专家，提供技术支持，开展医疗基础设施援建；还要向遭遇粮食危机等人道主义危机的国家提供人道主义援助。中国也应从贸易、投融资、就业等层面帮助非洲国家尽快稳定经济运行。在贸易层面，继续采取关税减免的方式，助力非洲产品出口中国，尤其是针对非洲具有出口能力商品的关税减免。在全球防疫物资紧缺的情况下，中方应在一定程度上确保对非洲药品、医疗设施的出口，避免非洲出现防疫物资危机。中国应多举措为非洲提供投融资支持，可以使用非洲中小企业发展专项贷款为在非洲注册的中小企业提供融资支持，根据各国实际情况，适度放宽融资条件，制定不同的贷款利率和还款计划，满足不同融资需要。疫情期间，非洲将出台各类经济刺激政策，中方可以利用中非发展基金、中非产能合作基金等为非方企业提供融资，为中方企业获取良好的投资机会。疫情导致部分中方员工无法按时返回非洲，一些中资企业的项目建设和运营受到影响，中方企业可适度扩大雇佣当地员工数量，为当地创造更多就业机会，提高当地员工占比，同时提供技能培训。

疫情后，中非之间要加强交流与协调，聚焦于打造中非经贸合作新亮点。非洲是"一带一路"的重要节点，"一带一路"建设为中非合作创造了历史性机遇。从中非经济发展形势来看，未来双方都需继续加强经贸合作。中国经济增速放缓，增长模式开始转型，在服务业、制造业等领域都有开拓非洲市场、加强中非合作的需求。非洲经济增长模式单一，尚未实现包容性发展，加之受新冠肺炎疫情等外部不确定因素影响，经济发展面临困难，对华经济依赖性不减反增。中非经贸合作经过多年快速发展，已达瓶颈，亟需双方共同寻找新的着力方向和新增长点，促进双方合作的提质升级。中国的经济结构和增长模式已经发生重大转型，新兴产业、服务业已成为经济发展的主要动力。非洲某些领域的后发优势已经显现，如数字经济、现代服务业、海洋经济等。这需要中非强化发展战略对接和政策对接，突破合作瓶颈，打造合作新增长点。在重点合作区域和国别选择方面，中国宜继续以政局稳定、地缘优势明显、具有合作基础的东部非洲为重点。在国别上，以在非洲区域影响力较大、经济社会发展基础良好的埃及、南非、尼日利亚、埃塞俄比亚、肯尼亚等国为优先合作对象。此外，需要密切关注非洲大陆自贸区的建设进展，积极参与自贸区建设相关的项目，扩大中国在非洲大陆自贸区中能够获得的红利。

疫情后，面对更加复杂的国际形势，中非需加强互动，进一步夯实战略互信。中国政府要继续加强与非洲国家的高层互动，强化非洲国家对中国的信心；同时在经济、金融、安全等领域实施更符合长期可持续性发展原则的举措。在债务方面，要有效防范和化解中国在非洲国家债务上面临的质疑和风险。疫情期间，积极响应国际社会为非洲减免债务的倡议。短期内，与巴黎俱乐部和二十国集团（G20）其他国家的做法一致，暂停偿还债务，延长债务期限；中长期，可考虑对处于严重债务危机的国家进行部分债务减免。疫情后，要围绕推动非洲国家债务可持续性、提高中非合作水平的目标实施针对性的措施。要明确表达对非洲发展前景的长期信心及对非洲国家债务问题的关切，稳定非洲国家对中国资金的预期，确保中非合作的长期可持续。要密切监控非洲国家债务风险，构建债务风险预警体系。要全面摸底中国在非洲贷款项目的规模和项目收益情况，并对未来项目的进展和贷款的可偿性进行分析和判断。要对中国在非洲国家的存量债务进行分类，妥善处置不良债务，对具有较高债务风险的非洲国家项目进行重点考察与评估，并适当提高发放贷款的标准。要广泛对接国际多边组织，提高中国对非洲国家债权的国际认知度和合法性。

中国在非洲的海外利益越来越大，对利益的保护迫在眉睫，很多非洲国家也希望加强与中国在安全领域的合作；疫情后，中方应以更积极、开放和灵活的态度，适度加大对非洲安全事务的参与力度。可用敏感度相对较低的非传统安全领域为试点，逐步探索加大与非洲安全事务合作力度的可行方式，疫情期间及其后，医疗卫生领域合作都应是合作重点；此外，气候变化和海洋也是双方互有需求的领域。

疫情后，世界主要国家将继续加大对非洲的关注力度，这为我国推进与其他国家在非洲的国际三方合作提供契机。中国政府可以推动与其他国家签署更多的国际三方合作协议，并扩大三方合作协议的合作范围与形式；中国企业在非洲国家投资中也可以更多地采取与其他国家企业、投资东道国之间的国际三方合作，分摊或降低风险。国际三方合作不仅有助于扩大合作范围，提升合作效果，也有助于规避部分国际舆论对中国与非洲经贸合作的无端指责。

物质利益与价值观念：全球疫情之下的国际冲突与合作[*]

王正毅[**]

在送别 2019 年跨入 2020 年之际，一场从未遭遇过的新冠肺炎疫情开始在全球蔓延。无论从哪个角度来看，这场疫情对人类社会都是一次前所未有的挑战。对于新冠肺炎疫情，有人将其称为"是我们这一代人最大的危机"（以色利历史学家、《人类简史》的作者尤瓦尔·赫拉利）；也有人将此次疫情与珍珠港袭击和"9·11"袭击相提并论（美国总统特朗普）；还有人认为"新冠肺炎疫情将永远改变世界秩序"（美国前国务卿、政治学家基辛格）。在发达的互联网和信息技术的推动下，围绕

---

[*] 本文是作者在疫情期间参加的由北京大学国际关系学院组织的"疫情下的国际关系"（2020 年 3 月 29 日）、清华大学全球共同发展研究院组织的"疫情冲击下的世界与中国"（2020 年 4 月 11 日）和中国人民大学国际关系学院组织的"中国国际问题论坛 2020：新冠疫情背景下的世界秩序与中国外交"（2020 年 5 月 8 日）三次会议发言稿的基础上整理修改而成，本文已发表在《国际政治研究》2020 年第 3 期。

[**] 作者系教育部长江学者特聘教授、北京大学国际关系学院学术委员会主任及国际政治经济学系主任。

新冠肺炎疫情所引发的争论，涉议题之广、参与者之众、观点相左之程度，虽不敢断言说绝后，但说是空前的似乎并不过分。

如果我们将国际关系置于这场全球新冠肺炎疫情之中加以研究，有三个问题需要我们从理论认知和经验判断上进行反思：第一，全球疫情对国际关系的哪些行为体产生了影响？第二，这次全球疫情会终结全球化吗？第三，全球疫情之后世界秩序的走向如何？

一　全球疫情之下：人、国家与国际社会

当我们研究国际关系时，一个首要问题就是确定国际关系的行为体。一般而言，国际关系的行为体有两类：一类是国家，需要区别的只是假设国家是唯一行为体还是主要行为体；另一类是非国家行为体，需要辨别的只是个体（政治决策者、专业人士）还是团体（利益集团）。对行为体假设的不同，研究国际关系的路径就不同，最后得出的结论也就不同。

如果将国际关系置于此次全球新冠肺炎疫情之下，我们会发现，国际关系三个层次中的主要行为体（人、国家与国际社会）没有一个能够置身事外。这场全球性灾难引发了难以名状的各种争论，这些争论既关乎人性，也涉及国家的政治结构，还触及相关的国际组织。

人性与理性

这里的"人"有两层含义：一是泛指抽象的人类，即有别于动物的物种人类。尽管引起这场疫情的新冠病毒还未被彻底认识，但大多数专业人士和科学家确信病毒是由动物传给人类，然后又出现人传人。所以，这是一场发生在人类社会中的灾难。二是指具体的人，即生活在不同地区和国家具体的人类个体。他们是生活在武汉的中国人，他们是生活在新加坡的新加坡人，他们是生活在罗马的意大利人，他们是生活在巴黎的法国人，他们是生活在纽约的美国人……尽管他们的肤色不同、种族不同、语言不同、文化不同、宗教信仰不同，但有一点是相同的，他们是作为人类的一个个具体的人。所以，这场灾难不仅仅是哪个民族和哪个种族的灾难，而是所有人的灾难。

面对这场全球性灾难，我们看到了人们的相互理解、信任、关心和帮助，也看到了人们因彼此猜疑和误解而相互指责、谩骂甚至冲突。这场突如其来的疫情，不但引发了关于人性的争论（诸如人和自然的关系、人和动物的关系以及人性的善和恶），也引发了对人的理性及其局限性的反思（诸如关于病毒的来源、病毒的性质、病毒存活的时间以及抗击病毒的疫苗），还引发了对人权的讨论（诸如人的自由及其限度、个体和社会的关系）。

透过这些争论，我们既能体会到主张人性善的自由主义哲学传统，也能体会到坚持人性恶的现实主义哲学传统，两种传统都具有各自的解释力，但又都带有某种局限性。这种对人自身的认知不但对每个个体及其所在群体价值取向具有直接影响，而且对相关国家国内政策的制定以及对外政策的决策产生重要影响。

国家的治理能力

面对疫情的蔓延,尽管宣布国家进入紧急状态、中断交通、保持社交距离、佩戴口罩等被普遍认为是应对这次疫情的有效手段,但仔细观察一下,我们仍能发现,不同的国家还是采取了非常不同的应对措施。中国的应对措施和新加坡不同,韩国的措施和日本不同,英国的方式和法国以及德国不同,美国的方式和意大利也不同。不同的国家在面对危机时所采取的不同的社会动员方式,是历史上形成的国家和社会之间的关系在今天的反映。

这种现象对于国际关系的研究者而言是再熟悉不过的了,在某种意义上可以说是历史的重复。面对 1973 年、1974 年石油危机,美国、英国、法国、意大利、联邦德国和日本做出了不同的反应;面对 1997 年亚洲金融危机,韩国、泰国和马来西亚做出了不同的反应;面对 2008 年国际金融危机,美国、欧盟和中国做出了非常不同的反应。

如果我们从国家和社会的关系来观察这次各国应对疫情的措施,大致可以发现三种模式:一类是马基雅维利式的,诸如中国、韩国、新加坡,这类国家主要关注国家的管理能力,在面对公共危机时通常由国家来统一管理公共事务。一类是卢梭和洛克式的,诸如美国、英国、法国、意大利、西班牙和瑞典等，这类国家主要关注的是法治框架下社会有序地运行，即使在面对公共危机时也不愿意或者无法将社会完全置于国家控制之下。另一类是托克维尔和韦伯式的，诸如德国，这类国家将公共利益的维护视为政府的责任，而将个人利益的维护留给社会。

以上三种国家与社会关系的模式是长期历史形成的，当个人和社会面临突如其来的公共危机时，不同的国家在组织个人和社会采取不同的应对方式是再正常不过了，夸大任何一种方式的优点或肯定一种而否定其他方式的优点，在理论认知上是偏颇的，在现实中是不可取的。

国际组织的效用

尽管国际社会中许多国际组织以及非政府组织都参与了抗击疫情，但最为引人注目的主要有两个组织：一个是联合国框架下的专业性组织世界卫生组织（WHO）。从2019年12月31日收到中国的报告开始，世界卫生组织根据《国际卫生条例》协调世界卫生组织总部、区域和国家办事处的应对措施;① 另一个是之前在应对2008年国际金融危机中发挥重要作用的二十国集团（G20）。

这两个国际组织发挥的作用如何呢？先来看二十国集团。2020年3月26日，当新冠肺炎疫情在全球肆虐时，二十国集团

---

① "WHO Timeline-COVID–19", 27 April 2020 Statement, http://www.who.int.

领导人特别峰会以电话会议的形式举办并达成共识,向全球经济注入5万亿美元资金,以应对新冠肺炎疫情及其影响。① 在领导人特别峰会之后,为了落实领导人峰会所作出的承诺,2020年3月31日,二十国集团的财长和央行行长召开视频会议,发表《二十国集团应对新冠肺炎行动计划》,通过了《暂缓对最贫困国家债务偿付倡议》,欢迎国际货币基金组织、世界银行和其他国际金融机构提供融资支持,呼吁加强金融监管政策协调,提高全球金融韧性。② 然而,这些呼吁对相关国家在抗击疫情的合作中所起的作用却非常有限。这主要与二十国集团这个组织的性质有关,作为一个国际论坛,二十国集团既不具备国际制度的激励职能,也不具有国际制度的惩罚职能。

与二十国集团不同,世界卫生组织虽然有完备的组织架构,也有专业的技术标准,还具备协调应对公共卫生危机的经验(诸如应对埃博拉病毒以及中东呼吸综合征),但在这次抗击疫情的过程中,由于未能协调好大国之间的关系而陷入争论的旋涡之中。先是美国总统特朗普公开指责世界卫生组织在防疫过程中"以中国为中心",并于4月14日宣布暂停向世界卫生组织缴纳会费。与此同时,美国国会参议院国土安全委员会主席约翰逊还宣布对世界卫生组织和谭德塞进行独立调查,要求世界卫生组织

---

① "G20向全球经济注资5万亿美元应对疫情",http://www.gov.cn;"Extraordinary G20 Leaders' Summit: Statement on COVID-19",http://www.g20.utoronto.ca。

② "G20 Finance Ministers & Central Bank Governors Press Release (Virtual Meeting-March 31, 2020)",http://www.g20.org。

和总干事谭德赛提供相关信息。不管这些指责出于什么目的，这都对世界卫生组织的专业信誉造成很大负面影响，也影响了世界卫生组织在抗击疫情中进一步发挥作用。

这两个国际组织效用的有限性，反映了今天国际社会的现实状态。与国家的内部秩序是政府的产物不同，国际社会因为一直处于无政府状态之下，因而国际社会的秩序（又称国际秩序或世界秩序）的确立、维持以及变革自然成为国际关系争论的主题。一种观点认为国际社会的秩序是由国家利益决定的。这种观点的逻辑是，既然国际社会处于无政府状态之下，而每个国家都会根据自己的私利理性地行事，那么国家之间因利益的冲突就不可避免，因此避免冲突甚至战争最为重要的手段就是强权统治，即国际社会秩序的建立和维持，或依靠霸权国家，或依靠大国之间的势力均衡（balance of power）和大国协调（concert of powers）。另一种观点认为国际社会的秩序是由国家之间的共同利益决定的。这种观点的逻辑是，虽然国际社会处于无政府状态之下，但由于每个国家都在理性地使本国的利益最大化，国家之间可以通过寻求共同利益避免冲突甚至战争，即国际社会秩序的建立和维持，可以通过国际组织或国际制度完成。

这次全球疫情暴发后国际社会的无序状态，特别是世界卫生组织和二十国集团的表现再次提醒我们，美国主导了半个多世纪的世界秩序确实遇到了前所未有的挑战。

二 全球疫情之下:"被缚的"全球生产链与国家的"两难困境"

全球新冠肺炎疫情会终结我们熟悉的经济全球化吗?这是这次疫情蔓延后几乎所有人都关心的问题,而各国在抗击疫情过程中出现的医疗物资供应短缺更让全球化的命运扑朔迷离。

让我们先来看看几个国家和地区在疫情蔓延后对医疗物资供应短缺的反应:2020年1月23日,中国台湾地区当局宣布,将口罩列为限制输出货品。

2020年3月13日,美国总统特朗普宣布,鉴于新冠病毒疫情,美国进入国家紧急状态;4月2日,特朗普签署《国防生产法》,要求3M公司优先将其生产的N95口罩留给美国联邦政府作为国家储备物资。2020年3月25日,欧盟委员会向所有成员国发布《有关外商直接投资(FDI)和资本自由流动、保护欧盟战略性资产收购指南》。在《欧盟外资审查条例》2020年10月11日正式生效之前,该《指南》主要是针对外国投资者借新冠肺炎疫情蔓延之机对欧盟的战略性资产进行收购。2020年3月31日,法国总统马克龙在视察西部的中小型口罩制造商Kolmi-Hopen公司时提出要更多地在法国和欧洲进行口罩生产。2020年4月7日,日本首相安倍晋三主持内阁会议通过了总共108万亿日元的"紧急经济对策方案",其中2435亿日元用于日本企业新建厂房和购买设备补助之用,以支持日本企业在海外的生产基地回归日本，或者转移到东南亚国家。

"被缚的"全球生产链

在全球疫情的冲击下，制造业三大地区生产网络（欧盟、北美地区和东亚地区）有关国家和地区出台的这些针对跨国投资的政策，是否真的意味着以投资便利化和贸易自由化为特征的全球化时代终结了呢？

全球生产链和地区生产网络是 20 世纪 90 年代以来全球化和地区主义两大趋势在跨国投资和生产领域的具体体现。全球生产链，通常指的是企业和劳动者将一项产品从概念变成最终使用品以及与其相关联的所有活动，包括研发、设计、生产、营销、分销以及最终消费者支持。组成生产链的经济活动既可以由一家企业完成，也可以分散在不同的企业。在全球化和地区化的背景下，如果生产活动更多地由全球范围的企业间网络来完成的，我们就称其为全球生产链；如果生产活动是由某一地区范围内的企业间网络来完成的，我们就将其称为地区生产网络。[①]

在国际政治经济中，全球生产链和地区生产网络的形成和发展主要涉及两个问题：一个问题是全球生产链或地区生产网络的治理（governance）问题；另一个是母国和东道国及其企业在全

[①] ［美］加里·杰里菲等：《全球价值链和国际发展：理论框架、研究发现和政策分析》，曹文、李可译，上海人民出版社 2018 年版，第 3 页。

球生产链中升级（upgrading）问题。

关于全球生产链的治理问题，研究者们发现，[①] 全球生产链或地区生产网络的形成和发展主要由跨国公司来主导和协调。一般而言，跨国公司主要通过两种方式对全球生产链或地区生产网络进行管理：一种方式是内部化方式，即主要通过股权控制来完成，具体来说就是跨国公司通过跨国直接投资，将商品、服务、信息以及其他资产的国际流动都集中在企业内部，并完全处于跨国公司控制之下。另一种方式是外部化方式，主要采取非股权模式（诸如合同制造、服务外包、订单农业、许可经营、特许经营、管理合同、特许权和战略联盟等）来影响东道国企业的运行。

关于国家及其企业在全球生产链中升级的问题，由于这个问题涉及相关国家在全球经济中的地位，所以，无论是新兴经济体及其企业还是发展中国家及其企业，都希望通过升级完成"价值链攀升"。这就是为什么在过去30年里，越来越多的新兴经济体和许多发展中国家竞相推动投资便利化和贸易自由化，通过制定各种优惠政策吸引跨国公司前来投资。

全球生产链不仅改变了各国在国际生产体系的传统分工，产业各个部门之间的分工逐渐转变为各个产业部门内部的分工；而且还改变了国际贸易的结构，各个产业之间的贸易逐渐被产业内

[①] UNCTAD, "World Investment Report 2011: Non-Equity Modes of International Production and Development", p. 124.

部的贸易所取代。根据联合国贸发会议的观察，由于全球生产链被跨国公司所主导和协调，国际贸易虽然发生在国家之间，但主要是发生在跨国公司内部，即母公司和子公司之间或者子公司之间的商品和服务的国际流动。在全球生产链中，通常用国内增加值（DVA）和外国增加值（FVA）两个概念来衡量一个国家融入全球生产链的程度。国内增加值是指参与价值链的国家通过国内的生产要素所创造的价值，因而被认为是贸易中真实的价值交换；而外国增加值是指在多阶段、多国生产过程中作为进口投入的一部分进行的增值交易，因而不被认为创造新的价值。所以，外国增加值越高，全球生产过程就越分散，一国融入全球生产链的程度就越高。

根据联合国贸发会议的统计，跨国公司主导的全球价值链占到全球贸易的80%，① 而全球贸易中外国增加值所占比例从1990年的24%上升到2010年的31%，即使到了2017年，全球贸易中外国增加值所占比例仍然高达30%，其中，外国增加值在发达国家出口额中所占比例为32%，在发展中国家出口额中所占比例为28%。② 这些数据表明，在过去30年里，全球生产链不但促进国家之间贸易的增长，而且强化了国家之间的相互依存。

然而，随着国家之间在产业链中相互依存程度的加深，那些

---

① UNCTAD, "World Investment Report 2013: Global Value Chains: Investment and Trade for Development", p. xxiii.
② UNCTAD, "World Investment Report 2018: Investment and New Industrial Policy", pp. 22–23.

掌握产业链关键环节（诸如中间产品或关键技术）的国家就具有更大的权力，而那些依赖产业链关键环节的国家及其企业的权力就相对弱小。国家之间在产业链中这种权力的不对称，最终使得国家之间既相互依存又相互束缚，甚至相互掣肘。正如两位"新相互依存论"的倡导者亨利·法雷尔（Henry Farrell）和亚伯拉罕·纽曼（Abraham L. Newman）2020年年初在《外交事务》上发文所观察到的：①

> 简而言之，全球化并不是一种自由的力量，而是被变成一种充满脆弱、竞争以及控制的新的源泉，这是业已被证明了的。网络与其说是通向自由之路，不如说是层层新的束缚，这也是业已被证明了的。然而，无论是政府还是社会，认识到这一现实为时已晚，因而无力扭转其趋势。在过去几年里，最显而易见的是，中美两国政府都认识到，相互依存是多么得危险，并为此疯狂地寻求解决之策。然而，中美两国之间的经济交织的程度是何等之深，想要断绝联系或"脱钩"而不致乱谈何容易。两国在经济上实现自给自足的能力很小或根本没有。中国和美国的鹰派也许可以讨论一场新冷战，但是，当今世界分裂成两个相互竞争的集团几乎是不可能的。所以，尽管相互依存会滋生危险，但各国仍将彼

---

① Henry Farrell and Abraham L. Newman, "Chained to Globalization: Why It's too Late to Decouple", *Foreign Affairs*, Vol. 99, No. 1, 2020, pp. 70–71.

此交织在一起，并因此塑造了一个新的时代，我们可以将其称为"被缚的全球化"时代。

所以，面对由跨国公司主导和协调的全球生产链和地区生产网络，任何国家，不管是母国还是东道国，也不管是发达国家，还是发展中国家和新兴经济体，都面临着"两难困境"选择：如果要促进经济增长，就必须推动投资便利化和自由化；如果要保证本国经济不被跨国公司所控制，就必须对跨国投资进行监管和限制。正是在这种意义上，我们认为，全球疫情发生后相关国家和地区推出的政策，只是表明了这些国家和地区对本国经济安全的担心而已，并未从根本上解决其一直面临的"两难困境"。

全球生产链导致国家的"两难困境"

既然全球生产链是由跨国公司所主导和协调的，而东道国，特别是发展中国家和新兴经济体又希望通过加入全球生产链实现国内企业的"价值攀升"，那么，各国是如何克服既要吸引跨国投资又要保证供应链安全这样的"两难困境"呢？

对于全球生产链引起的国家的"两难困境"，东道国通常通过如下两种方式来影响本国企业的选择，进而改变生产链的空间分布。

一种方式是将国家安全直接植入跨国投资政策中，通过列出"敏感性工业"或"战略性工业"目录，监管或限制跨国投资对所列产业的参与。20世纪60—70年代，这种手段主要是用来控制外国企业参与本国的国防工业；20世纪90年代这种手段逐渐被扩展用来保护其他战略产业和关键基础设施；最近还被用来保护被视为在新工业革命时代对国家竞争力至关重要的国内核心技术和专门知识。例如美国2008年提出《外国直接投资与国家安全》报告，不仅适用于美国跨国直接投资的流出，也适用于跨国直接投资的流入，特别是对来自发展中国家的主权财富基金的监管。俄罗斯联邦总统也于2008年就战略工业签署了一项法令《俄联邦外资进入对保障国际和国家安全具有战略意义商业组织程序法》，对那些被视为对国家安全或战略重要性的工业（战略企业）的外国投资提出了一个详细的管理框架。2012年，意大利成立新的机构，用于政府审查在战略性行业经营的公司的资产交易。2015年中国通过《国家安全法》，允许国家建立外国投资国家安全审查和监督机制。2017年德国扩大国家安全审查范围，包括关键行业。[①]

另一种方式是通过签署多边投资协定和双边投资协定，来引导和塑造生产网络。由于国际社会长期未能在全球层面上达成一项类似贸易领域的国际投资协定，所以，在全球化和地区主义的推动下，各国竞相签订地区性投资协定和双边投资协定。在欧洲地区，2009年12月生效的《里斯本条约》将欧盟成员国关于外国直接投资协定的谈判权转交给欧盟。在亚太地区，关于《全

---

① UNCTAD, "World Investment Report 2018: Investment and New Industrial Policy", p. 162.

面与进步跨太平洋伙伴关系协议》（CPTPP）和《区域全面经济伙伴关系协议》（RCEP）取得了实质性进展。在北美地区，美国、加拿大和墨西哥三国完成美墨加协定（USMCA）的谈判。至于双边投资协定［这里指双边投资协定（BITs）以及包括投资内容在内的自由贸易协定（FTAs）］更是成为各国用来鼓励投资而青睐的手段。根据联合国贸发会议的统计，在 2006 年年底全球范围内的 5500 个国际投资协定中，2573 个协定是双边投资协定。而到了 2018 年年底，虽然随着有些国际投资协定有效终止，全球范围内的国际投资协定下降为 3317 个，但其中的双边投资协定不降反升为 2932 个。①

这次新冠肺炎疫情暴发之后，由于疫情迅猛突然，在全球范围内出现了医疗物资（诸如口罩、防护服、手套、护目镜以及呼吸机等）短缺或供给不足的状况，有的国家考虑到国家安全或国家的竞争力，鼓励本国相关产业的跨国企业回到本国生产，或设立多条生产线以保证对本国的供应，这是可以理解的。但若因此就下结论认为全球化的时代即将终结，未免为时过早。

事实上，无论是欧盟国家和美国，还是亚洲的日本和中国台湾地区，若要通过制定外国投资政策来影响或改变生产链的区位布局，必须面对如下三个挑战。

第一，主导和协调全球生产链或地区生产网络的是跨国公司

---

① UNCTAD, "World Investment Report 2007: Transnational Corporations, Extractive Industries and Development", p. 16; UNCTAD, "World Investment Report 2019: Special Economic Zones", p. 99.

而不是国家。跨国公司的发展战略是市场导向型的，跨国公司的利益并不总是和母国的国家对外战略一致。这也是美国面对疫情蔓延不得不启动《国防生产法》的原因，但美国不可能永久处于国家紧急状态，美国的跨国公司也不可能长期在《国防生产法》的主导下进行生产。

第二，主导和协调全球生产链或地区生产网络的跨国公司主要是以私人企业为主。虽然近些年发展中国家和新兴经济体跨国公司的对外投资活动增长很快，但在全球对外投资中，发达国家的跨国公司对外投资仍然占主导地位。根据联合国贸发会议统计，2005—2017年，仅发达国家跨国公司对外投资流出量占全球对外投资流出量维持在60%—85%，这些跨国公司的母国主要是美国、英国、欧盟国家以及亚洲的日本。[①] 而在这些国家和地区，跨国公司是以私有产权为主，国家很少参与控股。对私有产权和私人企业的保护是这些国家市场经济的重要特征，私有产权在这些国家是受宪法保护的。所以，这些国家只能通过修改投资政策或签订多边投资协定便利这些跨国公司的生产经营活动，不可能完全主导这些跨国公司的行为。

第三，任何国家都不可能将所有产业都列入"战略性产业"目录。国家可以基于本土生产企业的竞争力，或出于对土地以及自然资源的外资所有权考量而对外国投资者的经营行为进行监

---

① 参见 UNCTAD, "World Investment Report 2018: Investment and New Industrial Policy", pp. 5–6, Figure1.5 and Figure 1.6。

管，也可以将涉及国家安全或国家竞争力的产业列入"战略性产业"目录进行审查和限制，但任何国家都不可能将涉及人们日常生活的产业（诸如纺织业、服装业、农业和汽车业等）列入"战略性产业"目录中加以管控。2008 年金融危机之后，尽管各国都加强了对外国投资审查，但列入审查最为常见的部门是公用设施、电信、交通和媒体，制造业很少包括在内。相反，在制造业领域，各国竞相推出投资激励政策，促进投资便利化和自由化。

三 全球疫情之后：世界秩序的三种可能走向

全球疫情结束后世界秩序走向如何？这是人们讨论这次全球新冠肺炎疫情对国际关系影响时争论最为激烈的一个问题。

在以往的国际关系研究中，当讨论世界秩序时，我们往往过分强调利益和制度的作用，却忽视了价值观念的重要性。事实上，价值观念不仅体现在各个国家利益形成的偏好里，也蕴含在国家对国际合作规则和制度的选择上，同时还反映在各个国家具体的国内政策和对外政策中。正如英国学派的著名代表人物布尔所观察到的：

> 世界政治中的秩序之维持，首先依赖于某些偶然事实，即便国家之间缺少共同的利益观念、共同的行为规则或者共

同的制度……这些偶然性的事实也会导致秩序的维持。比如说，即便国家不相信局势有助于共同利益的实现，或者国家没有试图对均势施加管理并使之制度化，均势也可能偶然地产生于国际体系之中。如果均势产生了，那么它就可能有助于限制暴力行为，使得保证具有可信度或者确保政府在本国的最高权威受到挑战之时安然无恙。然而，在国际社会，如同在其他类型的社会一样，秩序不仅仅是这类偶然性事实的产物，它也是追求社会生活基本目标的共同利益观念、旨在帮助实现这些目标的行为准则以及有助于这些规则具有效力的制度所导致的结果。①

在这次全球抗击疫情的过程中，我们发现，无论是在个体之间，还是在群体之间，甚或在国家之间，不仅在诸如货物、技术、信息等物质利益方面出现了激烈争端，而且在诸如自由、民主、平等、公正、信仰等价值观念上也存在着严重分歧。

在这里，我们只列举几个国家在抗击疫情过程中所采取的具体措施，就可以发现这些国家在价值观念上的巨大差异。

2020年1月23日，武汉疫情防控指挥部发布1号通告，关闭所有往来武汉的交通，正式进入全面防疫阶段。中国政府进行全面动员，全面防控，将疫情当作一场"人民战争"来打，最

---

① ［英］赫德利·布尔：《无政府社会：世界政治中的秩序研究》（第四版），张小明译，上海人民出版社2015年版，第59页。

终在两个多月里基本控制住了疫情。当国际社会为中国的国家能力表示惊叹时，部分西方国家却认为这是"极端政治"的表现。①

2020年2月18日，居住在韩国大邱的一位"新天地"教徒被确诊之后，大邱和庆北地区确诊案例迅速上升。面对疫情的蔓延，韩国政府快速采取措施，从3月9日开始实行名为"口罩五部制"的实名购买制度，保证居民可以买到口罩；大力宣传保持"社交距离"，避免大规模集会，提供紧急生活补助，结果疫情很快得以控制。

2020年3月12日，面临新冠肺炎疫情蔓延，英国政府推出"避险"政策，首相约翰逊在记者会上发出警告，"疫情会进一步蔓延，我必须向你们、向英国公众说实话：许多家庭将提早失去他们的挚爱亲人"，但他同时宣布，英国政府"不会关闭英国的学校，也不禁止大型活动"。针对英国政府的"避险"政策，229名科学家公开写信希望政府不要"拿生命冒险"，但政府回应称如果采取严厉措施会招致公众不满。②

2020年1月21日，美国宣布出现第一例新冠肺炎病例，3月10日确诊病例破千，3月13日，总统特朗普宣布进入国家紧急状态，3月19日确诊病例过万，4月27日确诊病例达到100

---

① "肺炎疫情：防疫战在此凸现中美制度之争"，2020年3月13日，http://www.bbc.com。
② "肺炎疫情：英国出台'避险'政策　群体免疫与当局的科学逻辑"，2020年3月16日，http://www.bbc.com。

万，死亡人数达 5.5 万，成为疫情最严重的国家。在 3 月 13 日宣布国家进入紧急状态之后，美国不仅出现了联邦政府和部分州政府在"隔离政策"上的分歧，也出现了民主党议员对特朗普政府所采取措施的质疑，甚至还出现了以保护个人行动自由为由反对保持"社交距离"的游行。①

以上所列举的这些国家根据各自的国内政治制度进行政治社会动员，遵循不同的价值观念推行不同的防疫措施，这在多元化的世界中本无可厚非，然而，在国际社会却引起了关于政治制度方面的广泛讨论。②

所以，当我们评估后疫情时代世界秩序走向时，不能仅从物质利益来考量，还要考量价值观念在世界秩序未来走向上的可能影响。如果基于物质利益和价值观念的组合，我们认为，全球疫情结束后世界秩序的走向主要有如下三种可能性。

第一种可能性是多元的多边主义世界秩序。在这一多元的多边主义世界秩序中，既有物质利益的相互交往，又有价值观念的相互包容。所谓物质利益的相互交往，就是继续推动经济全球化，基于多边主义制度对全球经济进行治理。在贸易领域，继续

---

① "肺炎疫情：美国反封锁抗议潮台前与幕后"，2020 年 4 月 29 日，http://www.bbc.com。

② Francis Fukuyama, "The Thing That Determines a Country's Resistance to the Coronavirus", *The Atlantic*, March 30, 2020, https://www.theatlantic.com/ideas/archive/2020/03/thing-determines-how-well-countries-respond-coronavirus/609025/; Francis Fukuyama, "Nous Allons Revenir à un Libéralisme des Années 1950 – 1960", Le Point, April 9, 2020, https://www.lepoint.fr/postillon/francis-fukuyama-nous-allons-revenir-a-un-liberalisme-des-annees1950 – 1960 – 09 – 04 – 2020 – 2370809_3961.php; "The State and Covid-19: Everything's under Control", *The Economist*, March 28, 2020.

发挥世界贸易组织以及各种地区贸易协定的作用，反对贸易保护主义，促进贸易自由化和便利化；在金融领域，继续发挥国际货币基金组织、世界银行以及二十国集团的作用，加强金融监管的合作，推动资本自由流动；在国际投资和生产领域，继续促进和完善国际投资协定，加强全球生产链和地区生产网络的治理。所谓价值观念的相互包容，是指无论是个体和群体（不同的民族、不同的种族、不同的信仰），还是不同的国家（民主国家、威权国家），对于彼此的价值观念都能相互理解和包容。但这种多元的世界秩序面临两个最大挑战：一个挑战是如何避免"免费搭车"现象。在这种没有领导性国家的秩序中，由于国家之间处于相互竞争状态中，有的国家出于自身利益的考量，不但不愿意为世界秩序中的公共物品付出任何代价，而且还希望其他国家为公共物品付出更大的代价，这样就出现了通常所说的"免费搭车"现象。另一个挑战是"以邻为壑"现象，即每个国家都在理性地促进本国利益而不愿意消除世界秩序中的共同坏事（诸如大气污染、军备竞赛），最后导致所有国家的处境更坏。

第二种可能性是美国主导的自由世界秩序。在这一世界秩序中，虽然有物质利益的相互交往，但在价值观念上存在排他性。这次疫情不仅加剧了各国国内社会的撕裂，诸如种族主义的歧视，而且也导致了国际社会的撕裂，诸如民族主义的偏见。事实上，这种趋势在疫情暴发之前就已经显现出来了，2017年特朗普上台以后，一改2008年金融危机后美国对外经济政策。为了重振美国领导权以及美国主导的自由世界秩序，在"美国优先"

的口号下，特朗普政府不但开始重塑美国的国家利益，而且开始重塑世界经济秩序。这突出地表现在美国的对外经济政策和国际经济政策中，诸如，与加拿大和墨西哥重新谈判北美自由贸易区，与日本和韩国进行 FTA 的谈判，与中国进行贸易谈判，退出自己曾大力支持的 TPP，对 WTO 的多哈回合谈判停滞不前公开表示不满。所有这一切都表明，美国并不是在主动放弃美国对自由世界经济秩序的领导权，而是基于"美国优先"的考量试图重塑美国领导的自由世界秩序。这一秩序目前面临的最大挑战就是相关国家对美国"领导力"的信心问题。

第三种可能性是中美相互竞争而出现两极体系，也就是疫情期间人们所说的"新冷战"，即一方是以美国为中心的体系，另一方是以中国为中心的体系。这种状态意味着中国与美国两国不仅在物质利益上相互"脱钩"，而且在价值观念上完全对立，同时双方还愿意并且有能力建立和维持各自的体系。这种秩序的可能性取决于两点：一是中国和美国两国是否有意愿相互竞争，并都有能力提供支撑两种不同体系的公共物品；二是其他国家是否能从这些公共物品中受益，并且愿意在这两种体系中进行选择。目前来看这种可能性并不大。

四 结论

面对突发性事件，所有专业知识群体一般有三种应对方式：第一种方式是为决策者提供专业性知识，从而使得相应的政策具有科学性和可操作性；第二种方式是用专业知识引导社会公众，从而使得公众更具理性；第三种方式则是传授和升华专业知识，从而进行知识的积累。当我们将国际关系置于全球疫情之下进行观察时，有许多议题需要我们进行研究，在这里我们只是从国际关系专业知识积累的角度进行了些许思考。我们发现，对国际关系所有行为体而言，在共同的灾难面前，没有赢家和输者之分，"以邻为壑"和"免费搭车"都是不可取的；就全球生产链和国家安全而言，全球疫情强化了供应链安全的重要性，全球生产链的断裂是困难的，但区位重组是可能的；就世界秩序的走向而言，价值取向和物质利益同等重要，没有价值观念包容的世界秩序是不可能持久的。但愿这些有限的知识积累能够成为一种共同的知识，既能被社会大众所理解，也能被相关政策决策者所接受。

新冠肺炎疫情与全球治理变革[*]

孙吉胜[**]

新型肺炎疫情发生以来,中国政府始终把人民生命安全和身体健康放在第一位,采取严格防控措施,取得了显著的防控效果。尽管如此,新冠肺炎还是很快在全球多点暴发,在多个国家出现快速蔓延态势,成为一场典型的全球性公共卫生危机。疫情的影响很快外溢到经济、社会、政治等众多领域,凸显出全球治理的必要性与紧迫性。尽管本次疫情范围大、影响面广,但是从疫情暴发到在多国蔓延,全球治理体系似乎即陷入困境,无论是国际组织、国际机制还是世界大国都反应迟缓,各国各自为政,整个世界处在混乱状态。在百年未有之大变局之下,新冠肺炎疫情的蔓延迫使我们重新审视当前的世界秩序,思考当前的全球治理体系。全球治理体系为何会部分失灵、陷入困境?这些困境主

---

* 本文完整版本发表于《世界经济与政治》2020 年第 5 期。
** 作者系外交学院副院长、教授,北京市对外交流与外事管理基地首席专家。

要体现在哪些方面？全球治理体系存在哪些理念和规则方面的问题？在全球性问题日益增多的情况下，各国需要反思应该如何变革与调整当前的全球治理体系，以更好地应对全球性挑战。针对全球性问题，各国迫切需要改变观念，抛弃零和思维和陈旧理念，树立人类命运共同体意识，结成理念共同体、制度共同体、政策共同体、行动共同体和责任共同体。各大国需要思考如何加强协调，团结全球力量，共同参与和推进全球治理，把理念转变为行动，以更好的应对全球性问题。而针对类似新冠肺炎疫情大流行这样的全球性公开卫生危机来说，只有全球结成人类卫生健康共同体、共同合作应对才是唯一出路。

一　全球治理及治理机理

全球性问题需要全球治理。理解全球治理及其机理是从全球治理角度审视新冠肺炎疫情的基础。实际上，全球治理主要是为了更好地应对和解决全球性问题。全球治理实践显示全球治理主要依赖制度治理。在治理过程中，大国是全球治理的核心要素。

全球治理是为应对全球性问题而生

20世纪90年代，随着冷战的结束，全球化进程加快，整个世界日益融为一体，国家间相互依赖增强，随之而来的是很多全球性问题出现，如贫困、气候变化、难民、跨国犯罪和环境污染等。传统安全与非传统安全威胁交织，高政治议题和低政治议题相互影响，局部问题与全球问题彼此转化。全球性问题依赖单个国家已很难应对，国家间协调与合作成为唯一出路。在全球层面应对解决全球性问题的任务变得紧迫而艰巨，全球治理的概念由此产生。1992年，由德国前总理威利·勃兰特（Willy Brandt）倡议、瑞典前首相英瓦尔·卡尔森（Ingvar Carlsson）等国际知名人士共同发起成立"全球治理委员会"，该委员会1995年发布《我们的全球伙伴关系》报告，对"全球治理"概念进行系统阐述:[①] 治理是个人、制度、公共部门与私有部门共同管理事务的持续过程。通过该过程，各种相互冲突和拥有不同利益的各方相互协调，进而合作。全球治理既包括被授权的正式组织机构和机制，也包括被人们和相应机构认可并认为可以满足其利益的非正式安排。[②] 中国有学者认为全球治理是通过具有约束力的国际规制（regimes）解决全球性的冲突、生态、人权、移民、毒品、走私和传染病等问题，以维持正常的国际政治经济秩序。[③] 也有人认为全球治理是以人类整体论和共同利益论为价值导向，多元行为体平等对话、协商合作，共同应对全球变革和全球挑战的一种新的管理人类公共事务的规则、机制、方法和活动。[④] 还有学者认为，全球治理主要指主权国家、国际组织、非政府组织

[①] 孙吉胜：《"人类命运共同体"视域下的全球治理》，载《中国社会科学评价》2019年第3期，第122页。

[②] Commission on Global Governance, *Our Global Neighborhood: The Report of the Commission on Global Governance*, New York: Oxford University Press, 1995, p. 2.

[③] 俞可平：《全球治理引论》，《马克思主义与现实》2002年第1期，第25页。

[④] 蔡拓：《全球治理的中国视角与实践》，《中国社会科学》2004年第1期，第95—96页。

等国际关系行为体为解决全球性问题、增进全人类共同利益而建立的管理国际社会公共事务的制度、规范、机制和活动。①

全球治理主要依赖制度治理

按照学界对于全球治理的界定和研究以及全球治理实践，迄今为止全球治理主要以制度治理为主，国际组织或国际机构以及它们制定的相关国际规则和规范协调约束各国行为、促成合作，在治理中扮演重要角色。全球治理主要涉及治理目标、治理对象、治理主体和治理依据。由于全球治理不像国内治理那样可以依赖政府的权威和强制力，制度对全球治理至关重要，是各国协调行为，进行合作的平台和依据。国际制度主要涵盖国际组织或机构、国际机制、国际规则和国际规范。这些是治理行为体在治理过程中的主要依据，也构成了全球治理体系的主要内容和全球治理运行的基本框架，多边主义框架下的制度治理也一直是全球治理的主导话语。也正是由于国际制度对全球治理至关重要，各国家之间尤其是大国之间一直存在制度之争，如围绕国际组织或机构的创设和掌控、规则制定、议程设置、代表权、发言权等展开竞争。制度之争在国际体系转型或是大国间竞争激烈时会表现得更明显，如在冷战期间的美国和苏联以及 2008 年之后的中国和美国，这构成了大国政治和大国博弈的一个重要方面。当前的全球治理体系主要形成于第二次世界大战后，由以美国为首的西

---

① 陈岳、蒲俜：《构建人类命运共同体》，中国人民大学出版社 2017 年版，第 83 页。

方国家主导，如以世界贸易组织为主的贸易治理体系，以世界银行、国际货币基金组织等为主的全球金融治理体系和以联合国安理会为主的集体安全治理体系，实际上都是以制度确保多边协调与合作。联合国作为世界最大和最具代表性的国际组织，下设16个专门机构，如世界卫生组织、联合国教科文组织、世界粮农组织、世界劳工组织、世界知识产权组织、国际电信联盟、国际海事组织和世界气象组织等，它们专门管理相应的领域。各专门机构都制定相关的规则和规范，各国加入相关的公约和条约，进行相应的治理，维护各领域的稳定和秩序。

大国是全球治理中的核心要素

尽管全球治理的主要行为体涵盖国家、政府间组织、非政府组织和民间力量，但是从全球治理实践看，国家尤其是世界大国仍是全球治理过程中的重要力量。世界大国无论是在资源、实力、能力还是在全球动员方面都具有独特优势。同时，全球治理也是大国利益矛盾凸显的场所，不同国家对威胁和问题的优先排序不同，对各自所需承担的责任也存在认知差异，[①] 这会直接影响全球治理的具体实践。在全球治理规则制定、治理议程设置以及治理机构和机制创设过程中大国也更有影响力。例如，联合国、二十国集团、八国集团和金砖国家等实际上都是大国在发挥关键作用。对于世界经济而言，以美国为首的七国集团在2008年金融危机前

---

① 秦亚青：《全球治理：多元世界的秩序重建》，世界知识出版社2019年版，第83页。

一直起主导作用。对于一些安全问题来说也同样如此，如针对伊朗核问题，参与核协议谈判的主要是中国、美国、俄罗斯、英国、法国和德国这些大国，因此美国宣布退出该协议也产生了极大的负面影响。当前，诸多领域（如气候变化、反恐、难民、网络、深海、极地等）的全球治理，都离不开大国的积极参与和协调。在一些突发性危机中，大国的影响力往往更大。例如，2008年金融危机爆发后，发达国家和新兴经济体共同使二十国集团这一平台的作用凸显出来，各国在该机制下多次召开领导人峰会，协同国际货币基金组织共同应对危机，对维持当时的世界经济稳定和提振人们对世界经济的信心发挥了重要作用。很多时候，在具体问题面前，大国出面可以有效动员众多的行为体和各方力量，进而在发挥物质层面影响的同时产生精神层面影响，如稳定预期、增强信心和团结互助等，这是中小国家所无法取代的。

二 新冠肺炎疫情下的全球治理困境

此次新冠肺炎疫情在短短的三个多月在世界各地暴发，半年内疫情先后在欧洲、北美洲等地持续扩散，多个国家和城市不得不"封国""封城"，宣布进入战时状态、紧急状态或重大灾难状态，公共卫生资源紧张和匮乏成为众多国家所面临的困境，这种态势还将持续下去。世界经济受到重创，外溢影响日益严重。很难想象在科技与信息如此发达、资源如此丰富的时代，人类会陷入如此艰难的境地。正如联合国秘书长古特雷斯所说："我们正面临着一场联合国75年历史上前所未有的全球卫生危机，这场危机正在扩散人类痛苦，影响全球经济，颠覆人们的生活。"[①] 面对如此严重的全球性问题，全球治理体系却处于部分失灵状态并陷入困境，具体表现在国际组织反应和行动迟缓，国际机制部分失灵，大国间协调合作难度加大，领导缺失。这一切让我们不得不反思当前的全球治理体系以及全球治理的未来。

国际组织陷入部分失灵状态

国际组织是全球治理中的重要行为体，就当前的全球治理体系而言，联合国及其下设的专门机构应该发挥重要的协调和指导作用。但是，自此次疫情暴发以来，联合国发挥的作用微乎其微。尽管古特雷斯几次就新冠肺炎疫情发表讲话要求各国团结，向病毒宣战，共同应对危机，但是实际上联合国未能起到重要的团结和协调作用。世卫组织在研究相关疫情、通报疫情方面发挥了作用，但其建议和提示无法规范和约束各国行为。例如，世卫组织从2020年1月3日接到中国的相关通报后即展开第一阶段的工作，主要针对病毒如何传播、严重程度如何、防止传染的措施有哪些等进行相关调研和研究，并对疫情程度进行定性。1月30日宣布疫情为国际关注的公共卫生突发事件（PHEIC）；2月底，将疫情在全球风险评估上调为"非常高"，这表明每一个国

---

① "秘书长关于2019冠状病毒病危机的新闻谈话"，2020年3月19日，https://www.un.org/sg/zh/content/sg/speeches/2020－03－19/remarks-virtual-press-encounter-covid-19-crisis。

家都需要为可能发生的大规模社区传播做好准备；3月11日宣布"全球大流行"。在宣布本次疫情为国际关注的公共卫生突发事件之后，抗疫行动升级为由世卫组织总部协调支持的全球努力，如确定科研重点、调集资源向各国运送检测试剂和个人防护用品、分享中国的抗疫经验等，让其他国家至少有所了解并从中获得有用提示，明白中国是怎么做的、哪些方法是有效的。① 但是，在协调国家行动方面世卫组织明显力不从心，也无法规范各国行为及改变各国对疫情的反应和防控措施。世卫组织要求各国报送相关信息，一些国家并没有予以配合；世卫组织强调旅行禁令并不是有效的防控措施，但很多国家首先采取了旅行禁令。更重要的是，世卫组织关于新冠肺炎疫情的严重性和传播途径的建议并没有得到各国充分重视，这导致多国浪费了在疫情初期进行有效防控的宝贵时间。尽管联合国的其他专门机构针对疫情也展开了一些相关工作，如世界银行推出120亿美元方案来协助各国应对疫情影响，国际货币基金组织就疫情期间保护人民的财政政策提出建议等，② 但对遏制疫情蔓延没有产生实质性影响。

除了国际层面外，国际组织在地区层面也出现失灵状态，其中最典型的是欧盟。欧盟是制度性强和严密有序的地区组织，并在此基础上实现了高度一体化，然而却在此次疫情面前作为不足，未能发挥一个超国家地区组织应有的领导、协调和团结各国

---

① "'中国向世界展示了疫情的发展轨迹是可以改变的'——专访世卫组织驻华代表高力"，2020年3月17日，https：//news.un.org/zh/story/2020/03/1052882。
② 参见联合国网站，https：//www.un.org/zh/。

的作用。法国和德国作为欧盟的主要力量，也未体现其领导作用，凸显了欧盟远未结成命运共同体这一事实。许多欧盟国家面对严峻的疫情形势，没有同其他国家采取联合行动，而是首先采取保护主义措施维护自身利益。2020年3月10日，尽管欧洲理事会举行视频会议，与欧盟成员国领导人商讨共同抗击疫情，确定了当时欧盟的头等任务，即限制病毒传播、确保医疗设备供应充足、促进疫苗等医药研发和应对疫情造成的社会经济影响，并指出欧盟需制定一套统一的抗疫规范，[①] 但并未转化为具体行动。意大利出现疫情后向欧盟求助，欧盟和各成员国却并未及时向意大利提供帮助以遏制疫情传播。欧盟成员国之间还不断出现防疫物资被拦截的情况。继意大利疫情恶化后，疫情很快在西班牙、法国和德国等国蔓延。欧盟对欧洲其他国家还实施了出口限制政策。欧盟委员会主席乌尔苏拉·冯德莱恩（Ursula von der Leyen）2020年3月15日宣布，欧盟将全面禁止部分医疗防护设备的出口，向非欧盟国家的出口必须得到成员国的授权，以保证欧盟内部有足够的供应。这种做法无疑扩大了欧盟和其他欧洲国家的裂痕，也削弱了欧盟的吸引力和向心力。塞尔维亚总统亚历山大·武契奇（Aleksandar Vučić）明确表示欧洲团结根本不存在。[②] 随着德国、法国、西班牙等国疫情加重，欧盟各成员国更

[①] 《欧盟举行视频会议确定4项紧急任务》，《北京日报》2020年3月12日。
[②] Kurt M. Campbell and Rush Doshi, "Coronavirus Could Reshape Global Order", *Foreign Affairs*, March 18, 2020, https://www.foreignaffairs.com/articles/china/2020-03-18/coronavirus-could-reshape-global-order.

是陷入了各扫门前雪的境地。直到 2020 年 4 月 9 日欧盟成员国财长会议才达成协议，同意为应对欧洲新冠肺炎疫情实施总额为 5400 亿欧元的大规模救助计划。①

各类国际机制反应失灵、行动迟缓

与国际组织、国际机构相比，国际机制是在一定规则和程序的基础上形成的相对稳定的制度安排，但还未形成实体机构组织，与国际组织或国际机构相比，其成员关系和运作程序等相对松散灵活，制度化水平相对较低，创建成本和创建过程相对简单。尽管如此，国际机制仍是全球制度治理的重要组成部分，如二十国集团、金砖国家等。中国近年来也启动了不少新机制，如亚洲文明对话、南南人权论坛等。过去国际机制在全球治理过程中发挥了重要作用。例如，二十国集团在 2008 年国际金融危机爆发后成为应对危机的有效机制，在关键时刻团结发达经济体与发展中国家一起遏制了危机的蔓延，二十国集团连续召开会议，并在 2009 年的匹兹堡峰会上取代八国集团成为全球经济治理的重要平台。②再比如，在气候变化领域，联合国气候变化大会对全球应对气候变化发挥了重要作用，不仅制定了相关规则，也凝聚了世界各方力量共同应对气候变化。但是，此次疫情暴发后，各类国际机制普遍反应迟缓，没有有效作为，未能发挥实质性影

---

① 《欧盟财长会议达成 5400 亿欧元救助计划》，《人民日报》2020 年 4 月 12 日。
② 何亚非：《选择：中国参与全球治理》，中国人民大学出版社 2016 年版，第 4 页。

响。2020年3月12日，二十国集团领导人利雅得峰会第二次协调人会议在沙特阿拉伯的胡拜尔举行，会后发表了《二十国集团协调人关于新冠肺炎的声明》，呼吁国际社会积极应对，加强协调合作，控制疫情，保护人民，减轻其对经济的影响，维护经济稳定，同时避免污名化，也表示支持世卫组织的工作。① 直到2020年3月26日，二十国集团领导人应对新冠肺炎特别峰会才得以通过视频会议形式召开，对疫情防控和维持全球稳定进行讨论。3月31日，二十国集团财长与央行行长举行特别视频会议，讨论落实二十国集团领导人特别峰会关于应对新冠肺炎疫情的声明。而此时新冠肺炎疫情已在全球大规模暴发，对世界经济等领域的负面影响已经大规模显现。此外，作为21世纪新形成的金砖国家机制，在此次疫情中也基本没有太多作为。相较而言，只有东盟与中日韩（"10+3"）在抗疫方面比较务实，4月14日于领导人特别会议后发表联合声明，提出了一系列务实抗疫举措，如加强早期预警机制建设、考虑建立"10+3"重要医疗物资储备、加强流行病学科研合作以及设立应对公共卫生突发事件的特别基金等。②

大国协调与合作难度加大，领导缺失

如前文所述，大国在全球治理中起关键作用。一个大国除了

---

① "二十国集团协调人会议就应对新冠肺炎疫情发表声明"，2020年3月13日，https：//www.fmprc.gov.cn/web/ziliao_674904/1179_674909/t1755427.shtml。
② "东盟与中日韩抗击新冠肺炎疫情领导人特别会议联合声明"，2020年4月15日，https：//www.fmprc.gov.cn/web/zyxw/t1769820.shtml。

实力和资源外，在国际层面还要能够做到理念引领、政策协同、团结合作与责任担当。当前，大国在应对各领域全球性问题方面起着稳定信心、协调合作与动员全球力量的关键作用，在危机时刻就更需要大国发挥作用。在针对新冠肺炎疫情这样的突发性事件中，《纽约时报》记者撰文强调大国需要成功管控好国内危机、团结盟友、领导同盟、提供全球公共产品以及组织全球共同应对。① 而此次疫情暴发后，作为世界第一大国的美国并未在这些方面积极作为，而是继续坚持美国优先。美国学者史蒂芬·沃尔特（Stephen Walt）撰文《美国能力之死》，专门评价了美国应对此次疫情与承担国际责任的退缩及影响。② 中国疫情发生后，美国针对中国的负面声音接连不断。美国商务部部长威尔伯·罗斯（Wilbur Ross）2020年1月30日接受采访时说中国发生的新型疫情将有助于加速制造业回流美国，凸显其零和思维。美国从2月2日起对所有中国公民以及过去14天到过中国的外国人关闭边境，对中国实施严格的旅行禁令。在中国疫情最困难时期，俄罗斯、白俄罗斯、日本和韩国等国迅速将医疗物资送至武汉，160多个国家和国际组织领导人以不同方式向中国表达支持，美国民间社会各界也向中国捐赠医疗物资，但是美国政府并没有对中国提供实质性的帮助。不仅如此，美国一些媒体和官员

---

① Steven Erlanger, "Another Virus Victim: The U. S. as a Global Leader in a Time of Crisis", *The New York Times*, March 22, 2020.
② Stephen Walt, "The Death of American Competence", *Foreign Policy*, March 23, 2020, https://foreignpolicy.com/2020/03/23/death-american-competence-reputation-coronavirus/.

还不时发出污名化中国的声音。《华尔街日报》2月3日发表《中国是真正的"东亚病夫"》一文并拒绝道歉，引发中国强烈抗议并吊销3名《华尔街日报》驻京记者的记者证件作为回击。3月2日，美国国务院宣布对5家中国驻美媒体实施人员数量限制，要求其将员工总数从160人减少到100人，之后中方对等要求"美国之音"与《纽约时报》《华尔街日报》《华盛顿邮报》《时代周刊》5家美国媒体驻华机构向中方申报其在中国境内所有工作人员、财务、经营以及所拥有不动产信息等书面材料。特朗普还无视世卫组织对病毒的相关命名规定，在其讲话和推文中频繁使用"中国病毒"一词，试图将疫情责任归咎于中国。在2020年3月25日举行的七国集团外长会议上，美国国务卿迈克·蓬佩奥（Mike Pompeo）要求将"武汉病毒"写入公报，虽然最终因为其他六国的一致反对未能形成，但这再次向世界传递了非常消极的信号。中美双方在推特等社交媒体上多次交锋。

疫情期间，习近平主席同特朗普总统两次通电话，希望美方冷静评估疫情，合理制定并调整应对举措，并表示中美双方可保持沟通、加强协调、共同防控疫情，呼吁中美团结抗疫，加强抗疫国际合作、稳定全球经济；特朗普也表示美国全力支持中国抗击新冠肺炎疫情，愿派遣专家前往中国，并以其他各种方式向中方提供援助。① 但是，中美之间自疫情暴发以来的磕磕绊绊，加

---

① "习近平同美国总统特朗普通电话"，2020年2月8日，https://www.fmprc.gov.cn/web/zyxw/t1741788.shtml；"习近平同美国总统特朗普通电话"，2020年3月27日，https://www.fmprc.gov.cn/web/zyxw/t1762304.shtml。

上之前贸易摩擦的影响，总体上合作氛围减弱、对抗氛围增强。正如有学者指出的，美国在过去75年一直担负着建立和维护世界合作秩序的作用，但在此次疫情期间，美国不仅没有积极倡导合作，还以"武汉病毒""中国病毒"等污名化中国。①

与此同时，作为欧洲的盟友，美国在欧洲疫情日趋严重的情况下没有为其盟国提供必要帮助，颁布对欧洲的旅行禁令前也没有给予其任何通知。同时，美国在国内也没有采取积极的应对措施，直到疫情加重才开始积极应对。马克龙（Emmanuel Macron）甚至明确表示美国已经没有能力领导西方，必须重新选出一个领导者。法国、德国和英国等欧洲大国在疫情面前不仅在全球抗疫方面缺乏作为，就连在欧洲内部领导力也非常有限，使欧洲的防控形势日益艰巨，很多国家疫情恶化。英国最初宣布的"群体免疫"政策与欧洲其他国家的防控政策更是形成强烈反差。2020年3月10日，默克尔（Angela Merkel）在德国议会党团会议上发出"60%—70%在德国的人将会感染新型冠状病毒"的警告，显示出德国的无奈和自顾不暇。尽管中国一直集中全力防控国内疫情，但同时也展现了大国责任和担当，与国际社会沟通和分享相关信息，向多国捐赠医疗物资，派遣专家医疗人员，但以中国一己之力很难应对这一全球性危机，在美国合作意愿减弱、合作行动减少的情况之下更是如此。

---

① Iver B. Neumann, "Will the Corona Virus Be the Deathblow of the World Order", *Norwegian Daily Aftenposten*, March 23, 2020.

三 人类命运共同体视域下的全球治理变革

新冠肺炎疫情从暴发到各国采取措施防控的过程再次提醒各国，在疫情面前世界是相互连通的地球村、人类是相互依存的命运共同体，没有哪一个国家可以独善其身。全球性问题需要各国共同应对，需要全球治理。在世界秩序和国际格局不断变化和调整之时，如何更好地进行全球治理是百年未有大变局之下的一大挑战。原有的治理体系已经失灵，新的治理体系尚未确立，面对新冠肺炎疫情，处于转型期的全球治理体系陷入混乱与无序境地。全球治理体系迫切需要改革，需要确立新的理念，改革和更新原有的制度和运行模式。此次疫情暴露出当前全球公共卫生治理的诸多赤字和短板，进一步凸显了加强全球公共卫生治理体系建设的紧迫性。习近平主席 2020 年 3 月 23 日与马克龙总统通电话时明确提出了打造人类卫生健康共同体的目标，这是人类命运共同体理念在公共卫生领域的具体体现。习近平主席强调，各国应精诚合作，推进联合研究项目，加强国境卫生检疫合作，支持世卫组织工作，共同帮助非洲国家做好疫情防控。[①] 要实现卫生健康共同体的目标，各国要秉持人类命运共同体思维，构建理念共同体、制度共同体、政策共同体、行动共同体和责任共同体，

---

① "习近平同法国总统马克龙通电话"，2020 年 2 月 18 日，https://www.fmprc.gov.cn/web/zyxw/t1760147.shtml。

以确保人类社会的长治久安。这主要可从以下五个方面着力。

维护现有的世界秩序，推动全球治理体系改革，形成命运共同体

本次全球治理体系的部分失灵实际上与近年来世界秩序和国际格局的演变有很大关系。美国在国际层面不断"退群"，提供全球共同产品的意愿以及国际合作意愿减少，对大国合作产生了负面影响，加上四处出击的贸易战以及中美关系的一系列波折等因素，实际上已改变了其世界第一大国的形象，给当前的世界秩序带来了诸多不稳定性，也对全球治理体系造成了冲击和损害。过去美国视自己为全球领导者，能够协调西方盟友一起应对全球范围内的各类紧急情况。例如，2003年小布什政府启动了"总统艾滋病紧急救援计划"，为抗击艾滋病提供了高达900亿美元的资金，被视作针对单个疾病所做出的最大努力，该计划仅在非洲就挽救了成千上万人的性命；在抗击埃博拉病毒期间，美国时任总统奥巴马明确表示，"我们必须领导全球对于埃博拉的抗击工作"。[1] 而在此次抗疫期间，美国实际上放弃了自己长期以来领导西方盟国的角色。美国和中国在公共卫生领域也曾进行过很好的合作。2003年严重急性呼吸综合征（SARS）疫情期间，美国专门向中国派遣了40人的医疗队，支援中国抗击SARS，最终

---

[1] Steven Erlanger, "Another Virus Victim: The U. S. as a Global Leader in a Time of Crisis", *The New York Times*, March 22, 2020.

SARS 疫情在亚洲基本得到控制，中美皆从中受益；SARS 疫情之后，美国和中国在应对新型甲型 H1N1 流感、H7N9 禽流感以及埃博拉病毒期间都进行了诸多合作，如共享信息、技术和联合研究等，但此次疫情中，美国选择了在该领域与中国"脱钩"。[①] 对于欧洲而言，英国"脱欧"加上欧盟各成员国间的分歧削弱了欧盟的领导力和凝聚力，由于疫情初期欧洲团结的缺失，在部分国家疫情不断加重后，其他国家也难以顾及。这些变化合在一起动摇了第二次世界大战后形成的世界秩序的稳定性，削弱了人们对其的信心，实际上也削弱了全球治理体系的行动力、权威性和公信力。这也是导致此次疫情从全球层面看乱象丛生的一个原因。因此，各国迫切需要维护世界秩序的稳定，在稳定的前提下推动全球治理体系改革。

转变观念，树立共同体意识，形成理念共同体

构建人类命运共同体，就是各国人民同心协力，建设持久和平、普遍安全、共同繁荣、开放包容、清洁美丽的世界。近年来，中国一直强调人类命运共同体理念，将其写入《中华人民共和国宪法》和《中国共产党章程》，并秉持该理念积极参与和引领全球治理。该理念还多次被写入联合国相关决议和文件。新冠肺炎疫情再次凸显了人类命运共同体理念的重要性，病毒无国

[①] Peter Beinart, "Trump's Break with China Has Deadly Consequences", *The Atlantic*, March 28, 2020, https://www.theatlantic.com/ideas/archive/2020/03/breaking-china-exactly-wrong-answer/608911/.

界，每个国家都不能独善其身。亨利·基辛格（Henry Kissinger）在疫情期间发文强调，没有一个国家，包括美国，能够仅凭本国之力战胜病毒，应对当前形势必须有全球合作的眼光和行动。① 全球必须树立人类命运共同体意识，统一认识，形成一个理念共同体。

一是要有整体意识。随着全球化的深入和科技进步，人类早已是一个整体，在全球性问题面前更是如此。只有树立了整体意识，各国才会有合作意识和团结精神，才会在问题面前共担责任、共同应对，形成合力。从全球防控疫情的过程中可以看出，任何一个国家缺少了这种共同体意识，在应对疫情时都会遭遇更多问题。正如世卫组织总干事高级顾问布鲁斯·艾尔沃德（Bruce Alyward）在考察中国的抗疫状况后所描述的，"每一个中国人都有很强烈的责任担当和奉献精神，愿意为抗击疫情做出贡献"。② 中国正是由于全国上下统一认识，每个人都积极防护、把自己的努力视为战胜疫情的一部分，才使疫情得到有效控制。对于全球来说也是如此，缺少了这种意识，任何一个国家的漏洞都可能在全球产生蝴蝶效应。

二是要有团结意识。疫情充分显示各国必须守望相助，在气候变化、自然灾害和环境污染等其他全球性问题上亦是如此。在

---

① Henry A. Kissinger, "The Coronavirus Pandemic Will Forever Alter the World Order", *Wall Street Journal* (*Eastern Edition*), April 3, 2020.
② 张朋辉:《中国展现了惊人的经济行动力与合作精神》,《人民日报》2020 年 2 月 27 日。

中国积极防控疫情期间，部分国家隔岸观火，认为事不关己，没有采取有效应对措施，造成了疫情在多国多点暴发。习近平主席在同多国领导人通电话时都强调要团结抗疫、合作抗疫。

三是要抛弃旧的思维与偏见，消除泛政治化倾向。此次疫情在多地暴发实际上同人们的认知和意识紧密相关。中国用两个月时间基本遏制住了疫情，积累了宝贵经验和教训，但部分西方国家政府的傲慢导致其未能有效利用中国所争取的时间。美国记者伊恩·约翰逊（Ian Johnson）发表题为《中国为西方争取了时间，西方却把它浪费了》的文章，指出美国和欧洲大部分地区对新冠肺炎疫情暴发的态度即便不能说是完全消极，也是非常被动的，从而与遏制病毒传播的最佳时机擦肩而过。部分外国人似乎把中国的经历视为中国独有的或者认为中国距离其遥远，而最重要的是这些人尤其是西方国家的人对中国抱有成见，这让他们低估了中国的做法给其国家所能带来的潜在价值和意义。[1] 一些国家把中国视为国际社会的一个"他者"，经常不自觉地持双重标准，如《纽约时报》对武汉"封城"评价是"给人们的生活和自由带来了巨大损失"，而对意大利"封城"则评论为"冒着牺牲自己经济的风险以阻止这场欧洲最严重疫情的蔓延"。[2] 部分西方国家将公共卫生问题泛政治化，不仅对中国抗疫措施不屑一顾和缺乏信

---

[1] Ian Johnson, "China Bought the West Time. The West Squandered It", *The New York Times*, March 13, 2020, https://www.nytimes.com/2020/03/13/opinion/china-response-china.html?searchResultPosition=1.

[2] "海外网评：同样谈'封城'，这家美媒双标操作真是溜"，2020年3月12日，https://m.haiwainet.cn/middle/353596/2020/0312/content_31740359_1.html。

任，还经常对中国抱有偏见，这背后实际上也隐含着其对中国制度与行动的质疑。从抗疫初期的习惯性污名化和抹黑中国，到中期"甩锅"中国、渲染"中国责任论"，再到后来中国取得防控成效后质疑中国防控数据、诋毁及高调负面炒作中国抗疫医疗专家组和援助抗疫物资等，都清晰体现了这一点。瑞士《新苏黎世报》文章对此进行了反思，"如果不是被制度竞争的思想分了心，世界可以利用中国知识为应对疫情做出更好的准备"。① 在全球性问题面前，各国迫切需要抛弃零和思维和冷战思维，超越意识形态与政治制度差异，放下傲慢与偏见，真正将世界作为一个整体来看待。只有这样，各国才能够成为全球治理伙伴，做到团结协作、平等相待，分享智慧、相互借鉴，取长补短、共克时艰。

改革现有国际制度，增强其权威性和行动力，形成制度共同体

冷战后世界多极化的发展趋势日益明显。除了美国、欧盟、日本等发达经济体之外，发展中国家的群体性崛起也是多极化的重要推动力量。国家间力量对比的变化成为全体治理体系变革的重要动力。此次疫情暴露出全球治理体系的脆弱性和诸多系统性、制度性问题，这也是全球治理体系在面对新冠肺炎疫情这样的全球性问题时未能有效应对的重要原因。因此，必须对现有的国际制度进行必要的改革、替代和补充，增强治理能力，具体可

---

① 国纪平：《命运共同体，团结合作方可共克时艰》，《人民日报》2020年3月28日。

从三个方面努力。

一是要强化现有国际组织、国际机制的领导力和号召力。联合国需要承担起团结全球的责任，加大行动力，采取更多实质性行动。联合国具有维护世界和平、稳定和安全的重要使命，由于《联合国宪章》赋予的权利及其独特的国际性质，联合国可就人类在21世纪面临的一系列问题采取行动，包括维护国际和平与安全、保护人权、提供人道主义援助、促进可持续发展和捍卫国际法。[①] 各国都应当努力维护联合国权威，因为目前还没有哪个国际组织可以替代联合国。疫情期间，习近平主席在同其他国家元首通电话时多次强调支持联合国及世卫组织在完善全球公共卫生治理中发挥核心作用。[②] 在应对类似新冠肺炎疫情这样的全球性问题时，联合国自身也需进行相应的改革和调整，增强行动力，建立相应的危机预警和危机应对机制。例如，在第一时间召集相关会议，向世界传递信心，统一各方认识和目标，制定全球行动路线图和各种全球性预案等。当前，世界正处于传统安全和非传统安全日益交织的时代，非传统安全问题的影响日益深远，联合国安理会也应将其纳入议程，建立相应工作机制。同时，联合国各专门机构需要围绕各自的任务和主题分别开展行动，适时更新自身的规则规范，强化各自的应对措施。

二是继续推动二十国集团从短期危机应对机制向长效治理机

---

① 参见联合国网站，https：//www.un.org/zh/。
② "习近平同法国总统马克龙通电话"，2020年2月18日，https：//www.fmprc.gov.cn/web/zyxw/t1760147.shtml。

制改革，加强其机制化和制度化建设。此次疫情再次显示出二十国集团在当今世界政治中的重要作用。2020年3月26日召开的二十国集团领导人特别峰会首次视频会议也是此次全球抗疫的一个重要节点。在全球面临经济衰退甚至经济危机风险的情况下，此次会议的意义更加凸显。会后通过的特别峰会声明聚焦抗击新冠肺炎大流行、维护世界经济、应对疫情对国际贸易造成的干扰、加强全球合作四个方面向世界发出了明确的治理信号和目标。[①] 鉴于二十国集团成员的影响力和代表性，二十国集团应不仅局限于经济和金融领域，其功能可以向其他治理领域扩展以更好地发挥在全球治理中的作用。未来可以考虑在二十国集团框架下增加一些新机制，如核心成员机制，即几个关键大国在出现全球性问题时立刻启动的机制。此外，可以推动二十国集团向正式的国际组织转型，可考虑设立秘书处或专门委员会，把二十国集团下的工作细化为不同的领域（如公共卫生、气候变化、经济金融等），使其更好地向长效治理机制转变。

三是根据需要增设一些新的制度性安排。当前世界正经历复杂深刻的变化，全球治理的制度安排也要与时俱进。在公共卫生方面可以参考维和的一些制度性安排，如联合国设置的军事观察团、维和部队、多国部队、人道主义干预部队、待命机制和常备成建制维和警察等机制。又如，中国近年来在金融领域也推动和

---

① "二十国集团领导人应对新冠肺炎特别峰会声明"，2020年3月13日，https://www.fmprc.gov.cn/web/zyxw/t1762165.shtml。

参与建设了一些新机构和新机制，如亚洲基础设施投资银行、丝路基金、金砖国家新开发银行等，对现有的国际金融治理体系进行了很好的补充，公共卫生领域也可以参考此类做法加强制度更新和制度补充，更好地完善公共卫生治理体系。此外，在区域层面因为人口和商品流通更集中，公共安全的共同性更明显，与全球层面相比治理需求也相对集中，① 更易达成利益共识。因此，在地区层面可以发挥区域组织和机制的优势，推动欧盟、非盟、东盟等区域性组织的制度建设和转型，提升全球治理在区域层面的成效，② 建立多区域联防联控机制，减轻全球层面应对公共卫生事件的压力，如在公共卫生领域建立区域公共卫生应急联络机制以及提高区域层面突发公共卫生事件应急响应速度等。

赋权、赋能世卫组织，强化其制度性权力，升级全球公共卫生治理体系

公共卫生近年来对世界政治的影响日益凸显。从 SARS、埃博拉病毒病、中东呼吸综合征（MERS）、新型甲型 H1N1 流感到本次新冠肺炎疫情，公共卫生问题的全球影响不断升级，在未来甚至可能成为常态，有学者为此做出了"我们已经生活在疫病大流行时代"的判断。③ 此次疫情暴露出全球卫生治理的诸多

---

① 张蕴岭：《国际公共安全治理，能从新冠疫情中得到什么启示》，《世界知识》2020 年第 7 期，第 16 页。
② 陈岳、蒲俜：《构建人类命运共同体》，中国人民大学出版社 2017 年版，第 89 页。
③ Tom Whipple, "Coronavirus: We're Already Living in the Age of the Pandemic", *The Times*, February 28, 2020.

不足，凸显了改革的紧迫性。要提高公共卫生治理在全球治理中的整体地位与世卫组织的国际地位，对其进行更多的赋权和赋能，使其具有类似国际货币基金组织、世界银行等的国际地位。鉴于公共卫生领域的专业性、科学性、复杂性和长期性，各国要加强对世卫组织的财力和人力支持力度，如在世卫组织下建立公共卫生基金，使其可以组织全球的公共卫生专家集中力量开展科研攻关、疫苗研发、数据分享等，同时可以随时根据需要有针对性地帮助那些卫生基础设施薄弱的发展中国家提高公共卫生应对能力，实现全球公共卫生治理"一盘棋"。近年来，国际社会对公共卫生领域投入普遍不足。截至2020年2月29日，美国2019年的会费仍拖欠大半，也未支付2020年1.2亿美元的会费，而2021财年美国计划向世卫组织提供的资金支持仅为5800万美元。[①] 特朗普总统4月14日还宣布美国暂停向世卫组织缴纳会费。疫情暴发后，由联合国基金会、瑞士慈善基金会和世卫组织共同创建的2019冠状病毒病团结应对基金已经启动，旨在从个人、私营部门和基金会筹集资金，以资助世卫组织更好地应对疫情。类似的努力在今后还应该更加机制化。同时，世卫组织自身要加强机制建设，如建立全球传染病监控机制、预警机制和应急启动机制等，进一步明确公共治理规则和规范，制定各国必须共同遵守的国际规则和指导原则，统一标准，提升对各国相关行为

[①] "大疫当前，美国欠费更欠道义"，2020年3月17日，http://www.myzaker.com/article/5e6f70678e9f094d4b6b26a5/。

的管控力和约束力，而不能仅局限于通报信息、临时调研和研判形势。只有这样，各国才能在世卫组织的统筹协调下建立切实有效的流行病预防控制系统，加强全球公共卫生治理；也只有这样，全球才能为下次可能出现的疫情做好准备。实际上，国际社会已经做出了一些努力。例如，2003年SARS疫情之后，世卫组织强化了《国际卫生条例》。2017年达沃斯世界经济论坛期间，在惠康信托基金会和比尔与美琳达·盖茨基金会支持下成立了流行病防范创新联盟，以加速流行病新疫苗的研发。此外，还有一些新倡议努力为抗击流行病筹集资金，如世卫组织的突发事件应急基金和世界银行的流行病应急融资基金等。总的来看，这方面的工作依然任重道远，各国、各地区和全球层面都需要提高认识，加大对其支持力度。

采取共同政策，构建政策共同体和行动共同体

全球性问题的应对和解决需要强有力的政策做支撑，全球需结成一个政策共同体。一方面，各国要制定目标相通的政策，相向而行。尽管各国国内基础条件和社会文化环境不同，但是在政策制定方面应统一认识，采取相似政策。疫情暴发后，中国集全国之力为世界积累了防控经验，争取了防控时间。新加坡、韩国和日本等亚洲国家也取得了较好的防控效果。但是，部分西方国家因应对措施不到位导致疫情升级。因此在应对此类问题中，各国在一些重要方面步调不应相差太大，需要加大沟通协调，建立相互协作网络，把卫生视为全球公共产品，进而加强合作、深化互信及建立科学数据平台，避免简单污名化或歧视做法，避免泛政治化倾向。另一方面要构建行动共同体。任何问题的解决最终都要从理念和政策落实到具体行动。在全球性问题面前，各个国家要超越价值观念、政治制度和个体利益等方面的差异共同行动、守望相助，只有这样才能产生行动的集群效应。中国在经历了一段时间的国内防控后，尽管本土病例基本清零，但是由于其他国家疫情加重不得不把重点转向外防输入、内防反弹上。在疫情面前，各国都成功才算最后成功，因此各国必须共同努力、共同行动。中国在疫情暴发后，积极与世卫组织和国际社会分享各类信息，在自身抗疫任务严峻的情况下就开始向其他出现疫情扩散的国家和地区提供力所能及的援助、分享诊疗方案。在疫情得到有效控制后，中国加大了对外援助和信息交流的力度。截至2020年4月10日，中国政府已经或正在向127个国家和4个国际组织提供包括医用口罩、防护服、检测试剂等在内的物资援助。中国在前期向世卫组织捐助2000万美元现汇的基础上，又增加3000万美元现汇捐款，用于新冠肺炎疫情防控、支持发展中国家卫生体系建设等工作。中国累计向11国派出13批医疗专家组，同150多个国家以及国际组织举行了70多场专家视频会。[①] 事实表明，在疫情面前，各国自扫门前雪，终难取得抗疫的最终胜利。全球必须结成行动共同体，形成严密的联防联控网

---

① "2020年4月10日外交部发言人赵立坚主持例行记者会"，2020年4月10日，https://www.fmprc.gov.cn/web/fyrbt_673021/jzhsl_673025/t1768268.shtml。

络，除此之外别无选择。

加强大国合作，形成大国责任共同体

大国是全球治理成败的关键。大国在关键时刻要能够对国内进行有效治理，在此基础上提供全球公共产品、引领各国应对危机。在当前世界秩序转型和全球治理体系经常面临困境和失灵的情况下，大国合作更加关键，否则就可能使全球治理体系从治理失灵走向治理失败。就当前的全球治理而言，中美合作至关重要，这也是两个大国对世界担负的责任。一方面，特朗普就任美国总统以来对于全球治理体系中认为美国花费过高或是对自身不重要的问题合作意愿下降，如退出应对全球气候变化的《巴黎协定》和联合国教科文组织等。另一方面，至少从目前来看中国还无法在众多的全球问题上完全取代美国，成为全球治理的引领者。在这种转型时期，中美双方都需要采取更加包容、务实的态度对待全球治理，在许多领域可能需要中美共同参与。[①] 两国可以相互补充，在竞争中保持合作，这无论是对全球秩序稳定还是全球治理体系而言都非常必要，对两国也大有裨益。前世界银行行长在谈到此次疫情时专门强调美国即时分享信息的重要性，同时认为美国也可以吸取其他国家在防控、预警、准备、测试、关键物资储备、遏制和减轻疫情方法等方面的教训，过渡到恢复

---

① Pu Xiaoyu, "Is China a New Global Leader? Rethinking China and Global Governance", in Huiyun Feng and Kai He, eds., *China's Challenge and International Order Transition*, Ann Arbor: University of Michigan Press, 2020, p.292.

阶段。① 美国前助理国务卿库尔特·坎贝尔（Kurt M. Campbell）也强调，中美可在疫苗研发、临床实验、财政刺激、信息共享、防控设施生产以及共同为他国提供援助等方面合作，惠及全世界。② 习近平主席在同特朗普通话时也强调中美应该团结抗疫，中方愿同包括美方在内的各方一道，继续支持世卫组织发挥重要作用，加强防控信息和经验交流共享，加快科研攻关合作，推动完善全球卫生治理；加强宏观经济政策协调，稳市场、保增长、保民生，确保全球供应链开放、稳定、安全。③ 2020年3月29日，来自中国的首批80吨抗疫援助物资到达美国，包括13万副N95口罩、170万副外科手术口罩和5万套防护服，体现出中国的合作意愿和大国风范。但是，仅依靠一方的努力，国际合作很难实现。在全球性问题面前，大国领导人更需要高度自律，摒弃狭隘的利益观和狭隘民族主义，妥善管控差异和分歧。媒体和学界等也应发挥各自作用，努力塑造合作氛围。正如中国驻美国大使崔天凯在接受美国欧亚集团总裁伊恩·布雷默（Ian Bremmer）主持的节目连线采访时所强调的，要确保一个有利于中美两国合作的舆论民意氛围。④ 只有各方共同努力，才能够确保合作实现。

---

① Robert B. Zoellick, "The World Is Watching How America Handles COVID – 19", *Wall Street Journal* (Eastern Edition), April 8, 2020.

② Kurt M. Campbell and Rush Doshi, "Coronavirus Could Reshape Global Order", *Foreign Affairs*, March 18, 2020, https://www.foreignaffairs.com/articles/china/2020 – 03 – 18/coronavirus-could-reshape-global-order.

③ "习近平同美国总统特朗普通电话", 2020年3月27日, https://www.fmprc.gov.cn/web/zyxw/t1762304.shtml。

④ "中国驻美国大使崔天凯：聚焦积极事务　携手应对全球危机", 2020年4月12日, http://world.people.com.cn/n1/2020/0412/c1002 – 31670157.html。

四　结语

新冠肺炎疫情以每天数以万计的新增确诊病例和不断攀升的死亡病例向人类展示了当前全球公共卫生领域的挑战和治理难度，凸显了构建人类卫生健康共同体的紧迫性和重要性，也彰显了人类命运共同体理念的深刻内涵和时代意义。疫情除了影响人类的生命健康之外，也波及经济、金融、贸易和就业等多个领域，给世界带来了全方位的链式影响和破坏。从历史上看，流行病疫情的大规模暴发通常会威胁生命、产生恐慌、破坏经济、威胁社会稳定甚至导致战争。生物安全已经成为国家安全的重要组成部分。随着疫情加剧，未来也不能排除其会给政治、社会、价值、意识形态和文化等领域带来更深层次的影响。即使未来几个月疫情在全球得到控制，如何消除此次疫情的影响、如何修复此次疫情对全球各领域的冲击和破坏、如何进一步推进新一轮全球化或全球化的转型也将是"后疫情时代"全球治理体系需要应对的问题，这些修复工作将不仅局限于公共卫生领域，还涉及金融、债务、经济和社会治理，涉及国内治理与全球治理的联动。疫情再次警示我们，全球性问题对人类影响的广度和深度日益增加，加强全球治理成为当务之急。此次疫情的防控过程也体现出任何一个国家都不可能成为自我封闭的孤岛，今后人类可能还会经历类似考验。在全球化时代，这样的重大突发事件不会是最后一次，各种传统安全和非传统安全问题还会给全球不断带来新的考验，气候变化、自然灾害、网络安全和生态环境恶化等问题的影响随时可能显现。国际社会必须树立人类命运共同体意识，形成理念共同体、制度共同体、政策共同体、行动共同体和责任共同体，只有这样各国才能够摒弃零和思维，抛弃陈旧观念，排除狭隘的民族主义和种族主义思想，加强协调合作，共担风雨，结成真正的人类命运共同体，共同保护人类的生命安全和发展繁荣。

病毒时刻：无处幸免和苦难之问

赵汀阳[*]

一 突然的无处幸免

2020年的新冠全球大流行迅速使病毒时刻成为政治时刻、社会时刻、经济时刻和历史时刻，甚至被认为可能会成为历史的分水岭，如弗里德曼认为历史可被分为"新冠前"和"新冠后"，见惯兴衰的基辛格也认为病毒"带来的政治与经济剧变可能持续几代人"甚至"永远改变世界秩序"。此类预测流露了一种真实心情的预感，即世界要变天。罗伯特·席勒的看法另有一种历史社会学的视角："我将疫情视为一个故事、一种叙事。新冠病毒自身可以作为一个故事传播。""叙事也会像病毒一样具有传染性。如果一个故事主导舆论场好几年，就会像一场流行病一样改变许多东西。"

---

[*] 作者系中国社会科学院学部委员、哲学研究所研究员。

但病毒时刻还尚未见分晓，仍在不确定性中演化，因为病毒时刻是否真的成为划时代的时刻，取决于世界的后继行动和态度。答案一半在病毒手里，另一半在人类手里，而病毒和人类行动都是难以预定的"无理数"。在这里暂且不追问答案，也无能力预知答案，还是先来分析病毒时刻提出的问题。

认为病毒时刻是"史诗级的"巨变或"历史分水岭"，这些文学形容需要明确的参照系才能够明辨。假如以最少争议的划时代事件作为参考尺度，或可进行量级比较。历史上最重大的事情无过于改变生活、生产或思想能力的发明，比如文字、车轮、农业、工业、逻辑、微积分、相对论、量子力学、疫苗、抗生素、互联网、基因技术、人工智能等等；或者精神的发明，比如大型宗教、希腊哲学、先秦思想等；或者政治革命，如法国大革命和十月革命；或者大规模战争，如第二次世界大战；或者经济巨变，如地理大发现、资本主义、全球化市场和美元体系。按照这个粗略的参照系来比较，除非后续出现始料未及的政治或精神巨变，否则新冠病毒事件本身并不具备如此巨变的能量，但据经济学家的估计，或许足以造成类似1929—1933年那样的经济大萧条。

我们还可以换个分析框架或历史标准来看病毒时刻。布罗代尔的三个时段标准是一个有说明力的选项。"事件"有着暂时性，相当于历史时间之流的短时段波浪，那么，什么样的波涛能够波及在历史时间中足以形成"大势"的中时段，甚至触及稳定"结构"的长时段深水层？几乎可以肯定，新冠病毒大流行的影响力超过了短时段的事件，或有可能形成某种中时段的大势。如果真的能够决定数十年的大势，那就很惊悚了。假如新冠病毒大流行只是造成经济大萧条级别的后果，似乎仍然属于事件的范畴，尽管是特大事件，但还不足以形成大势；假如它导致了政治格局的改变，那就是大势了。这个大势的可能性虽然风雷隐隐，但尚未形成充分必然的理由，我们还需要考虑到来自长时段既定"结构"的阻力。文明、社会和思想的深层结构具有抵抗变化的稳定惰性。

从历史经验上看，意外事件冲击过后往往出现反弹，大多数事情会寻根式地恢复其路径依赖而恢复原样，所谓"好了伤疤忘了疼"。这种反弹不仅是心理性的，也是理性的，特别是在成本计算上是理性的。长时期形成的"结构"凝聚了大量成本，不仅是时间成本、经济成本和技术成本，也是文化、思想和心理成本，这些成本的叠加形成了不值得改变的稳定性。破坏"结构"等于釜底抽薪，是危及存在条件的冒险，所以革命是极高成本的变革。成功的革命总是发生在旧结构已经完全失灵的时候，即旧结构失去精神活力、无法保证社会安全和秩序、无法维持经济水平。可以注意到，1968年以来的世界发生了大量连续的"解构"运动，但主要是拆解了文明的一些表层结构，比如艺术的概念、性别的概念、社会身份和自我认同之类，尚未动摇经济、政治制度和思维方法论等深层结构。那些最激进的"解构"几乎只存在于文本里，难以化为现实。解构运动的历史力度相当于对结构的"装修"：既然没有能力建造新房子，就只能以多种方式来装修。如果尚无能力在新维度上生成新结构的设想，尚无具备"建构力"的理念、原则和社会能量，"解构"就终究不可能化为革命，解构的行为反倒在不长的时间里就被吸收进旧的体制，反而成为旧结构的老树新花。

按照布罗代尔的理解，地理结构、经济结构、社会结构、思想结构或精神结构这些属于长时段的深层结构，具有超强的稳定性而难以改变。正因如此，千年不遇的大变局一旦发生，比如现代性的形成，或资本主义的形成，就成了二百年来被不断反思的大问题，而百思未解的现代性却已在等待结构的"时代升维"了。不过新冠病毒大流行是否能够触发一种新的结构，仍是个未定问题。关于新冠病毒大流行的结果，有一个颇有人气的最严重预测是全球化的终结。如果出现这个结果，就无疑达到了中时段的大势变局，甚至触及长时段的结构。

全球化是资本主义的一个结果，只要资本主义存在，资本就很难拒绝全球市场的诱惑。目前的全球化模式只是初级全球化，就经济层面而言，是"分工的全球化"。在分工链条中，参与其中的国家都在不同程度上受益。"分工的全球化"有可能被终结，但各地仍然需要全球市场来保证经济增长，而技术化和信息化的经济更需要最大程度的扩张，因此，就经济而言，全球化的终结在经济上、技术上和信息上都不是一个非常积极的理性激励。当然不排除出现政治性的全球化终结，政治自有政治的动力。无论如何，追求自主安全和排他利益的最大化确实将成为未来的一个突出问题，因此有可能出现全球化的转型，由"分工的全球化"转向"竞争的全球化"。如此的话,那就至少形成了中时段的大变局。

"竞争的全球化"意味着,全球市场继续存在,经济、技术和信息的全球化继续进行,但全球化的游戏性质发生了改变,原先全球化中的"合作博弈"比例大大减少,而"不合作博弈"的比例大大增加,甚至可能会形成"不合作博弈"明显压倒"合作博弈"的局面。其中的危险性在于,竞争的全球化有可能激化而导致全球化的租值消散,从而使全球化本身演化成一个进退两难的困境,退出就无利可图,不退出也无利可图。当然,这是一种极端可能性,而更大概率的可能性是,当不合作博弈导致无利可图的时候,合作博弈就会重新成为诱惑——至少按照艾克斯罗德的演化博弈模型来看是这样的。历史经验也表明,人类总是陷入困境,但也总能够想出办法脱困。

新冠大流行的"问题链"会有多远多深,是否会触及并动摇人类思想的深层概念,即哲学层次的概念,这一点将决定新冠病毒是否有着长时段的影响力。我们不可能穿越到未来去提前察看病毒大流行的结果,但目前可以看得见"提醒物"。提醒物未必指示结果,但暗示问题。

在提醒物中,我们首先看到的是在长时间欢乐中被遗忘的"无处幸免状态"。世界许多地区在经常性并且无处不在的"嘉年华状态"中遗忘了灾难的无处幸免状态。无论是假日旅游、演唱会、体育比赛、产品发布会、首映式、电视节目、公司年会、销售活动、购物中心、艺术展览,都可以做成嘉年华,以至于嘉年华不仅占据了时间，而且变成了空间本身。时间性的存在占有空间的时间足够长，就改变了空间的性质，即使时间性的活动结束了，空间也已经感染了难以消退的嘉年华性质。终于，无论是生活空间（外空间）还是心理空间（内空间）都感染了嘉年华的性质。

新冠病毒以事实说话，其高强度的传染性使得世界无处幸免，压倒了嘉年华的感染力。本来，作为极端可能性的"无处幸免状态"从未在理论中缺席，可是理论却缺席了，欢乐不需要理论，因此理论被遗忘了。"无处幸免状态"并非抽象的可能性，它有着许多具体意象，比如全球核大战、星体撞击地球、不友好的外星文明入侵之类，此类可能性据说概率很低，而且一旦发生就是人类的终结，也就不值得思考了，因此，"无处幸免状态"不被认为是一个问题，而是一个结论，或者是问题的终结。"无处幸免状态"在问题清单上消失了，转而在心理上被识别为恐怖传说或科幻故事，与现实有着安全距离，因此可以安全地受虐，大毁灭的故事反倒具有了娱乐性和超现实感。然而，"无处幸免状态"并非没有历史先例，恐龙灭绝虽然是恐龙的灾难，但所蕴含的可能性对于人类同样有效；各地历史都流传着灭绝性的大洪水故事；中世纪的黑死病；1918年大流感；冷战期间险些发生的核大战，如此等等，但这些历史都已化为被时间隔开了的老故事而遮蔽了问题。新冠病毒未必有以上历史事例那么致命，却因现代交通和全球化而形成迅雷效果，直接把"无处幸免状态"变成现实，从而暴露了需要面对的相关问题，也把原本不成问题的事情重新变回了问题。这种"问题化"是创造性的，意味着原本可信任的社会系统、制度和观念在意外条件下可以突变为问题。人类的社会系统经得起慢慢的巨变，但经不起突变。严重的不仅是病毒，而是病毒的时刻——全球化的流通能量超过了每个地方承受风险能力的当代时刻。

大规模传染病并非全球化的独特现象，而是古老问题。在全球化之前，病毒通过"慢慢的"传播，最终也能传遍世界，假如不是由于某种运气被终结在某处的话。虽说太阳下无新事，但新冠病毒把老问题推至新的条件下，就转化成了新问题。新冠病毒在当代交往与交通条件下的高速传播形成了类似"闪电战"的效果，使各地的医疗系统、社会管理系统、经济运作和相关物质资源系统猝不及防而陷入困境，使传染病由单纯的疾病问题变成了社会、政治和经济互相叠加的总体问题，直接造成了两个效果：一个问题即所有问题，这是政治最棘手的情况；并且，一个地方即所有地方，这是社会最难应对的情况。这种连锁反应如不可控制地溃堤，就会穿透脆弱的社会系统而叩问人类生活的基本结构和基本概念，如果因此部分地改变了文明的基本概念，新冠病毒事件就可能具有长时段的意义。

二 形而下问题暴露了形而上问题

新冠病毒大流行粗鲁而直接提出的是一个形而下的问题，即现代社会系统的脆弱性，或按照博弈论的说法，现代系统缺乏

"鲁棒性"（robustness）。现代社会结构的所有方面都几乎完成了系统化。环环相扣的系统化意味着高效率，也意味着脆弱性。现代系统不断追求最小成本与最大收益，因此通常缺乏缓冲余量而加重了系统的脆弱性。为了达到利益最大化，现代社会的资金、物资、装备、生产、运输、供应系统都环环相扣而全马力运行，不仅在能力上缺乏余量，甚至预支了未来，总是处于能力透支的临界点，事实上很多系统都处于赤字状态，所以难以应对突变事件。塔勒布早就以其"黑天鹅"理论解释了现代系统的脆弱性。现代社会中唯一有着庞大余量的系统恐怕只有军备，比如可以毁灭全球若干次的核武器，而最大程度预支了未来的大概是金融体系。金融是现代社会运行的基础，因此，"预支未来"就成为当代性的一个主要特征。当代系统的基本意向是厌恶不确定性，可是不确定性却无法避免。就事实状态而言，或就存在论而言，不确定性才是真实事态，而"确定性"其实是一个概念，是逻辑和数学的发明，并不存在于现实之中。

新冠病毒大流行对于现代系统是正中要害的精准打击，这个要害就是人，或者说生命。现代系统本身的脆弱性只是隐患，在大多数情况下，即使遇到不确定性甚至严重挑战，往往最终仍然能够脱困，原因在于，系统的关键因素是人，是人在解决问题。人是具有灵活性的生命，人的思维和行动能力都具有天然的"鲁棒性"，所以，有人的系统就有活力。可是新冠病毒打击的对象就是人，当人的生命普遍受到威胁，现代系统能够指望什么力量使其脱困？

能够瘫痪现代系统的要命打击，或直接威胁人的生命，或威胁人类生存的基本需要而危及生命（例如粮食）。无论当代技术多么发达，乃至于人们很多时间都生活在科幻效果或虚拟世界里，但只要人类仍然是碳基生命，那么，就存在论的顺序而言，人类的生命需要就优先于政治需要、经济需要、价值需要、享乐需要和文化需要。更准确地说，生命的基本需要就是最大的政治、经济和社会问题。虽然未能肯定新冠病毒是否是一个"史诗级"的挑战，但肯定是一个范例式的挑战，它准确地踩在现代体系的神经上：生命问题。这是现代系统的阿喀琉斯脚踵。

长时间以来，关于世界性危机的讨论更多聚焦于金融泡沫、气候变暖、大数据和人工智能对自由的威胁、动物保护或冰川融化等议题。这些危机固然严重，但远非新冠病毒这样覆巢之卵的危机。甚至其中有些议题，比如气候变暖，在科学界尚有争议。但这不是要点，问题是，那些议题被中产阶级化之后，掩盖了更致命的危机，忘记了农民、工人和医生才是生存的依靠。新冠病毒大流行之所以如此触动人们神经，就在于它是一个突然出现的提醒物，再次提醒了人类集体的安全问题，再次提醒了"去死还是活"（to be or not to be）的问题永远有着现实性。

危机总是从形而下的脆弱性开始。对于许多经济学家而言，新冠病毒大流行意味着正在发生的百年不遇的经济灾难，实体经济的萧条加上金融体系的崩溃。这比金融泡沫所致的金融危机要深重得多，因为实体经济大萧条必定加重金融危机，而金融危机又反过来打击实体经济的复苏，这样就会形成一种循环的衰退。

与此相关，政治学家更关心新冠经济危机可能导致的政治后果。有政治学家认为—不知是担心还是庆幸——全球化会因新冠大流行而终结。终结某种运动（包括全球化）有可能是新的开始，也可能会自陷困境，这取决于是否存在着更好的出路。对某种事情不满意不等于能自动产生更好的选项。全球化从来不是一个皆大欢喜的合作运动，任何合作都会遇到如何分利的难题，完美的合作只存在于哲学理论中，就像"完全自由市场"从来只存在于经济学文本里。正如荀子在两千多年前就发现的，哪里有合作，哪里就有不平和不满，哪里就有冲突和斗争。我们甚至可以说，合作总是埋下冲突的种子，总会创造出合作的破坏者。

然而，全球化在存在论上改变了世界的概念。在传统的世界概念里，任何实体之间的合作都没有达到可能利益的极限，在理论上总是存在更好的机会，而全球化把利益最大化的空间尺度推到了世界尺度，为利益最大化建立了极限标准，于是占有世界市场就成为利益最大化的最大尺度，因为不存在另一个世界。世界是博弈策略的存在论界限。在此可以看到存在论如何限制了逻辑：逻辑无穷大，在"逻辑时间"里存在着无穷多可能性，但那些无穷多的可能性并不真实存在，而一旦进入真实存在，可能性就受制于特定的存在状态，只剩下"多乎哉"的寥寥选项了。这意味着，想要无穷性，就只能不存在；想要存在，就只能屈服于有限性。两百年来全球化的"存在论"后果是把全球化变成了谋求利益最大化的"占优策略"。由此来看，全球化的博弈会有冲突或策略性的倒退，如前面所分析的可能性，由"分工的全球化"转向"竞争的全球化",一旦竞争激化就可能造成无利可图的进退两难状况,因此,从中—长时段来看,世界可能会谋求全球化的升级以谋取稳定的利益。目前的全球化是低水平的全球化,是在无政府状态的世界中进行的粗放运动,有动力,有能量,但是无秩序,无制度,就是说,低水平的全球化尚未具有稳定的全球性(globality)。按照古希腊人的说法,无秩序的混沌整体(chaos)尚未变成有秩序的整体世界(cosmos)。可以说,新冠大流行未必是预告全球化终结的句号,或许是以一个感叹号提示了还存在一个全球性的建构问题。

任何存在的改变都需要概念层次上的改变,否则只是表面化的变形。因此,形而下的严重问题就会引出形而上的问题。新冠病毒的提醒是,如果要修正当代社会的形而下系统的脆弱性,恐怕就需要修正其形而上的观念假设和思维方式。哲学并非纯粹观念,而是隐藏着的病毒。加布里埃尔相信,在新冠大流行过后,人类需要"一场形而上的大流行"。这是一个有想象力的建议,我们的确需要一场像流行病一样有力量的形而上反思,让思想获得集体免疫,这需要找到一个突破性的"升维"条件,即发现或创造比现代思维空间高出一个维度的思想空间,才能够摆脱现代思维空间的限制。如果没有思想维度的突破,对现代思想的反思因为受限于现有空间内部而奔波在解释学循环中,即使其解释角度越来越丰富深入,但因为只是内部循环,就不足以摆脱现代思想的向心力,也就不可能超越现状。

加布里埃尔很正确地批评了现代的科学压倒了道德,可是他呼唤的人文道德却仍然属于现代性内部的观念，比如平等和同情。这里有个难以摆脱的困境：如果现代科学压倒了道德，那么就证明了目前的道德观念明显弱于现代科学，也就没有能量定义生活、社会和规则。可以发现，真正需要被反思的对象正是"我们的"道德观念系统。我们更需要的是一种维特根斯坦式的"无情"反思，从伦理学的外部来反思伦理学，否则其结果无非是自我肯定，即事先肯定了我们希望肯定的价值观。

现代的主流思维模式强调并且追求普遍必然性，它象征着完美性和力量。后现代思想虽然对此多有批判，但没有触动现代在存在论上的结构，只要一个问题超出了话语而落实到实践，就仍然只有现代方案而没有后现代方案。现代性如此根深蒂固，根本在于它塑造了最受欢迎的人的神话。人类试图掌握自己的命运，试图按照人的价值观来建立普遍必然性（普遍必然性的荣耀本来归于神或宇宙），这是现代人为自己创造的形而上神话。后现代在批判现代性时尤其批判了科学的神话，其实，现代神话不是科学，而是人的人文概念。人的神话假设了人的完美概念，抄袭了许多属于神的性质，包括人要成为自然的主人，人要成为按照自己的意志创立规则的主权者，每个人要成为自由的主权者，以至于"人"的概念几乎变成了神的缩影。然而人的神话缺乏存在论的基础，人并无能力以主体性定义普遍必然性，也无能力把"应然"必然地变成"实然"。现代人确实试图借助科学来为人的世界建立普遍必然性，但这是一个人文信念，并非科学本身的意图。事实上，科学从来都承认偶然性和复杂性，始终在思考动态变量（从函数到微积分到相对论和量子力学），反而是人文信念在想象普遍价值、绝不改变的规范或神圣不可侵犯的权利。不能忽视的是，这不是一个知识论的信念，而是一个政治信念。莱布尼茨早就证明了，要具备定义普遍必然性或无条件性的能力，就需要能够"全览"逻辑上的所有可能世界，相当于无穷大的能力。人显然不具备这种能力。

无论选取哪些价值观作为一个社会的基本原则，如果设定为"无条件的"或在任何情况下普遍有效，就会缺乏应变性和弹性，在实际情景中容易导致悖论。一成不变不是任何一种可能生活的特征。假如规则是死的，人就死了。如果允许给出一个"数学式的"描述，我愿意说，生活形式都具有"拓扑"性质，其好的本质可以维持不变，类似于拓扑的连续性，而其具体表现则如同拓扑的可塑性，根据具体情况和具体需要而被塑形。虽然黑格尔命题"现实的就是合理的"容易被误解，但问题是，如果一个观念在现实中不可行，就只能说明这个观念是可疑的，而不能证明这个现实不应该存在。休谟认为，不可能从事实推论价值（从 to be 推论 ought to be），这在大多数情况下是正确的。另一方面，似乎还可以说，从价值推论事实（从 ought to be 推论 to be）恐怕更加困难。

哲学苦苦寻求的普遍必然性在生活世界里难有见证，它只存在于数学世界中。这是因为数学的世界是由数学系统定义并建构出来的，并非现实世界的镜像。数学系统中的存在物，或因定义而存在，或因"能行构造"而存在，所谓"存在就是被构造"

（直觉主义数学的表述），所以数学中的存在物是数学系统的一个内部事实，因此能够依照逻辑而建立普遍必然性。与之对比，人文观念要解释的问题和事物都具有外在性，由不可控制的事物、实践和变化组成的，人文观念只能在变化的世界中去寻找合适的落脚点。如同容易受到环境影响而易挥发、易溶解或易氧化的物质一样，用于解释生活的概念也缺乏稳定性。在平静无事的时段里，人文观念也平静无事，但在多事之秋，就被问题化。

大多数的人文观念都有自圆其说的道理，所以很少见到在辩论中被驳倒的人文观念或者"主义"（除非被禁止表达）。然而人文观念却很容易被现实驳倒，所以概念最怕具体化或情境化，一旦具体化就问题化，一旦问题化就被现实所解构，尤其是那些宏大概念，比如幸福、自由、平等、双赢、人民、共同体等等。德里达用了很大力气去解构宏大概念、权威和中心，其实那些宏大概念在变化难测和自相矛盾的实践中从未完美地存在过。

人类缺乏与大自然相匹配的无穷多维智力，尽管人类能够抽象地理解多维的世界，并且鄙视一维或线性的思维方式，但实践能力的局限性迫使人只能一维地做事，于是实践所要求的"排序"问题就难倒了人——尽管看起来只相当于小学一年级的算术难度。一方面，事情是复杂而动态的，所以生活需要多种并列重要而且不可互相还原的价值才得以解释；另一方面，实践迫使我们对价值做出排序，即优先选择。只要存在着排序难题，就很难在生活所需的多种事物或多种价值之间维持平衡，而失去平衡就等于每种事物或价值观都失去自身的稳定性，也失去互相支撑互相作保的系统性，只要遇到严重危机，价值观和制度就陷入两难困境。这是秩序或制度从来没有能够解决的问题。这表明了，不仅人造的社会系统有着脆弱性，而且指挥着行为的思想或价值观系统同样有着脆弱性，这正是文明的深层危机。

如果说，形而下的危机来自现实的"锐问题"，那么形而下的危机所触动的"深问题"就构成了形而上的危机。新冠病毒就是一个触动了"深问题"的"锐问题"。其中一个问题就是，现代所理解的政治概念本身就是一种隐藏的自杀性病毒，它在破坏政治的概念。无论政府还是媒体或者新型权力，如果一种政治势力有权力指定价值观，就是专制。价值观只能是人在长期实践中自然形成的集体选择，显然，人有着众多的群体，因此有着多种集体选择，也就存在着分歧和冲突。有能力保护文明的政治不是斗争，而是在文明的冲突的丰富性和复杂性之中建立平衡的结构性艺术。如果政治只是斗争，就无非重复和强化了现实中已经存在的冲突，在斗争之上再加斗争，不是多余的就是加倍有害的。斗争是本能，不是政治。政治是创造合作的艺术——假如政治不能创造合作，又有何用？

因此，需要反思的形而上问题不是应该赞成和支持哪一种价值观——这只是形而下的斗争——而是作为人类共享资源的思想系统是否合理，是否足以应对生活遇到的可能性。换句话说，思想观念的有效性和合理性的基础是什么？什么事情人可以说了算？什么事情人说了不算？什么事情听从理想？什么事情必须尊重事实？在新冠情景中，问题更为具体：什么事情必须听从科学？什么事情可以听人的？什么事情听病毒的？

三 危机：生存之道和游戏规则

理论之所以在自身的空间里可以自圆其说，而进入实际案例就有可能崩塌，是因为理论和现实是两个空间。理论空间的法则是逻辑，而现实空间的法则是规律，两者不可互相还原，所以现实不听从理论。尽管理论可以部分地"映射"现实（通常说是"反映"现实，这个镜像比喻不准确），然而建构方式完全不同。只有当现实处于稳定、平静、确定的状态时，理论对现实的映射才是部分确定的，而只要现实进入动荡的"测不准"状态，理论概念就互相冲撞、互相妨碍乃至失灵。理论不怕认真，只怕现实的危机。既然现实不会自己走近理论，那么理论就需要走近现实。

如果说，预支未来是当代性的一个主要特征，那么当代性的另一个相关特征就是危机状态，事实上大量的危机正是预支未来所致。当代几乎所有系统都处于"紧绷神经"的状态，而危机形成了思想困境的临界条件。一个典型情况是，危机往往导致伦理学悖论，最常见的伦理学悖论就是优先拯救的困境（比如"有轨电车两难"）。新冠病毒大流行为优先救治难题提供了实例。医疗能力有着充分余量的国家，当然不存在这个困境，每个人都可以获得救治的机会。但有些国家的呼吸机不足，优先救治就成为难题。现实条件排除了理想的选择，而延迟选择也是罪在此，想象力受到了挑战。实际上的可能选项大概只有如下几种：

（1）按照先来后到，这是平等标准。（2）按照轻重缓急，这是医疗标准。（3）按照支付能力，这是商业标准。（4）优先妇女儿童，这是一种伦理标准。（5）优先年轻人，无论男女，也是一种伦理标准。其中，除了（3）是可疑的，其他标准都有各自在理性上竞争的理由。如果考虑知识论的理由，那么（2）最有道理；如果考虑伦理学理由，那么（4）和（5）都更有道理。假设有的地方优先救治更有机会存活的年轻人（纯属假设），这个选择会受到质疑，可是这种选择已经是相对最优选择之一，与（2）并列相对最优。没有一种选择是严格最优的，都有某种缺陷。也许选项（2）的"负罪感"相对最低。尽管人们都希望一种能够拯救每个人的最优伦理，然而超出实践能力的最优理念只存在于图书馆。康德早就发现："应该"不能超过"能够"。

千万不能把这种分析误解为反对最优的伦理设想。关键是，最优的伦理设想却未必是一个最优理论。一个最优理论必须具有覆盖所有可能世界的充分理论能力，一方面把"最好可能世界"考虑在内——否则就没有理想的尺度去检查有缺陷的现实；另一方面把"最差可能世界"考虑在内——否则就没有能力去防止或应付严重危机。如果一种伦理学或政治哲学不考虑"最差可能世界"，而假设了优越的社会条件，就是一种缺乏足够适应度而经受不起危机的脆弱理论。新冠病毒大流行迫使许多地方实行的"隔离"（quarantine）就成为一个争论焦点。其实，比起战争、大洪水、大饥荒或社会暴乱，隔离状态算不上最差情况。

"隔离"成为哲学争论焦点与阿甘本有关。阿甘本认为，以"无端的紧急状态"为借口的隔离是滥用权力，而滥用权力的诱惑很可能会导致通过剥夺人民的自由以证明政府权力的"例外状态"变成常态。这个论点的提醒是，权力在本性上倾向于专制，只是平时缺少机会和借口。这是个重要问题。但隔离的目的是否真的是政治性的，或是否没有比政治更紧要的考虑，这也是问题。人类生活的各种需求就其严重程度而有着存在论的顺序，生存通常位列第一。但阿甘本提问："一个仅仅相信幸存以外不再相信一切的社会又会怎样呢？"这是个更深入的问题。假如活命只不过是苟活，那就可能不如去死。然而这些问题似乎把新冠病毒的语境无节制地升级而导致了问题错位，新冠病毒的隔离是否达到了"不自由毋宁死"或"好死不如赖活"的极端抉择？阿甘本对新冠隔离的理解未免"人性，太人性了"（尼采语）。以反对隔离来捍卫自由，这暗示了其反面意见似乎就是支持滥用权力——但这是一个陷阱。与阿甘本真正相反的观点其实是，人只能承认生活有着无法回避的悖论。人类享有的自由、平等和物质生活是文明的成就，这些文明成就的立足基础是数万年的艰苦卓绝甚至残酷的经验，而这些文明成就并非一劳永逸地享有，要捍卫文明就仍然会经常发生吃苦的经验。正如经济学永远不可能清除"成本"的概念，任何文明成就也永远不可能排除"代价"的概念。代价是一个存在论概念，是存在得以存在的条件。

有一个需要澄清的相关问题是：这隔离不是那隔离。对传染病实行隔离法是一个古老经验。秦汉时期已有局部隔离法，称为"疠所"，即麻风病隔离所。古罗马在查士丁尼大帝（527—565年在位）时期也发明了麻风病隔离法。现代的"检疫隔离"（quarantine）概念来自中世纪对黑死病的隔离，这个概念意思是40天隔离。检疫隔离有别于"社会隔离"（isolation）。社会隔离通常具有政治性和歧视性，比如历史上欧洲对犹太人的隔离或美国对黑人的隔离。混同检疫隔离和社会隔离会误导对问题性质的判断。新冠肺炎疫情时期的隔离政策显然属于检疫隔离，却不是社会隔离。虽然不能完全排除检疫隔离被权力所利用而同时变成社会隔离的可能性，但就其主要性质而言并非政治性的。假定阿甘本仍然坚持对检疫隔离的政治化理解，把它归入当权者乐于使用的"例外状态"。那么还可以追问一个侦探式的问题：谁是检疫隔离的受益者？不难看出，危机时刻的检疫隔离的受益者是全民。既然是全民，就很难归入政治性的例外状态，而应该属于社会性的应急状态。除了全民的安全，检疫隔离还有效地保护了医疗系统的能力。如果医疗系统无法承载超大压力而崩溃，则全民的安全保障也随之崩溃，而如果社会秩序、医疗系统和经济一起崩溃，个人权利就只是无处兑现的废币，虽有票面价值，但失去使用价值，个人权利就变成不受保护的赤裸权利，而赤裸权利肯定无力拯救阿甘本关心的"赤裸生命"，到那个时候就恐怕真的变成政治问题了。

这个政治问题就是：到底是什么在保护个人权利？首先，宪法和法律是制度上的保证。进而,任何事情都必须落实为实践才真正生效,权利也必须落实为实践才真正兑现。实践涉及的变量太多,几乎涉及生活中的所有变量,已经超出了任何一个学科的分析能力,只能在一种超学科的概念里去理解。实践问题等价于维特根斯坦的游戏问题,因此可以借用维特根斯坦的游戏的一般分析模型。按照维特根斯坦的游戏概念,一个游戏需要共同承认才生效,同时,游戏参加者也就承认了游戏的规则,这一点已经默认了游戏的一个元规则,即任何一个游戏参加者都没有破坏规则的特权,或者说,都不是拥有特权的"例外者",比如说没有作弊耍赖或要求特殊对待的特权。游戏概念有助于说明,如果社会是一个游戏,那么个人权利并不是一种私人权利,也就是说,个人权利是游戏所确定的平等权力,并不是一种由私人意愿所定义的特权。于是,在游戏中只有合法的(相当于合乎规则的)个人行为,但没有合法的私人行为。按照自己自由意志的私人行为只在私人时空里有效,如果私人行为入侵了游戏的公共时空或他人的私人时空,就不再合法了。其实这正是法律的基础。比如说,一个人在自己房间里饮弹自尽,这是私人行为,但如果在公共空间里引爆炸弹自尽而伤及他人,就不再是私人行为,而是破坏游戏规则的个人行为,即违法行为。同理可知,在检疫隔离的游戏中,如果一个人把可能伤害他人的行为理解为私人说了算的自由权利,就是把人权错误地理解为个人特权。就像不存在一个人自己有效的私人语言(维特根斯坦定理),也不存在一种只属于自己的私人政治。政治和语言一样,都是公共有效的系统。如果把个人权利定义为绝对和无条件有效的，就有着私人化的隐患，不仅在理论上会陷入自相矛盾，在现实中也必定遇到同样绝对无条件的他人权利而陷入自相矛盾。

但是当代的一个思想景观是，观念已经不怕逻辑矛盾，也不怕科学，转而凭借政治性而获得权力。福柯的知识考古学发现，这种现象早就发生了，知识和权力的互动关系产生了"知识—权力"结构，其结果是，在社会知识领域，知识的立足根据不再是知识本身的理由，而变成了政治理由。这可以解释观念如何变成意识形态。当观念（ideas）试图以政治身份去支配现实，就变成了意识形态（ideologies），或支配性的"话语"。意识形态正是当代"后真相时代"的一个基础，另一个基础是全民发言的技术平台。这两者的结合形成了"文化大革命"效果，可以说，后真相时代就是全球规模的当代"文化大革命"。在社会视域里，理论、理性分析和对话被边缘化甚至消失，几乎只剩下政治挂帅的大批判。并非真相消失了，而是"眼睛"和"耳朵"没有能力走出后真相话语。后真相话语形成的意识壁垒又反过来加强了意识形态。在后真相时代，并非所有话语都是意识形态，而是每一种能够流行的话语都是意识形态。意识形态化是话语的在场条件，否则在话语平台上没有在场的机会。后真相话语的叙事助力有可能把突发的暂时危机变成长期危机。病毒只是自然危机，而关于病毒的叙事却可能成为次生灾害。

四　苦难的本源性

新冠病毒大流行在哲学上唤醒了"苦难"问题。这是一个长久被遗忘的问题，可是苦难却一直存在。

人的神话以及现代化的巨大成就促成了当代观念的傲慢。尽管激进思想家们一直在批判现代性，但仍然没有能力改变当代支配性的"知识型"（episteme）。当代社会倾向于以"好运"（fortune）的概念去替代"命运"（fate）的概念，为"失败"而焦虑而不愿意面对古希腊所发现的"悲剧"。突出了"积极性"而拒绝承认"消极性"的进步论导致了思想失衡。其实平衡或对称不仅是数学现象，也是生存的存在论条件。当代思维发明了一种不平衡的逻辑，只专注于成功和幸福的故事，幻想福利可以无条件供给，权利可以无条件享有，自然可以无限被剥削，如此等等，这种幻想基于一个伦理学的理想化"应然"要求：成本或代价应该趋于无穷小而收益应该趋于无穷大。这种逻辑挑战了我们从亚里士多德、弗雷格和罗素那里学到的逻辑，而且也挑战了物理学，比如能量守恒定理或热力学第二定理。

就广泛流行的当代哲学而言（以传媒、教育体系和大流量网络平台的接受倾向为参照），尽管各种哲学的目标话题各有不同，如以福柯的知识考古学方法加以观察，则可发现，众多流行哲学有着一个共通的"知识型"即"幸福论"。最大程度地扩大每个人的幸福和福利，是幸福论的共同底色。幸福论倾向于主张每个人的主体性有着绝对"主权",以便能够最大限度地扩大个人自由并将个人的私人偏好合法化,个人可以自主合法地定义自己的身份、性别、价值和生活方式,乃至于在极端化的语境中,"个人的"有可能被等同于"私人的"并且等价于正确。自我检讨地说,我在1994年出版的《论可能生活》也是一种幸福论。

幸福是人的理想,但幸福对于解释生活来说却远远不够,因为幸福论对可能发生的苦难无所解释,甚至掩盖了苦难问题。对于建立一个解释生活的坐标系来说,比如说一个最简化的坐标系,幸福只是其中一个坐标,至少还需要苦难作为另一个坐标,才能够形成对生活的定位。在幸福—苦难的二元坐标系中,幸福是难得的幸运,是生活的例外状态。当代的幸福论谈论的并不是作为至善的幸福,而是幸福的替代品即快乐。现代系统能够生产在物质上或生理上的快乐,却不能生产作为至善的幸福,更缺乏抵挡苦难的能力。苦难问题之所以无法省略也无法回避,因为苦难落在主体性的能力之外,就像物自体那样具有绝对的外在性,所以苦难是一个绝对的形而上学问题。

新冠病毒大流行提醒了苦难的问题,把思想拉回到生活之初的逆境。假如人类的初始状态是快乐的,没有苦难,就不可能产生文明。伊甸园就是"无文明"的隐喻,而人被放逐是一个存在论的事件,意味着苦难是文明的创始条件。苦难问题不仅解释着人类文明的起源,也很可能是人类的一个永久的问题,因为只有磨难才能够保持起源的活力或"蛮力"。可以注意到,几乎所有宗教都基于苦难问题,这一点也佐证了苦难的基础性。如果回避了苦难问题，就几乎无法理解生活。宗教对苦难给出了神学的答案，但是各种宗教给出的答案并不一致，而且每一种答案都无法证明，这意味着，真正的答案就是没有答案。因此，就思想而言，苦难只能是一个形而上学的问题。哲学问题永远开放，没有答案也不需要答案，而没有答案正是思想的生机。

苦难问题的形而上意义在于把思想带回存在的本源状态。苦难的"起源"和"持续"合为一体，这表明，本源从未消失，一旦起源就永远存在并且永远在场，所以苦难贯穿着整个历史时间，贯穿时间而始终在场的存在状态就是根本问题。在这个意义上，苦难问题无限接近文明的初始条件，必定保留有关于存在或起源的核心秘密。哲学和宗教都没能解密，但都在不断提醒着秘密的存在。在不可知的背景下，我们才能理解我们能够知道的事情。可以说，对苦难问题的反思意味着哲学和思维的初始化或"重启"。我相信苦难问题可能是"形而上学大流行"的一个更好的选择。借用刘慈欣的一个句型：失去享受幸福的能力，失去很多；失去战胜苦难的能力，失去一切。